羊城学术文库·政法社会教育系列

非WTO法在WTO 争端解决中的运用

On the Application of Non-WTO
Law in WTO Dispute Settlement

许楚敬 著

社会科学文献出版社
SOCIAL SCIENCES ACADEMIC PRESS (CHINA)

"羊城学术文库"
总　序

　　学术文化作为文化的一个门类，它是其他文化的核心、灵魂和根基。纵观国际上的知名城市，大多离不开发达的学术文化的支撑——高等院校众多；科研机构林立；学术成果丰厚；学术人才济济，有的还产生了特有的学术派别，对所在城市乃至世界的发展都产生了重要的影响。学术文化的主要价值在于其社会价值、人文价值和精神价值，学术文化对于推动社会进步，提高人的素质，提升社会文明水平具有重要的意义和影响。但是，学术文化难以产生直接的经济效益，因此发展学术文化主要靠政府的资助和社会的支持。

　　广州作为岭南文化的中心地，以其得天独厚的地理环境和人文环境，其文化博采众家之长，汲中原之精萃，纳四海之新风，内涵丰富，特色鲜明，独树一帜，在中华文化之林中占有重要的地位。改革开放以来，广州成为我国改革开放的试验区和前沿地，岭南文化也以一种崭新的姿态出现在世人面前，新思想、新观念、新理论层出不穷。我国改革开放的许多理论和经验就出自岭南，特别是广州。

　　在广州建设国家中心城市，培育世界文化名城的新的历史进程中，在"文化论输赢"的城市未来发展竞争中，需要学术文化发挥应有的重要作用。为推动广州的文化特别是学术文化的繁荣发展，广州市社会科学界联合会组织出版了《羊城学术文库》。

　　《羊城学术文库》是资助广州地区社会科学工作者的理论性学术著作出版的一个系列出版项目，每年都将通过作者申报和专家评审程序出版若干部优秀学术著作。《羊城学术文库》的著作涵盖整个人文社会科学，将按内容分为经济与管理类，文史哲类，政治、法律、社会、教育及其他等三个系列，要求进入文库的学术著作具有较高的学术品位，以期通过我们持之以恒的组织出版，将《羊城学术文库》打造成既在学界有一定影响力的学术品牌，推动广州地区学术文化的繁荣发展，也能为广州增强文化软实力、培育世界文化名城发挥社会科学界的积极作用。

广州市社会科学界联合会

2012 年 5 月

目 录
CONTENTS

导　论

一　研究缘起

争端解决机制被喻为世界贸易组织（WTO）"皇冠上的一颗宝石"。自 1995 年 1 月 1 日 WTO 成立以来，截至 2011 年 9 月 20 日，仅仅在 16 年的时间里，WTO 争端解决机构（DSB）受理的贸易争端案件总数已达 427 起。[①] 这与 GATT 1947 体制下受理的争端数量形成了鲜明对照。[②] 国际上其他国际司法机构也都从来没有受理过如此大量的案件。难怪 WTO 总干事帕斯卡尔·拉米（Pascal Lamy）指出，在国际政治和经济领域，这代表了对 WTO 和平解决争端机制的信心。[③]

根据 WTO《关于争端解决规则与程序的谅解》（DSU）下的反向协商一致规则（negative consensus rule），专家组和上诉机构报告实际上可以自动获得通过，除非 DSB 经协商一致决定不通过

[①] WTO 争端案件资料库，at http：//db. wtocenter. org. tw/ds‑queryresult. asp，2011 年 11 月 11 日。

[②] 1947~1994 年整个关贸总协定 48 年的历史中，总共只有 254 起贸易争端被提交到 GATT 解决。See Chad P. Bown, *Self‑Enforcing Trade：Developing Countries and WTO Dispute Settlement*, Washington, DC：Brookings Institution Press, 2009, p. 64。

[③] 参见《世贸组织受理的争端案件数破 400》，at http：//www. jlbzy. cn/barCode/infoDetail. jsp? infoID = 3992&indexID = null，2010 年 5 月 1 日。

该报告。① 事实上，DSU 这一规定的目的是为多边贸易体制提供可靠性和可预测性。② 这表明：在 WTO 争端解决程序中，法律上的合法性已经取代了政治合法性。③ 因此，这一多边决策的创新被赞誉为"20 世纪下半叶全球经济的法理上的重要转变"。④

尽管在 WTO 争端解决中没有任何遵循先例的原则，专家组和上诉机构报告只对 WTO 争端各方具有约束力，但是，专家组和上诉机构报告仍有可能被后来的专家组和上诉机构引用或考虑，这些争端解决报告还可以用来澄清并非争端各方的其他成员方的 WTO 义务。而且，后来的专家组和上诉机构都强烈依赖于先前的 GATT/WTO 专家组和上诉机构报告中的法律推理，并已经形成一个丰富的判例体系。⑤ WTO 判例法既涵盖国际习惯法的各个方面，也涉及一般法律原则，如举证责任和司法经济，以及程序的公正等问题，使 DSB 建立起一个完整的法律体系，而不是简单地作为一个解决贸易争端的仲裁庭。在 WTO 争端解决中，将 WTO 法解释为与国际法和其他一般法律原则始终一致，可以加强 WTO 法律制度的可靠性和一致性。⑥

WTO 争端解决的过程几乎都离不开适用法律。只有可适用的法律是明确的，法律秩序中的可靠性和可预测性才是有保障的。这一说法也适用于 WTO 法。⑦ 在 WTO 争端解决中，专家组的任务是

---

① 参见 DSU 第 16.4 和 17.14 条。

② 参见 DSU 第 3.2 条。

③ Adrian Chua, The Precedential Effect of WTO Panel and Appellate Body Reports, *Leiden Journal of International Law*, Vol. 11, Issue 1, 1998, p. 46.

④ Philip M. Nicholls, GATT Doctrine, *Virginia Journal of International Law*, Vol. 36, No. 2, 1996, p. 380.

⑤ Pieter-Jan Kuijper, The New WTO Dispute Settlement System – The Impact on the European Community, *Journal of World Trade*, Vol. 29, No. 6, 1996, p. 51.

⑥ Ernst-Ulrich Petersmann, The GATT/WTO Dispute Settlement System, London: *Kluwer Law International*, 1997, p. 17.

⑦ Wolfgang Weiss, Security and Predictability under WTO Law, *World Trade Review*, Vol. 2, Issue 2, 2003, p. 192.

同时和交互地确定有关事实和适用法律。具体而言，第一，专家组
（以及上诉机构）必须决定哪些法律是可适用的。第二，如果有关
规定的含义存在歧义，专家组（以及上诉机构）必须明确地解释法
律。第三，如果两个法律规则重叠或者冲突，专家组须确定这两个
规则究竟是一并适用，还是其中一个优先。第四，是否必须承认和
适用 WTO 体制外的法律规则（本书称为"非 WTO 国际法规则"，
简称"非 WTO 规则"）。第五，在完全确定可适用的法律后，将法律
适用于争端事实。第六，提出解决争端的建议，由 DSB 通过。①

　　在 WTO 争端解决中可能会出现这种情况：一个成员方采取的措
施，被另一成员方认为违反自由贸易规则，即 WTO 涵盖协定中包含的
规则，而该方实施该争议的措施是为了履行 WTO 体制之外的其他国际
法规则下的义务。这就产生了非 WTO 法是否以及在何种程度上可适用
于 WTO 争端解决，或者说，非 WTO 法是否是 WTO 争端解决中可适用
法律的一部分这一问题。随着 WTO 争端解决机制被赋予了更大的权
力，以及提交给它解决的争端越来越多，这个问题变得尤为紧迫。

　　虽然 WTO 专家组的管辖权仅限于依据 WTO 涵盖协定的规定
提出的申诉，但是关于 WTO 争端解决中可适用的法律，尤其是，
非 WTO 法是不是可适用法律的一部分，WTO 协定中并没有明确的
规定。② 对此，有学者认为，建立 WTO 的协定诞生于更广泛的国

---

① Joel P. Trachtman, The Domain of WTO Dispute Resolution, *Harvard International Law Journal*, Vol. 40, No. 2, 1999, pp. 336 – 337.

② 关于 WTO 争端解决中非 WTO 法是不是可适用法律的一部分，还必须注意管辖权（争端的事项）与可适用于争端的法律两者之间的区别。按照《国际法院规约》第 38 (1) 条，这种区别是显而易见的，其规定："法院对于陈诉各项争端，应依国际法裁判之，裁判时应适用：（一）国际条约……（二）国际习惯……（三）一般法律原则……（四）司法判例及各国权威最高之公法学家学说，作为确定法律原则的补助资料者。"《联合国海洋法公约》（UNCLOS）第 288 (1) 和 293 (1) 条规定，国际海洋法法庭"对于按照本部分向其提出的有关本公约的解释或适用的任何争端，应具有管辖权，并且在确定这些争端时，应适用本公约和其他与本公约不相抵触的国际法规则"。按照《联合国海洋法公约》的上述规定，在争端解决的意义上，国际海洋法法庭的管辖权是有限的，但在解决这些争端时，该法庭可适用的法律却是没有限制 （转下页注）

际法体系中，① 因此，至少在 WTO 涵盖协定没有排除、偏离或以其他方式取代的范围内，多边贸易体制应继续受到国际公法的规则和原则管辖。② 事实上，上诉机构及专家组的一些报告③经常提到一般国际法作为相关的考量因素。罗兰·巴特尔斯（Lorand Bartels）、④ 佩特罗斯·C. 马弗鲁第斯（Petros C. Mavroidis）⑤ 和戴维·帕尔米特（David Palmeter）⑥ 也试图论证"解释国际公法的习惯规则"，以澄清"这些协定的现有规定"不只是包含作为处理条约解释的《维也纳条约法公约》（Vienna Convention on the Law of Treaties, VCLT）（以下简称"维也纳公约"）的规定。但是，也有一些学者主张，WTO 贸易规则应排他适用，或者至少享有比非 WTO 规则某种形式的优先。因此，目前流传三种主要的看法，分别支持国际法完全适用、部分适用和根本不适用于贸易争端。⑦

（接上页注②）的。只要与《联合国海洋法公约》不相抵触，其他国际法规则都是可适用的。DSU 同样规定 WTO 专家组具有有限的管辖权。但是，与《国际法院规约》和《联合国海洋法公约》不同的是，DSU 对专家组和上诉机构在解决这些争端时可适用的法律却没有作出明确规定。

① John H. Jackson, *The World Trading System: Law and Policy of International Economic Relations*, Cambridge and London: the MIT Press, 1997, p. 25.

② 本书中提到的"WTO 涵盖协定（WTO covered agreements）"系指《关于争端解决规则与程序的谅解》附录 1 所列各项协定；"WTO 协定（WTO agreements）"泛指整个 WTO 条约群，或者整个 WTO 法律规则体系；"《WTO 协定》（WTO Agreement）"则特指《马拉喀什建立世界贸易组织协定》。

③ See United States – Standards for Reformulated and Conventional Gasoline, WT/DS2/AB/R, p. 17; Korea – Measures Affecting Government Procurement, WT/DS163/R, para. 7. 96.

④ See Lorand Bartels, Applicable Law in WTO Dispute Settlement Proceedings, *Journal of World Trade*, Vol. 35, No. 3, 2001, p. 499.

⑤ See Petros C. Mavroidis, Remedies in the WTO Legal System: Between a Rock and a Hard Place, *European Journal of International Law*, Vol. 11, No. 4, 2000, p. 763.

⑥ See David Palmeter & Petros C. Mavroidis, Dispute Settlement in the World Trade Organization, *the Hague and Boston: Kluwer Law International*, 1999.

⑦ See Anja Lindroos & Michael Mehling, Dispelling the Chimera of "Self-Contained Regimes" International Law and the WTO, *European Journal of International Law*, Vol. 16, No. 5, 2005, p. 862.

有些学者，比如约斯特·鲍威林（Joost Pauwelyn）等认为，WTO 自由贸易的法律必然根植于国际法律制度，是在国际公法的大背景中创制的，因此，自由贸易的规则是国际公法的一部分，不能享有特殊的地位。除了强行法的可能例外，国际法中各类规范之间不存在固有的等级，非 WTO 的其他国际法规则应当继续适用于 WTO 争端解决方面。除非 WTO 协定已明确排除了这些其他的国际法规则，否则它们仍是 WTO 争端解决中可适用的法律。^① 此外，DSU 的若干规定，例如 DSU 第 3.2、第 7 和第 11 条，可以被解读为允许参考国际公法的一种暗示承认。此外，第 3.2 条提到"解释国际公法的习惯规则"通常被理解为采用了维也纳公约第 31 条和第 32 条，而按照该公约第 31（3）条的规定，所有"适用于当事国间关系的有关国际法规则"应成为 WTO 法的解释和适用的一部分。^② 在许多 WTO 案件中，专家组和上诉机构已参考国际公法，使用习惯法、其他国际条约以及一般法律原则。^③ 当然，上述对 DSU 相关规定的解释和理解仍是值得商榷的。

但是，也有些学者，比如乔伊尔·P. 特拉希曼（Joel P. Trachtman）等则采用了一个相当严格的观点。对于在 WTO 争端解

① Joost Pauwelyn, *Conflict of Norms in Public International Law: How WTO Law Relates to other Rules of International Law*, Cambridge: Cambridge University Press, 2003, pp. 25–40; David Palmeter & Petros C. Mavroidis, The WTO Legal System: Sources of Law, *American Journal of International Law*, Vol. 92, No. 3, 1998, p. 399.

② Anja Lindroos & Michael Mehling, Dispelling the Chimera of "Self-Contained Regimes" International Law and the WTO, *European Journal of International Law*, Vol. 16, No. 5, 2005, p. 865.

③ See Brazil – Desiccated Coconut, WT/DS22/AB/R, p. 15; European Communities – Regime for the Importation, Sale and Distribution of Bananas, WT/DS27/R, paras. 6.16, 10, 133, and 164–167; India – Patent Protection for Pharmaceutical and Agricultural Chemical Products, WT/DS50/AB/R, para. 65; Korea – Government Procurement, WT/DS163/R, para. 7.123; US – Shirts and Blouses, WT/DS33/AB/R, p. 14, 19; United States – Import Prohibition of Certain Shrimp and Shrimp Products, WT/DS58/R, para. 7.8; United States – Import Prohibition of Certain Shrimp and Shrimp Products, WT/DS58/AB/R, paras. 107–110; US – Anti Dumping, WT/DS136/AB/R, para. 54.

决中能否适用非 WTO 法，或者说应适用哪些法律的问题，尽管 DSU 没有任何明确的规定，但是，他们仍然从 DSU 若干条款的措辞寻求支持，如 DSU 第 3.2 条、第 7.1 条和第 7.2 条等。由于专家组和上诉机构的管辖权严格限于 WTO 涵盖协定下的申诉，他们认为，在解决任何 WTO 争端时，并非所有法律都可以被 WTO 裁决机构适用或执行，WTO 裁决机构应该只适用 WTO 法，这就完全排除了非 WTO 法在 WTO 争端解决中的适用。

还一种折衷的观点认为，WTO 涵盖协定应至少优先于非 WTO 规则，[①] 这一观点是从 DSU 第 3.2 条和第 19.2 条的文本推断出来的，前者规定"DSB 的建议和裁决不能增加或减少涵盖协定所规定的权利和义务"。因此，这项规定是一条冲突条款（conflict clause）。按照这一冲突条款，WTO 涵盖协定应优先于源自任何非 WTO 国际法规则下的权利或义务。这一派观点还把世界贸易制度描述为是基于司法和道德的根本规范的一种宪法秩序，以证明贸易规则应优先适用。[②] 但这一理论的支持者也承认，这种规范等级或冲突条款存在的实际证据仍然是有问题的。[③]

这就引出了非 WTO 规则与 WTO 规则之间是否可能存在冲突，以及如果存在冲突，这些冲突是否可能更适合由一般国际法的有关规则来解决的问题。在"遵守一项规定将导致违反其他规定"的情况下，[④] 任何冲突都最好是通过条约解释的方式解决。[⑤] 而且，实际上，在有关贸易的规定与其他国际法领域（如环境法和人权

---

① Lorand Bartels, Applicable Law in WTO Dispute Settlement Proceedings, *Journal of World Trade*, Vol. 35, No. 3, 2001, pp. 507 – 508.

② Ernst-Ulrich Petersmann, The WTO Constitution and Human Rights, *Journal of International Economic Law*, Vol. 3, Issue1, 2000, p. 19.

③ Lorand Bartels, Applicable Law in WTO Dispute Settlement Proceedings, *Journal of World Trade*, Vol. 35, No. 3, 2001, pp. 508 – 509.

④ 比如危地马拉—水泥案（一）的情况。See Guatemala – *Anti-Dumping Investigation Regarding Portland Cement from Mexico*, WT/DS60/AB/R, para. 65.

⑤ 《奥本海国际法》认为国际法中有不存在冲突的一般推定。See R. Jennings and A. Watts (eds.), *Oppenheim's International Law*, London: Longman, 1992, Vol. 1, p. 1275.

法）中包含的广泛规则之间存在冲突时，允许通过协调一致的解释加以解决。但是，如果经过协调一致的解释，仍然无法解决规则冲突的问题，在这种情况下，能不能适用国际公法中已有的冲突规则，① 处理非 WTO 规则与 WTO 规则之间的任何冲突，也是一个值得深入研究的问题。

此外，非 WTO 法在 WTO 争端解决中的运用也涉及 WTO 法是否是一个自给自足的制度（self-contained regime）的问题。虽然主张 WTO 法是一个封闭的或自给自足的制度存在不少争议和问题，在 WTO 协定文本，甚至 WTO 争端解决判例中也几乎毫无根据，但在研究非 WTO 法在 WTO 争端解决中的运用时，分析非 WTO 法与 WTO 法之间的联系，仍然是一个无法回避的问题。

总之，WTO 专家组和上诉机构在何种程度可以使用非 WTO 法，一直是一个备受关注、见仁见智的问题。对于这个问题，不同的视角，有不同的答案。那些主张 WTO 法具有独立性质的学者认为，WTO 涵盖协定优先于非 WTO 法。与此相反，也有学者认为非 WTO 法可以修改 WTO 涵盖协定。比如，马尔蒂·科斯肯涅米（Martti Koskenniemi）认为，WTO 成员方无法把整个国际法体系排除在外，如国家不能排除条约必须遵守原则（pacta sunt servanda principle）这个习惯国际法规则。② 鲍威林更是明确主张，WTO 涵盖协定构成更广泛的国际法体系的一部分。③ 在 WTO 争端解决实践中，尽管 WTO 裁决机构已充分参考了非 WTO 国际法，但是，

---

① 比如，特别法规则和后法规则。

② See Martti Koskenniemi, *Study on the Function and Scope of the Lex Specialis Rule and the Question of "Self-Contained Regimes"*, UN Doc. ILC（LVI）/SG/FIL/CRD. 1/ Add. 1（2004）., para. 157.

③ Joost Pauwelyn, *Conflict of Norms in Public International Law: How WTO Law Relates to other Rules of International Law*, Cambridge: Cambridge University Press, 2003, pp. 25 – 40; Joost Pauwelyn, Bridging Fragmentation and Unity: International Law as a Universe of Inter-Connected Islands, *Michigan Journal of International Law*, Vol. 25, No. 4, 2004, pp. 903 – 916.

究竟非 WTO 法是否适用于贸易争端仍然是一个尚未得到明确解决的问题。

有趣的是，所有上述观点，除了从国际法、国内法理论寻求理论支撑，以及从国际法庭的判例获得"奥援"之外，都不约而同地从 DSU 的几个不同条款（如第 3.2 条、第 7 条、第 11 条和第 19.2 条）中寻求法条的支持。这些条款同时被用来论证赞成或反对在 WTO 争端解决中适用非 WTO 法。恐怕 DSU 的设计者当时也预料不到会出现这个有趣的现象。

如前所述，DSU 没有包含类似于《国际法院规约》第 38 条明确规定的国际法院裁决案件时可适用的法律目录。DSU 第 3.2 条、第 7 条、第 11 条和第 19.2 条等条款的规定，能否被援引作为明确允许或者禁止在 WTO 争端解决中适用非 WTO 法的依据，必须结合各种因素综合考虑。或许《WTO 协定》和 DSU 没有像《国际法院规约》那样明确规定其裁决案件时适用的法律，给负责执行它们的 WTO 裁决机构留下了范围广泛的酌情权。GATT/WTO 争端解决机制的发展演变似乎也强调了这一臆断。① 在 WTO 争端解决实践中，专家组和上诉机构往往会遵循其先前的裁决，并且，它们在解释和适用 WTO 协定以及解决争端的必要范围内，也愿意使用非 WTO 法。但是，也难以确定这些方面的未来发展。

综上所述，本研究涉及的一些基本理论问题跨越了国际公法和国际经济法，比如，WTO 法是否为一个自给自足的法律制度；WTO 规则是否是国际公法广泛内容的一部分；在遇到非 WTO 规则与 WTO 规则发生冲突时，能否适用国际公法中的冲突规则，如特

---

① 在关贸总协定（GATT）时代，专家组在解决争端过程中极少提到国际公法的一般原则，或提到其他国际法庭的判例法。See Marco C. E. J. Bronckers, More Power to the WTO?, *Journal of International Economic Law*, Vol. 4, Issue1, p. 56, p. 61. 与海洋法、战争法、环境法或人权法等其他国际法领域相比，国际贸易法被视为一个"格格不入、冷漠荒凉的"，而且往往是"无趣和边缘的""景观"。See Michael Lennar, Navigating by the Stars: Interpreting the WTO Agreements, *Journal of International Economic Law*, Vol. 5, Issue1, 2002, p. 17。

别法规则、后法规则，等等。本研究侧重于深入分析以下 WTO 争端解决的理论和实践问题：WTO 专家组和上诉机构能否适用或援引非 WTO 法裁决案件，尤其是，如果非 WTO 规则与 WTO 规则存在冲突，如国际环境协定规定的义务与 WTO 规则相冲突，是否仍然可予以适用？如果不能适用非 WTO 规则，又该如何解决非 WTO 规则与 WTO 规则之间的潜在冲突？非 WTO 法在 WTO 争端解决中能起到什么实际作用，等等。无论如何，WTO 争端解决中的这些重要的理论和实践问题，值得深入研究和持续跟踪。尤其是，自从 2001 年加入 WTO 之后，中国政府在 WTO 争端解决机构对其他成员方提起申诉或被诉的案件越来越多。而参加 WTO 争端解决程序，尤其是作为被诉方，更是希望能从各方面寻找法律和法理依据，为自己的贸易法律、政策和措施辩护。因此，本研究希望能给我国政府参与 WTO 争端解决活动提供一些决策依据和参考。

二　研究现状

（一）国外研究现状

能否适用非 WTO 法裁决案件，对 WTO 成员方权利和义务而言是至关重要的。但 DSU 并没有明确规定争端解决机构可适用法律的范围。相反地，《国际法院规约》第 38 条列举了国际法院在裁决案件时应适用的法律；《联合国海洋法公约》规定国际海洋法法庭（ITLOS）在裁决案件时应适用《联合国海洋法公约》和与公约不相抵触的其他国际法规则。由于 DSU 中缺乏类似明确的规定，因此，在国际法的理论和实践中，关于非 WTO 法是否属于 WTO 争端解决中可适用法律的范围，一直以来都是争论纷纷、莫衷一是。

关于非 WTO 法在 WTO 争端解决中能否适用的问题，国外学者关注得比较早，争论激烈，且看法各异，甚至对相同的 DSU 条款和 WTO 判例作了截然相反的解读。国外学者对这个问题的观点基本上可以划分为两派。一派认为，WTO 法是国际法的组成部分，WTO 是在国际公法规则和原则的一般制度内或在国际公法的大背景下运行的。既然 WTO 成员方依照并根据国际法的各项规则和原则签订了《马拉喀什建立世界贸易组织协定》（以下简称"《WTO 协定》"），这些规则和原则就没有理由不继续规范这些协定的执行。持这种观点的主要理论根据是：WTO 规则是国际公法规则的一部分，WTO 协定是国际条约法的一部分，WTO 法不是一个完全的自给自足的制度，不能与国际公法"临床隔离"开来，WTO 协定不能孤立于非 WTO 国际法而适用。因此，在解决 WTO 争端时，专家组和上诉机构可以适用非 WTO 法，比如习惯国际法规则、其他国际条约、一般法律原则等。

另一派则强调，适用 WTO 协定之外的国际法规则将增加或减少 WTO 涵盖协定中规定的权利和义务。持这种观点的主要依据是，DSU 第 3.2 条和第 19.2 条明确规定 WTO 争端解决机构、专家组和上诉机构不能增加或减少 WTO 涵盖协定中所规定的权利和义务，因此争端解决机构、专家组和上诉机构不得"越雷池半步"，只能依据 WTO 涵盖协定的现有规定裁决案件。

持第一种观点的学者主要有约斯特·鲍威林、罗兰·巴特尔斯、佩特罗斯·C. 马弗鲁第斯和戴维·帕尔米特等。[①] 其中，鲍

---

① 帕尔米特和马弗鲁第斯对 WTO 争端解决机制有持续深入的研究，他们的研究也涉及 WTO 争端解决中的法律适用问题。See David Palmeter & Petros C. Mavroidis, The WTO Legal System: Sources of Law, *American Journal of International Law*, Vol. 92, No. 3, 1998, p. 399; David Palmeter & Petros C. Mavroidis, Dispute Settlement in the World Trade Organization, *Hague and Boston: Kluwer Law International*, 1999; David Palmeter, The WTO as a Legal System, *Fordham International Law Journal*, Vol. 24, No. 1/2, 2000, pp. 444 – 480; David Palmeter & Petros C. Mavroidis, *Dispute Settlement in the World Trade Organization: Practice and Procedure*, Cambridge: Cambridge University Press, 2004; Petros C. Mavroidis, No Outsourcing of Law? WTO Law as Practiced by WTO Courts, *American Journal of International Law*, Vol. 102, No. 3, 2008。

威林对 WTO 规则与非 WTO 国际法规则如何联系方面的研究成果比较有代表性且研究比较深入，有专著也有多篇学术论文发表，① 甚至有一篇学术论文是专门研究如何援引非 WTO 规则打赢 WTO 官司的。② 鲍威林研究的侧重点在于探讨如何解决 WTO 规则与其他国际法规则，如多边环境协定（MEAs）的规定之间的冲突，他还认为可通过特别法优于一般法和后法优于前法等条约法的解释规则解决这种冲突。但是鲍威林观点的立论根据似乎带有某种"乌托邦色彩"，他的理论推理都是从国际法是一个统一的法律体系或法律秩序出发的，而这一理论前提仍然存在不少争议；他还将国际法体系与国内法体系等同起来，而实际上这两个体系在性质上存在很多重大的差别；他甚至还把 WTO 协定与国内法上的契约进行类比，但国际条约与国内法上的契约毕竟是不能相提并

① Joost Pauwelyn, *Conflict of Norms in Public International Law: How WTO Law Relates to other Rules of International Law*, Cambridge: Cambridge University Press, 2003; Joost Pauwelyn, Enforcement and Countermeasures in the WTO: Rules Are Rules – Toward a More Collective Approach, *American Journal of International Law*, Vol. 94, No. 2, 2000; Joost Pauwelyn, The Role of Public International Law in the WTO: How Far Can We Go?, *American Journal of International Law*, Vol. 95, No. 3, 2001; Joost Pauwelyn, Cross-agreement Complaints before the Appellate Body, *World Trade Review*, Vol. 1, Issue 1, 2002; Joost Pauwelyn, The Use of Experts in WTO Dispute Settlement, *International and Comparative Law Quarterly*, Vol. 51, Issue 2, 2002; Joost Pauwelyn, A Typology of Multilateral Treaty Obligation: Are WTO Obligations Bilateral or Collective in Nature?, *European Journal of International Law*, Vol. 14, No. 5, 2003; Joost Pauwelyn, WTO Compassion or Superiority Complex?: What to Make of the WTO Waiver for "Conflict Diamonds", *Michigan Journal of International Law*, Vol. 24, No. 4, 2003; Joost Pauwelyn, Bridging Fragmentation and Unity: International Law as a Universe of Inter-Connected Islands, *Michigan Journal of International Law*, Vol. 25, No. 4, 2004; Joost Pauwelyn, Reply: Reply to Joshua Meltzer, *Michigan Journal of International Law*, Vol. 25, No. 4, 2004; Joost Pauwelyn, Recent Books on Trade and Environment: GATT Phantoms Still Haunt the WTO, *European Journal of International Law*, Vol. 15, No. 3, 2004.

② Joost Pauwelyn, How to Win a World Trade Organization Dispute Based on Non-World Trade Organization Law? Questions of Jurisdictions and Merits, *Journal of World Trade*, Vol. 37, No. 6, pp. 997 – 1030.

论的。

持第二种观点的学者主要有乔伊尔·P. 特拉希曼、唐纳德·M. 麦克瑞（Donald M. McRae）、杰弗里·L. 杜诺夫（Jeffrey L. Dunoff）等,[①] 其中较有代表性的有特拉希曼发表在《哈佛国际法学刊》的学术论文《WTO 争端解决的范围》（The Domain of WTO Dispute Resolution）。持这种观点的学者认为，WTO 专家组和上诉机构只能直接适用 WTO 涵盖协定。其主要依据是 DSU 的相关规定，如第 3.2 条规定："各成员认识到该体制适于保护各成员在涵盖协定项下的权利和义务，及依照解释国际公法的习惯规则澄清这些协定的现有规定。DSB 的建议和裁决不能增加或减少涵盖协定所规定的权利和义务。"第 7 条规定："按照（争端各方引用的涵盖协定名称）的有关规定，审查（争端方名称）在……文件中提交 DSB 的事项，并提出调查结果以协助 DSB 提出建议或作出该协定规定的裁决。"第 11 条规定："专家组应对其审议的事项作出客观评估，包括对该案件事实及有关涵盖协定的适用性和与有关涵盖协定的一致性的客观评估。"他们认为，基于 DSU 多次提及涵盖协定作为 WTO 争端解决适用的法律，WTO 争端解决机构再适用非 WTO 规则是荒唐的。

对此，鲍威林认为，特拉希曼等学者没有注意到管辖权和适用

---

① See Joel P. Trachtman, The Domain of WTO Dispute Resolution, *Harvard International Law Journal*, Vol. 40, No. 2, 1999; Joel P. Trachtman, Institutional Linkage: Transcending "Trade and …", *American Journal of International Law*, Vol. 96, No. 1, 2002; Joel P. Trachtman, Book Review of Conflict of Norms in Public International Law: How WTO Law Relates to other Rules of International Law by Joost Pauwelyn, *American Journal of International Law*, Vol. 98, No. 4, 2004; Donald M. McRae, Claus-Dieter Ehlermann's Presentation on "The Role and Record of the Dispute Settlement Panels and the Appellate Body of the WTO", *Journal of International Economic Law*, Vol. 6, Issue 3, 2003; Jeffrey L. Dunoff, Resolving Trade-Environment Conflicts: The Case for Trading Institutions, *Cornell International Law Journal*, Vol. 27, No. 3, 1994; Jeffrey L. Dunoff, The WTO in Transition: Of Constituents, Competence and Coherence, *George Washington International Law Review*, Vol. 33, No. 3 & 4, 2001.

法律这两个概念的区别。WTO 专家组的管辖权是由其职权范围决定的。按照 DSU 的规定，专家组的管辖权只限于 WTO 涵盖协定项下引起的争端。但是，这种有限的管辖权并不意味着 WTO 专家组和上诉机构在审理案件时只能适用 WTO 涵盖协定。也就是说，WTO 专家组的管辖权是有限的，但其可适用的法律却是"无限的"。特拉希曼等学者则把鲍威林的观点视为"拟议法（de lege ferenda）"，而非"现行法（lex lata）"。换言之，他们认为，鲍威林的观点走得太远，把国际公法在 WTO 争端解决中的作用推至极致。① 特拉希曼在他的评论中写道："鲍威林的观点的核心部分是难以让人信服的。"② 戴布拉·P. 史提杰（Debra P. Steger）也表达了类似的观点。③

值得一提的是，最近还有几位学者对鲍威林的观点和立场作了深入评论，分别是加布里埃·玛索（Gabrielle Marceau）和阿纳斯塔西奥斯·托马索（Anastasios Tomazos）、埃里希·弗拉内什

① 也有学者"走得比鲍威林还更远"，其认为鲍威林的主张非常谨慎和保守。比如鲍威林认为，WTO 专家组应依据非 WTO 国际法规则解释 WTO 协定，并且避免与非 WTO 国际法规则冲突，只要这些非 WTO 国际法规则对所有 WTO 成员方有约束力，或者只要这些非 WTO 国际法规则不对所有 WTO 成员方具有约束力，但反映所有 WTO 成员方的"共同意志"；又如，他先假定在 WTO 协定与其他领域的国际法规则之间存在规则冲突，接着指出 WTO 专家组只有在争端的当事双方，而不仅仅是被告，也是其他条约的当事国（或双方同意的习惯规则）的情况下，才能优先适用非 WTO 规则解决冲突。因而，他的这一辩解仅适用于有限的情况，即 WTO 的成员方诉诸 WTO 争端解决程序以质疑它已同意的一项措施。See Graham Cook, Book Review of Conflict of Norms in Public International Law: How WTO Law Relates to other Rules of International Law, *Ottawa Law Review*, Vol. 36, 2004 – 2005, p. 375。

② Joel P. Trachtman, Book Review of Conflict of Norms in Public International Law: How WTO Law Relates to other Rules of International Law by Joost Pauwelyn, *American Journal of International Law*, Vol. 98, No. 4, 2004, p. 855.

③ Debra P. Steger, The Jurisdiction of the World Trade Organization: Remarks by Debra P. Steger, *American Society of International Law Proceedings*, Vol. 98, 2004, pp. 143 – 144.

（Erich Vranes）等，① 尤其是加布里埃·玛索以前的研究均有涉及
非 WTO 法是否是 WTO 争端解决中可适用法律的一部分这一问
题。② 玛索等认为，WTO 专家组和上诉机构除了在必要范围内解释
和适用 WTO 的规定外，不能解释和执行非 WTO 规则，但不应低
估 WTO 法与国际法的其他制度之间存在可能的一致性。鲍威林过
于强调 WTO 争端解决中规则冲突的作用，忽视了国际法的"混乱
的"性质，③ 即国际法律制度之间并不存在完善的一致性，且现在
还没有一个完美的、统一的国际管辖权。④ 如果鲍威林的观点被接

---

① See Gabrielle Marceau & Anastasios Tomazos, Comments on Joost Pauwelyn's Paper: "How to Win a WTO Dispute Based on Non-WTO Law?", in Griller Stefan (ed.), *At the Crossroads: The World Trading System and the Doha Round*, Vienna: Springer, 2008, pp. 55 - 81; Erich Vranes, Comments on Joost Pauwelyn's Paper: "How to Win a WTO Dispute Based on Non-WTO Law?", in Griller Stefan (ed.), *At the Crossroads: The World Trading System and the Doha Round*, Vienna: Springer, 2008, pp. 83 - 100.

② Gabrielle Marceau, Dispute Settlement Mechanisms, Regional or Multilateral Agreement: Which One is Better?, *Journal of World Trade*, Vol. 21, No. 3, 1997, pp. 169 - 179; Gabrielle Marceau, A Call for Coherence in International Law - Praises for the Prohibition Against "Clinical Isolation" in WTO Dispute Settlement, *Journal of World Trade*, Vol. 33, No. 5, 1999, pp. 87 - 152; Gabrielle Marceau, Conflicts of Norms and Conflicts of Jurisdictions, The Relationship between the WTO Agreement and MEAs and other Treaties, *Journal of World Trade*, Vol. 35, No. 6, 2001, pp. 1081 - 1131; Alexandra González-Calatayud & Gabrielle Marceau, The Relationship between the Dispute-Settlement Mechanisms of MEAs and those of the WTO, *Review of European Community and International Environmental Law*, Vol. 11, Issue 3, 2002, pp. 275 - 286; Gabrielle Marceau, WTO Dispute Settlement and Human Rights, *European Journal of International Law*, Vol. 13, No. 4, 2002, pp. 753 - 814; Kyung Kwak & Gabrielle Marceau, Overlaps and Conflicts of Jurisdiction between the WTO and RTAs, at http: //www. wto. org/english/tratop_ e/region_ e/sem_ april02_ e/marceau. pdf, June 25, 2009.

③ Gabrielle Marceau & Anastasios Tomazos, Comment on Joost Pauwelyn's Paper: "How to Win a WTO Dispute Based on Non-WTO Law?", in Griller Stefan (ed.), *At the Crossroads: The World Trading System and the Doha Round*, Vienna: Springer, 2008, p. 57.

④ Gabrielle Marceau & Anastasios Tomazos, Comment on Joost Pauwelyn's Paper: "How to Win a WTO Dispute Based on Non-WTO Law?", in Griller Stefan (ed.), *At the Crossroads: The World Trading System and the Doha Round*, Vienna: Springer, 2008, p. 77.

受，这将授予一个专门法庭（例如 WTO 专家组）其尚未拥有的权力。① 即使是在两个条约规定之间发生冲突的罕见情形下，确定两个规定中哪一个取代另一个，都不是一个简单的事情。与其说鲍威林的方法是解决方法，还不如说制造了更多的问题。② 重要的是，真实的规则冲突的情形非常罕见，而且，通过善意解释，WTO 法和国际法的其他规定可以有效和协调地普遍适用。国家的各种国际权利和义务可以协调一致地加以解释和适用。③

弗拉内什的观点则基本上接近鲍威林的立场。弗拉内什认为，WTO 条约构成了正常的国际协定，除非有证据表明，符合一般国际法规则的彼此间修改（inter se modifications）允许 WTO 成员方把这些原则排除在外。因此，他认为，玛索和托马索所采取的立场显得没有说服力，因为从玛索和托马索所引用来支持其主张的WTO 规定不能推断出足够的理由。弗拉内什赞同鲍威林所主张的规则冲突的广泛定义，认为符合国际法的规则和原则的彼此间修改WTO 条约是允许的；如果援引这种修改作为违反 WTO 义务的抗辩，WTO 裁决机构必须予以尊重。④

此外，国外还有一些学者关注到与非 WTO 法在 WTO 争端解

---

① Gabrielle Marceau & Anastasios Tomazos, Comment on Joost Pauwelyn's Paper："How to Win a WTO Dispute Based on Non-WTO Law?", in Griller Stefan（ed.）, *At the Crossroads：The World Trading System and the Doha Round*, Vienna：Springer, 2008, p. 57.

② Gabrielle Marceau & Anastasios Tomazos, Comment on Joost Pauwelyn's Paper："How to Win a WTO Dispute Based on Non-WTO Law?", in Griller Stefan（ed.）, *At the Crossroads：The World Trading System and the Doha Round*, Vienna：Springer, 2008, p. 76.

③ Gabrielle Marceau & Anastasios Tomazos, Comment on Joost Pauwelyn's Paper："How to Win a WTO Dispute Based on Non-WTO Law?", in Griller Stefan（ed.）, *At the Crossroads：The World Trading System and the Doha Round*, Vienna：Springer, 2008, p. 79.

④ Erich Vranes, Comments on Joost Pauwelyn's Paper："How to Win a WTO Dispute Based on Non-WTO Law?", in Griller Stefan（ed.）, *At the Crossroads：The World Trading System and the Doha Round*, Vienna：Springer, 2008, pp. 98 - 99.

决中的运用这一问题密切相关的其他问题，如对 WTO 是否脱离国际公法成为一个自给自足的制度、如何界定国际法中"规则冲突"这一概念等做过较为深入的研究，比如安雅·林德罗斯（Anja Lindroos）和迈克尔·梅林（Michael Mehling）、埃里希·弗拉内什、布鲁诺·西马（Bruno Simma）等发表的论文。①

（二）国内研究现状

国内与本研究有关联或涉及其中某方面的专著有几本：其中，《WTO 司法哲学的能动主义之维》一书主要研究 WTO 专家组和上诉机构对 WTO 协定的解释权和可能的滥用解释权及其危害，如篡夺成员方的政治决定权、将非贸易价值纳入 WTO 等等。但该书主要是从司法能动主义的角度分析问题，认为必须防治 WTO 争端解决中的"司法能动主义"，WTO 专家组和上诉机构必须实行"司法克制"；② 另一著作是《WTO 司法解释论》，该书主要是应用国际条约解释的基本理论和国际公约关于条约解释的规定，阐述 WTO 的条约解释体制，考察 WTO 争端解决中对解释国际公法的习惯规则的具体应用，并探讨了这种司法解释的作用和法律地位；③ 还有一本专著是《论世界贸易组织争端解决中的司法造法》，该书以 WTO 争端解决为例，分析司法造法在国际争端解决的"司法化"过程中发挥的作用，论证 WTO 争端解决机构的司法性质，评价争端解决机构司法造法的现象，并指出这种司法造法进一步发展

---

① Anja Lindroos & Michael Mehling, Dispelling the Chimera of "Self-Contained Regimes" International Law and the WTO, *European Journal of International Law*, Vol. 16, No. 5, 2005; Erich Vranes, The Definition of "Norm Conflict" in International Law and Legal Theory, *European Journal of International Law*, Vol. 17, No. 2, 2006; Bruno Simma, Self-Contained Regimes, *Netherlands Yearbook of International Law*, Vol. 16, 1985; Bruno Simma & Dirk Pulkowski, Of Planets and the Universe: Self-Contained Regimes in International Law, *European Journal of International Law*, Vol. 17, No. 3, 2006.

② 程红星：《WTO 司法哲学的能动之维》，北京大学出版社，2006。

③ 张东平：《WTO 司法解释论》，厦门大学出版社，2005。

的局限性。①

涉及本研究或与本研究有关的成果还有一些学术论文。其中，发表在国外学术期刊上的有饶戈平教授的《世界贸易组织专家组可适用的法律》（发表于《天普国际法与比较法学刊》②），以及胡加祥教授的《国际法在 WTO 法发展中的作用》（发表于《国际经济法学刊》③）。饶戈平教授的论文简要列举了 WTO 专家组"可适用的法律"，如国际条约、国际习惯、一般法律原则、司法判例和公法学家学说等，认为 WTO 可适用的法律可分为两类：一类是 WTO 协定；另一类是非 WTO 法，这类非 WTO 法的适用必须与 WTO 涵盖协定一致，并且不能增加或减少涵盖协定所规定的权利和义务。胡加祥教授也认为，基本上，WTO 法与国际法的其他分支没什么不同，一般法律原则、习惯法规则和国际法的解释方法都适用于 WTO 法的运作。

与本研究有关的、发表在国内学术期刊上的论文主要有：李鸣教授《国际公法对 WTO 的作用》（《中外法学》2003 年第 2 期）一文探讨了国际公法各领域对 WTO 法的影响，该文主张 WTO 的法律基础是国际公法，认为 WTO 与国际公法存在着依赖关系，WTO 法是国际公法的一个方面或领域，是协定国际法的一个部分；周忠海教授《论国际法在 WTO 体制中的作用》（《政法论坛》2002 年第 4 期）一文主要探讨了国际法在 WTO 体制中的作用，该文主要认为 WTO 规则是国际法一般规则的一部分，WTO 规则与其他国际法规则相互作用、相互影响，国际法规则在 WTO 规则适用中可作为事实，还可在 WTO 规则的解释中作为"可参考的法律"；陈立虎教授等《非 WTO 法在 WTO 争端解决中的适用》（《时代法学》

---

① 彭溆：《论世界贸易组织争端解决中的司法造法》，北京大学出版社，2008。

② See Rao Geping, The Law Applicable by World Trade Organization Panels, *Temple International and Comparative Law*, Vol. 17, No. 1, 2003, pp. 125 – 137.

③ See Jiaxiang Hu, The Role of International Law in the Development of WTO Law, *Journal of International Economic Law*, Vol. 7, Issue 1, 2004, pp. 143 – 167.

2005 年第 5 期）一文分析了 WTO 争端解决必须适用非 WTO 法的依据，该文认为具有充分的理由适用非 WTO 法，否则 WTO 会成为一个自我封闭的制度体系；徐崇利教授《从规则到判例：世贸组织法律体制的定位》（《厦门大学学报（哲学社会科学版）》2002 年第 2 期）一文则对 WTO 专家组和上诉机构对条约解释权可能的滥用"表示担忧"，认为应首先在立法层面，由 WTO 成员方进行平等谈判形成规则。国内多数学者认为 WTO 法是国际公法的一部分，非 WTO 国际法规则可适用于争端解决过程。①

综上所述，国内尚无从规则冲突和法律适用的角度对非 WTO 法在 WTO 争端解决中的运用进行全面、系统、深入研究的论著。特别是专门针对非 WTO 法在 WTO 争端解决中的地位演变、WTO 争端解决中非 WTO 法引起的规则冲突、非 WTO 法在 WTO 争端解决中的非直接适用，以及非 WTO 法在 WTO 争端解决中的价值与运用等方面，既从理论上进行深入研究，又从实证角度进行综合考察的成果，在国内研究中仍为空白。

三 研究框架

本书拟对 GATT/WTO 争端解决中非 WTO 法的地位演变、WTO 争端解决中非 WTO 法引起的规则冲突、非 WTO 法的非直接适用，以及非 WTO 法在 WTO 争端解决中的价值和运用等重要的实践性理论问题进行深入和系统的研究，重点考察非 WTO 法在 WTO 争端解决中的地位、适用、价值和运用等，并得出了结论。除导论和结语外，全文主要包括四个部分。

第一章介绍了 WTO 争端解决中非 WTO 法的基本构成和地位演变。WTO 争端解决中的非 WTO 法主要是由习惯国际法规则、其

---

① 也有学者持相反立场的，比如，贺小勇：《论"非世贸组织协定"的不可适用性》，《国际贸易问题》2006 年第 1 期，第 118 页。

他国际条约、一般法律原则、其他国际法庭的司法判例、国际公法权威学家学说，以及国际组织决议和文件等构成的。本章还梳理了GATT/WTO 争端解决实践中非 GATT/WTO 国际法从 GATT 到 WTO的地位演变发展过程：在 GATT 时代，专家组对非 GATT 的其他国际法规则持严格的、保守的立场，必须是 GATT 缔约方都加入的其他国际条约，才可能被 GATT 专家组考虑；到了 WTO 时代，在解释和适用 WTO 协定时，专家组和上诉机构开始使用其他有关国际法规则，而不要求必须所有 WTO 成员方都是该被援引的其他国际条约的当事国。

第二章分别阐述了在法律理论、国际公法以及 WTO 争端解决中关于"规则冲突"这个概念的界定；介绍并分析了上述不同法律制度中关于规则冲突的广义与狭义的定义之争；学者们关于WTO 争端解决中规则冲突定义的争论，只是国际公法中规则冲突的定义之争的一个延续；本章把学者们关于规则冲突的观点归纳为"规则违反说"、"同时不相容说"和"目的损害说"，即如果遵守或适用一个规则，将损害另一规则的目的，或者必然或可能违反另一规则，或者同时与另一规则不相容，则两个规则之间就存在冲突；本章还重点阐述了争端解决实践中 WTO 专家组和上诉机构界定规则冲突的分歧，并分析了 WTO 法律制度中关于规则冲突的狭义定义存在的问题以及 WTO 法中的规则冲突与规则竞合的问题；本章还分析了 WTO 法与非 WTO 法发生规则冲突的原因，阐述学者们对这种规则冲突存在与否的不同观点，并列举了 WTO 法与国际法的其他领域，比如多边环境协定、人权条约、国际劳工标准，以及海洋法等领域之间潜在的规则冲突；本章最后指出，学者们的观点都有失偏颇，没有真正和全面反映非 WTO 规则与 WTO 规则之间的关系，更没有真正厘清规则冲突的存在与否与 WTO 争端解决中非 WTO 规则的适用与否之间的关系；在 WTO 争端解决实践中还没有出现过"真实冲突"，并不等于实际上没有潜在的跨 WTO体制的规则冲突。

　　第三章探讨了 WTO 争端解决中非 WTO 法的非直接适用。既然非 WTO 规则与 WTO 规则之间存在着潜在的冲突，这就提出了 WTO 专家组和上诉机构能否直接适用非 WTO 规则的问题。本章接着主要从一般国际法的基本理论出发深入剖析实体的非 WTO 规则的非直接适用问题。首先阐述了学者们关于 WTO 争端解决中能否直接适用非 WTO 规则的不同观点；接着从几个方面深入分析和论述 WTO 争端解决中不能直接适用非 WTO 的实体国际法规则的理由，若干 WTO 成员方能否彼此间修改 WTO 协定，WTO 义务的性质是互惠的还是整体的，以及 DSU 中哪些条款隐含着冲突规则等。本章认为 WTO 争端解决中可直接适用的实体法只有涵盖协定的规定，非 WTO 的实体的其他国际法规则不得作为法律适用，若干成员方不可以彼此间修改 WTO 协定，WTO 义务既是互惠的又是整体的，不得以 WTO 义务具有互惠性质为由修改 WTO 法，这种修改违反了《WTO 协定》，尤其是违反了 DSU 的有关规定，DSU 隐含的冲突规则也排除了非 WTO 规则的直接适用。

　　第四章分析 WTO 争端解决中非 WTO 法的价值与运用。既然在 WTO 争端解决中不能直接适用实体的非 WTO 规则裁决案件，那么非 WTO 法在 WTO 争端解决中具有什么价值？能起到什么作用？在争端解决实践中这些非 WTO 规则和原则又该如何运用？本章首先论证了 WTO 法与非 WTO 法之间的联系，指出 WTO 法从来都不是一个自给自足的法律制度，WTO 规则是范围广泛的国际公法内容的一部分；接着讨论作为解释工具的非 WTO 规则和作为非 WTO 规则的国际法条约解释规则，并指出作为解释工具，或者作为解释 WTO 协定补充资料的非 WTO 规则，必须与 WTO 争端有关，且须在逐案的基础上确定；同时，指出在协调非 WTO 规则与 WTO 规则冲突的解释时，本身作为非 WTO 规则的国际法中的条约解释规则或解释方法，比如推定为不冲突和演变的解释，可用来"化解" WTO 争端解决中可能存在的规则冲突；本章还分析了非 WTO 法在 WTO 争端解决中所起的几个方面的作用；最后，本章还对国际公法的规则和原则，比如善意原则、条约不溯及既往、遇有疑义从轻解释、司法经济、禁止滥用权利等在 WTO 判例中的具体运用，尤其是上诉机构对这些一般国际法的规则和原则的态度做了实证考察。

四　研究方法

本书主要采用了历史分析方法、比较分析方法、法条分析方法、案例分析方法，以及跨学科的研究方法。具体而言，在阐述非 WTO 法在 WTO 争端解决中的地位演变时，采用了历史分析和比较分析的方法，通过分析和比较 GATT 时代和 WTO 时代的争端解决专家组（以及 WTO 上诉机构）对非 GATT/WTO 国际法的立场和态度的变化，分析非 GATT/WTO 国际法在 GATT/WTO 争端解决中的地位变迁。在分析国内法的不完整合同分析理论能否被用来证明 WTO 争端解决中其他国际法规则的适用性时，采用了比较分析的方法，对国内法和国际法在这方面的差异进行了比较分析；对其他国际性法庭在适用法律方面的做法也作了比较分析。为了得出 WTO 争端解决中专家组和上诉机构只能适用 WTO 涵盖协定的结论，尤其是在讨论 DSU 中哪些规定隐含着"冲突规则"时，采用了法条分析方法，对 DSU 的有关规定进行分析和解读。而采用案例分析的方法，则是本书自始至终采用最多的一种研究方法，通过研究和考察大量的 GATT/WTO 专家组和上诉机构的报告，尤其是通过引用大量 WTO 上诉机构的报告，分析非 WTO 法在 WTO 争端解决中的价值与运用；援引专家组和上诉机构报告中的观点来论证本书的论点，使得本书的论点言之有据，且更具说服力。最后，本书还采用国际私法的研究方法，即采用法律冲突（规则冲突）—冲突规则—准据法（可适用的法律）的研究思路展开分析和论述。

第一章
WTO 争端解决中的
非 WTO 法及其地位演变

所谓非 WTO 法（non-WTO law），亦称非 WTO 国际法（non-WTO international law），在本书中是指除了 WTO 规则以外的所有其他国际法，尤其是指那些未被 WTO 涵盖协定明确提到或纳入的其他国际法规则。根据国际法，WTO 各成员方的行为不仅受到 DSU 附录一所列举的 WTO 涵盖协定（covered agreements）的约束，① 而且受到许多其他习惯法规则和国际条约等非 WTO 国际法规则的约束。其他国际法规则如果被 WTO 涵盖协定明确提到或纳入，则对 WTO 成员方具有与涵盖协定相同的法律效力。从争端解决法律适用的角度来说，这些被明确提到或纳入的非 WTO 国际法规则与 WTO 涵盖协定的规定没有任何差别，也应被视为 WTO 争端解决中可适用法律的一部分，尽管其本身并非 DSU 附录一列入的涵盖

① 也有把 "covered agreements" 翻译为 "适用协定" 或 "内括协定" 的。比如，台湾有学者把 "covered agreements" 翻译为 "内括协定"：所谓内括协定，系指《关于争端解决规则与程序的谅解》所得适用之范围。依照 DSU 第 1 条第 1 项之规定，包括建立世界贸易组织协议、多边贸易协议下之附件 1A、1B、1C 与附件 2、诸边贸易协议下各该协议签署国所通过适用 DSU 之决议等，均为内括协议所涵盖之范围，亦即表示除非另有特别规定，否则会员得以其他会员之措施违反任何内括协议之规定为由，向争端解决机构提出控诉寻求解决。郑富霖：《内括协定》，at http://www.wtocenter.org.tw/SmartKMS/do/www/readDoc?document_id=9647&action=content，2004 年 2 月 6 日。

协定的规定。① 至于那些没有被 WTO 涵盖协定明确提到或纳入的其他国际法规则，通过 DSU 的制度安排，也可能被 WTO 各成员方授权的 WTO 裁决机构（包括 WTO 专家组、上诉机构和 DSB）在争端解决中加以考虑或使用。② 不过，这些非 GATT/WTO 国际法在 GATT/WTO 争端解决法律适用中的地位，或者说，GATT/WTO 裁决机构对非 GATT/WTO 国际法的态度或立场，经历了一个发展演变的过程。

第一节　WTO 争端解决中非 WTO 法的基本构成

有学者认为，WTO 涵盖协定以及被涵盖协定明确提到或纳入的其他协定，并没有穷尽 WTO 争端解决中可适用的法律。WTO 争端解决中还有其他可以适用或使用的法律。③ 也就是说，包括在《国际法院规约》第 38（1）条中的国际法院裁决案件时应适用的

---

① 比如，《与贸易有关的知识产权协定》（TRIPS Agreement）中提到的各项协定，包括主要的国际知识产权公约：《巴黎公约》（1967 年），《伯尔尼公约》（1971 年）、《罗马公约》，以及《关于集成电路的知识产权条约》；《补贴与反补贴措施协定》（SCM Agreement）规定，符合经合组织（OECD）《官方支持的出口信贷指南的安排》（Arrangement on Guidelines for Officially Supported Export Credits）规定的出口信贷政府补贴不应被视为出口补贴。

② 有学者强调法律的解释（interpretation）与适用（application）之间的区别：例如，基于这种区别，如果 WTO 上诉机构要使用多边环境协定（MEA）说明海龟是一种可用竭的自然资源（exhaustible natural resource），它不应该在两个 WTO 成员方之间的争端中适用多边环境协定的规定，而只是使用该多边环境协定作为一种解释的方法解释 GATT 第 20（g）条，以确定 WTO 协定中的一个用语的含义。See Joel P. Trachtman, The Domain of WTO Dispute Resolution, *Harvard International Law Journal*, Vol. 40, No. 2, 1999, p. 333; Joel P. Trachtman, Book Review of Conflict of Norms in Public International Law: How WTO Law Relates to other Rules of International Law by Joost Pauwelyn, *American Journal of International Law*, Vol. 98, No. 4, 2004, p. 855。

③ Petros C. Mavroidis, No Outsourcing of Law? WTO Law as Practiced by WTO Courts, *American Journal of International Law*, Vol. 102, No. 3, 2008, pp. 421 – 422.

国际法都是WTO争端解决中潜在的可适用法律。① 假如这种观点成立，则意味着 WTO 争端解决中专家组和上诉机构可适用的法律，与国际法院在裁决案件时适用的法律没有什么区别，均可适用所有的国际法。按照这种观点，没有被 WTO 涵盖协定明确提到或纳入的非 WTO 国际法也是 WTO 争端解决中可适用法律的一部分。可以这样认为，这些非 WTO 国际法基本上也就是《国际法院规约》第 38 (1) 条中规定的国际法院裁决案件时应适用的国际法。不过，WTO 争端解决中的非 WTO 法除了包含习惯国际法规则、其他国际条约、一般法律原则、其他国际法庭的司法判例和权威最高的公法学家学说以外，还包括《国际法院规约》第 38 条没有提到的国际组织决议和文件等。

一 习惯国际法规则

按照 DSU 第 3.2 条，习惯国际法规则在 WTO 争端解决中起着特殊的作用。DSU 第 3.2 条规定，争端解决的目的是 "依照解释国际公法的习惯规则" 澄清 WTO 协定的规定。第 3.2 条所指的 "解释国际公法的习惯规则" 已被 WTO 上诉机构确认是维也纳公约第 31 条和第 32 条，并且已经取得了习惯国际法规则的地位。②

在 WTO 争端解决中，关于习惯国际法规则地位的争论，是由预防原则（precautionary principle）是否是习惯国际法的一部分这一问题引起的。在欧共体—荷尔蒙案中，专家组指出，即使预防原则被认为是习惯国际法，它也不会凌驾于 WTO 协定的明确规定。③ 上诉机构肯定了专家组的这个结论，指出在国际法中预防原则的地

---

① David Palmeter & Petros C. Mavroidis, The WTO Legal System: Sources of Law, *American Journal of International Law*, Vol. 92, No. 3, 1998, p. 399.

② See United States – Standards for Reformulated and Conventional Gasoline, WT/DS2/AB/R, p. 17.

③ European Communities – Measures Concerning Meat and Meat Products (Hormones), WT/DS26/R/USA, para. 8. 157; WT/DS48/R/CAN, para. 8. 160.

位是一个有争议的问题。① 上诉机构还指出，虽然预防原则可能成为习惯国际环境法的一般原则，但它是否已被公认为一般或习惯国际法的原则，是不明确的。② 也就是说，按照专家组和上诉机构的观点，在国际法中，预防原则是否已被公认为习惯国际法，仍是有争议的、不明确的；而且，即使预防原则是习惯国际法，它也不优先于 WTO 涵盖协定的明确规定。这里也提出了 WTO 涵盖协定与习惯国际法之间效力的优先问题。

但是，与 GATT 一样，WTO 是建立在协定而不是习惯之上。即使是作为 GATT 最基本规定的最惠国条款（MFN），也并非习惯国际法的编纂，更没有被确立为一项习惯。相反，GATT 的最惠国义务只适用于 GATT 缔约方之间，并且 GATT 缔约方往往拒绝把最惠国待遇给予非缔约方。WTO 协定仍是如此。至于《WTO 协定》第 16.1 条提到的"惯例（customary practices）"被承认为习惯国际法，是令人怀疑的。③ 虽然 GATT 的惯例可能满足了习惯的某些要求，但它们被 GATT 缔约方或 WTO 成员方接受为习惯法，是值得怀疑的。④

在韩国—采购案的专家组报告中，专家组讨论了习惯国际法在 WTO 法律制度中的地位。专家组按照习惯国际法，更具体地说是条约必须遵守（pacta sunt servanda），审查了非违反之诉的概念。专家组认为，习惯国际法普遍适用于 WTO 成员方之间的经济关系。这种国际法适用于 WTO 协定没有"排除"它的范围内。换另一种说法，只要没有冲突或不一致，或 WTO 涵盖协定中有不同的

---

① European Communities – Measures Concerning Meat and Meat Products（Hormones），WT/DS26/AB/R，WT/DS48/AB/R，para. 123.

② European Communities – Measures Concerning Meat and Meat Products（Hormones），WT/DS26/AB/R，WT/DS48/AB/R，para. 123.

③ 《WTO 协定》第 16.1 条规定："WTO 应以 GATT1947 缔约方全体和在 GATT1947 范围内设立的机构所遵循的决定、程序和惯例为指导。"

④ David Palmeter & Petros C. Mavroidis，The WTO Legal System：Sources of Law，*American Journal of International Law*，Vol. 92，No. 3，1998，p. 407.

表示，专家组的看法是，习惯国际法规则适用于 WTO 条约和 WTO 条约的形成过程。①

按照韩国—采购案专家组的观点，一般习惯国际法与 WTO 协定始终是有关的，除非涵盖协定明确排除了它；由于习惯国际法的内容包含了更多 WTO 的权利和义务的内容，涵盖协定及其纳入的其他协定并不是 WTO 争端解决中排他的可适用的法律；习惯国际法也必须被视为 WTO 争端解决中可适用的法律。但是，韩国—采购案专家组的这些观点从未被随后的 WTO 专家组或上诉机构所引用。尽管该报告把 WTO 争端解决中可适用的法律延伸至包含习惯国际法，但是其作用不应该被夸大，因为没有什么可以阻止 WTO 成员方明确背离习惯法规则（除了强行法）。

不论预防原则是否具有习惯国际法规则的地位，上诉机构最终强调其在解释 WTO 规范中的意义。因此，如果只是从更广泛的国际公法中使用习惯国际法作为解释方法，则很少有人会提出质疑。② 然而，如果是通过习惯国际法，试图寻找除了涵盖协定和纳入协定以外独立的可适用法律，那么问题就变得棘手了，至少在 WTO 争端解决中是这样。一个主要问题是，有关习惯国际法该如何确定，即哪些习惯国际法规则是相关且能约束所有 WTO 成员方的。③

因此，在 WTO 争端解决中习惯国际法的地位仍是一个悬而未决的问题。在韩国—采购案之后，WTO 专家组和上诉机构也还没有作进一步澄清。但是，值得注意的是，除了善意（good faith），在 WTO 时期的 200 多份争端解决报告和 GATT 时期的 120 多个专家组报告中均没有发现任何习惯作为 GATT/WTO 争端解决中可适

---

① Korea – Measures Affecting Government Procurement, WT/DS163/R, para. 7. 96.

② Petros C. Mavroidis, No Outsourcing of Law? WTO Law as Practiced by WTO Courts, *American Journal of International Law*, Vol. 102, No. 3, 2008, p. 436.

③ Petros C. Mavroidis, No Outsourcing of Law? WTO Law as Practiced by WTO Courts, *American Journal of International Law*, Vol. 102, No. 3, 2008, p. 437.

用的法律。如果有这样与GATT/WTO裁决有关的可适用的法律，在GATT/WTO争端解决的数百个法律程序中，这类法律主张肯定会被有关各方援引。[1]

二　其他国际条约

其他国际条约，即非WTO国际条约，包括多边公约和双边协定两种情况。这些非WTO国际条约，尤其是那些多边环境协定、人权条约的规定等，在WTO法律制度中处于什么地位？能否作为WTO争端解决中可适用法律的一部分？一直以来都是学者们热烈讨论的问题。

（一）多边公约

第二次世界大战后，尤其是20世纪80年代以来，随着经济全球化的蓬勃发展，世界各国之间的相互依赖进一步加深，各国签订了越来越多的条约或协定以应对日益增多的全球性问题。许多WTO成员方也是这些条约或协定的当事国。这些条约或协定如果涉及贸易问题，就有可能在一定程度上影响到WTO成员方的权利和义务。

首次涉及多边协定这个领域的，是美国—金枪鱼案。[2] 美国在金枪鱼案中主张，《濒危野生动植物物种国际贸易公约》（以下简称"《濒危物种贸易公约》"或"CITES"）和其他各种双边和诸边协定是与已加入这些协定的GATT当事各方之间的争端有关的。[3] 但是，GATT专家组指出："首先要确定在何种程度上这些条约是与《总协定》（General Agreement）文本的解释有关的。"[4] 专家组的结论是，它们是不相关的，"争端各方引用的协定是双边或诸边

---

[1]　Petros C. Mavroidis, No Outsourcing of Law? WTO Law as Practiced by WTO Courts, *American Journal of International Law*, Vol. 102, No. 3, 2008, p. 439.

[2]　See United States – Restrictions on Imports of Tuna, DS29/R, 16 June 1994, unadopted.

[3]　See United States – Restrictions on Imports of Tuna, DS29/R, paras. 3. 14, 3. 21 – 3. 34.

[4]　See United States – Restrictions on Imports of Tuna, DS29/R, para. 5. 18.

协定，并不是在总协定的缔约方之间缔结的，而且它们并不适用于《总协定》的解释或其规定的适用。"①

按照 GATT 专家组的结论，只有其他国际条约得到所有 GATT 缔约方的接受，该条约才与 GATT 义务的解释有关，这似乎是对维也纳公约第 31（3）（c）条中的"当事国（parties）"这个用语做了严格的解释。② 按照这种解释，"当事国"是指多边协定的当事国而不是指某一争端的当事国。

在美国—虾案的报告中，涉及美国实行的、对捕捞过程中不符合美国保护海龟标准的国家进口虾的限制，争端的所有各方也都是《濒危物种贸易公约》的当事国。③ 但是，WTO 上诉机构并没有采用金枪鱼案的方法，而是"不在与国际公法临床隔离中解读"WTO 协定。④ 在该案中，上诉机构除了引用《濒危物种贸易公约》外，还广泛引用《联合国海洋法公约》（UNCLOS）、《生物多样性公约》（CBD）、《养护野生动物的游动种群的公约》等公约中的有关条文，解释"可用竭的自然资源（exhaustible natural resources）"一词，并使用这些非 WTO 条约作为确定有关当事国采取措施的合理限度等事项的依据。⑤ 上诉机构认为，多边环境协定等国际协定不仅可以作为法律解释使用，同时也有助于确立关于某些事实的广泛共识。专家组正确地将《保护和养护海龟美洲公约》作为一种事实资料加以使用。⑥

---

① See United States – Restrictions on Imports of Tuna, DS29/R, para. 5. 19.
② 维也纳公约第 31（3）（c）条规定："应与上下文一并考虑者尚有：……适用于当事国间关系的任何有关国际法规则。"
③ See United States – Import Prohibition of Certain Shrimp and Shrimp Products, WT/DS58/R, para. 7. 57.
④ See United States – Standards for Reformulated and Conventional Gasoline, WT/DS2/AB/R, p. 17; see also US – Import Prohibition of Certain Shrimp and Shrimp Products, WT/DS58/AB/R, paras. 154 – 157.
⑤ See United States – Import Prohibition of Certain Shrimp and Shrimp Products, WT/DS27/AB/R, para. 130.
⑥ United States – Import Prohibition of Certain Shrimp and Shrimp Products, Recourse by Article 21. 5 of the DSU by Malaysia, WT/DS58/AB/RW, para. 109.

（二）双边协定

当一个 WTO 成员方根据一项国际协定要求对另一同是协定当事国的成员方的出口实施贸易限制时，这种当事各方之间的国际协定就可能对 WTO 义务产生影响。如果该措施在其他方面与 WTO 义务不一致，采取措施的一方则可能援引其在另一协定下的义务为其主张辩护，即该不一致是 GATT 第 20 条规定的一个或更多的例外所豁免的。[1]

GATT 争端解决所涉及的这类双边协定，可以追溯到 20 世纪 90 年代初加拿大与欧洲共同体之间发生的小麦仲裁案。[2] 在 WTO 争端解决中也出现过类似的问题。在欧共体—香蕉案中，关于欧共体对原产于某些非洲、加勒比海和太平洋国家（ACP）的产品扩展优惠待遇的《洛美公约》，[3] 专家组和上诉机构都审议了由 GATT 理事会授予，并由 WTO 总理事会扩展到欧共体所规定的义务豁免的范围。在该案中，欧共体与非加太国家都主张，专家组无权解释《洛美公约》。[4] 但是，专家组不同意这种主张。它指出，关贸总协定缔约方大会原先已经授予欧共体与非加太国家一项允许优惠待遇的豁免，而且 WTO 通过了该豁免。显然，这一豁免本身就是一项 WTO 协定，属于 WTO 专家组的职权范围。专家组认为，"我们还

---

[1]　David Palmeter & Petros C. Mavroidis, The WTO Legal System: Sources of Law, *American Journal of International Law*, Vol. 92, No. 3, 1998, p. 412.

[2]　该案与 20 世纪 60 年代初涉及共同农业政策下加拿大向欧洲共同体出口小麦的谈判有关。双方签订了一项协议，规定延长 GATT 第 28 条下加拿大可能质疑共同体的小麦出口待遇的时间限制。共同体质疑加拿大在 GATT 多边程序下根据一项双边协定提出申诉的权利。仲裁员不同意："原则上，基于一项双边协定是不能在 GATT 多边争端解决程序下提出申诉的。鉴于这个特定的协定与 GATT 的密切关系，该协定符合 GATT 的目的以及当事双方加入请求诉诸 GATT 的仲裁程序的事实，在本案中，一个例外是必要的。" See Canada/European Communities Article XXVIII Rights, Award by the Arbitrator, Canada/European Communities – Article XXVIII Rights, DS12/R, 16 October 1990, BISD 37S/80。

[3]　《洛美公约》(Lome Convention)，也称《洛美协定》。

[4]　See European Communities – Regime for the Importation, Sale and Distribution of Bananas, WT/DS27/R, paras. 7. 95, 7. 97.

必须确定《洛美公约》规定的优惠待遇是什么。"① 上诉机构确认了这一观点，并指出，"为了确定《洛美公约》规定的是什么，我们必须首先审查该公约的文本，并确定其中与香蕉贸易有关的规定。"②

对于仅仅是争端双方缔结的非 WTO 双边协定，WTO 裁决机构往往也将其作为解释 WTO 涵盖协定的工具。在欧共体—家禽案中，巴西认为，它与欧共体之间的一项双边《油籽协定》（Oilseeds Agreement）与争端有关，应适用于争端的解决。巴西声称，欧共体没有提供冷冻鸡肉进口关税配额的全额分配，违反了欧共体减让表和它们之间的双边《油籽协定》下的义务。注意到《油籽协定》是在 GATT 缔约方全体授权下，并且是在 GATT 第 28 条的框架内谈判的，专家组引用了上述加拿大/欧共体小麦仲裁案，并提到上述香蕉案的专家组对《洛美公约》的审查，专家组决定，"在 WTO 协定下与确定欧共体对巴西的义务有关的范围内考虑《油籽协定》。"③ 上诉机构认为，在专家组处理《油籽协定》时"没有发现可逆的错误"。上诉机构承认，该协定是在 GATT 第 28 条框架内谈判的，而且它规定了与争端有关的关税率配额的依据。因此，上诉机构认为，根据维也纳公约第 32 条，《油籽协定》可作为解释《第 80 号减让表》的补充资料，因为它是欧洲共同体对冷冻家禽肉类减让的历史背景的一部分。④ 也就是说，两个 WTO 成员方根据《WTO 协定》谈判达成的协定，可以作为解释 WTO 涵盖协定有关规定的有用工具。但是，除非 WTO 的规定另有明确

---

① European Communities – Regime for the Importation, Sale and Distribution of Bananas, WT/DS27/R, para. 7. 97.

② European Communities – Regime for the Importation, Sale and Distribution of Bananas, WT/DS27/AB/R, paras. 167, 169.

③ European Communities – Measures Affecting the Importation of Certain Poultry Products, WT/DS69/R, para. 2. 02.

④ European Communities – Measures Affecting the Importation of Certain Poultry Products, WT/DS69/AB/R, para. 83.

规定，这类协定本身不能作为法律适用，更不能被任何 WTO 裁决机构执行。

在欧共体—商业船只案中，韩国与欧共体之间签订了一项双边协定（《商定纪要》），欧共体认为其补贴自己的造船部门的理由是对韩国不能执行该《商定纪要》的反应。专家组强调其审查《商定纪要》文本只是为了使其能够确定当事各方存在分歧的事实问题，而且，它并不是在解释《商定纪要》，以确定该双边协定下各当事国的权利和义务。①

总之，在 WTO 争端解决中，一项与争端有关的双边协定，可用来查明有关争端的事实问题。如果 WTO 裁决机构置之不理，可能就会错过可以帮助它查明争端关键的事实要素。无论其是被视为有关争端的历史背景的一部分，还是当事各方须查明的事实问题，这种双边协定在协助解决争端方面确实可以起到一定的作用。

三　一般法律原则

《国际法院规约》第 38（1）（a）条规定："一般法律原则（general principles of law）为文明各国所承认者。"虽然关于其含义有多种不同观点，但一般认为，一般法律原则是指各国法律体系共有的法律原则，其在国际法中起着填补习惯和条约留下的空白的作用。② 实际上，WTO 协定中的一些规定已经体现了一般法律原则，比如善意（good faith）原则、③ 比例（proportionality）

---

① European Communities – Measures Affecting Trade in Commercial Vessels, WT/DS301/R, para. 7. 131.

② 国际法院在加布奇科沃—大毛罗斯工程项目（匈牙利/斯洛伐克）案的判决中承认了比例原则。See Gabcikovo-Nagymaros Project, 1997 ICJ REP. 92, para. 85。

③ 《WTO 协定》第 20 条序言事实上是善意原则的一个表达。这一原则，同时是一般法律原则和国际法的一般原则，控制国家行使权利。这个一般原则的适用，被广泛称为禁止滥用权利原则，禁止一个国家滥用权利，并责令无论何时，如果一项权利主张"触及（一项）条约义务所涵盖领域，它必须被善意行使，也就是说，合理地行使"。See US-Shrimp, WT/DS58/AB/R, para. 158。

原则等。① DSU 第 22.4 条 "DSB 授权的中止减让或其他义务的程度应等于利益丧失或减损的程度" 这项规定，更是明确应用比例原则。

一般法律原则在 WTO 争端解决中有时会被专家组和上诉机构用来支持其法律推理。在美国—软木案（二）中，在涉及补贴与反补贴措施的程序中，专家组有效地援引禁止反言的公平原则。② 有效解释的原则，即解释必须避免将导致减损文本的整个条约全部条款致使其 "多余或无用"，也被专家组和上诉机构多次承认。③

WTO 专家组对一般法律原则的态度，可以在欧共体—管件案中略窥一斑。在该案中，专家组认为，根据其性质，一般法律原则不能取代详细的契约条款。专家组认为，"我们意识到，第 3.1 条中依据'积极证据'进行'客观审查'的要求是：调查当局的审查必须符合善意和公正的基本原则。"④ WTO 许多争端解决报告提到善意履行 WTO 条约的义务。专家组在韩国—采购案的报告中提到善意原则作为 WTO 裁决机构必须加以考虑的国际公法的一项原则。⑤ 也有一些关于违反 WTO 协定与善意原则之间联系的案例。⑥

---

① GATT 1994 第 20（b）条规定 "为保护人类、动物或植物的生命或健康所必需的措施"、第 20（d）条 "保证有关法律法规得到遵守所必需的措施"；《SPS 协定》第 5.4 条要求成员方在确定其保护水平时 "考虑对贸易的消极影响减少到最低程度的目标"，《SPS 协定》第 5.6 条要求 WTO 成员方 "保证此类措施对贸易的限制不超过为达到适当的卫生与植物检疫保护水平所要求的限度，同时考虑其技术和经济可行性"，这些规定都体现了比例原则。

② See United States – Measures Affecting Imports of Softwood Lumber from Canada, SCM/162, adopted 27 October 1993, BISD 40S/358, paras. 308 – 325.

③ See United States – Standards for Reformulated and Conventional Gasoline, WT/DS2/R, para. 6.11；Japan – Taxes on Alcoholic Beverages, WT/DS1/AB/R, WT/DS10/AB/R/, WT/DS22/AB/4, p. 19；United States – Restrictions on Imports of Cotton and Man-Made Cotton Fibre Underwear, WT/DS24/AB/R, p. 16.

④ European Communities – Anti-dumping Duties on Malleable Cast Iron Tube or Pipe Fittings from Brazil, WT/DS219/R, para. 7.292.

⑤ See Korea – Measures Affecting Government Procurement, WT/DS163/R, para. 7.96.

⑥ 例如，在美国—抵消法（伯德修正案）案中，上诉机构声称："单纯违反 WTO 协定的规定，本质上并不等同于违反善意原则。"See United States – Continued Dumping and Subsidy Offset Act of 2000, WT/DS217/AB/R, WT/DS234/AB/R, para. 298.

此外，其他一般法律原则，比如禁止反言、^① 遇有疑义从轻解释原则等，^② 也都曾被专家组和上诉机构讨论过或援引过。总之，在 WTO 争端解决中，当事方经常援引一般法律原则为自己实施的措施辩护，专家组和上诉机构也经常使用一般法律原则，尽管其作用有限，在大多数情况下只是作为 WTO 协定的解释方法。

四　其他国际法庭的司法判例

根据《国际法院规约》第 38（1）（d）条的规定，司法判例（judicial decisions），可作为确定法律原则的补助资料。在 WTO 争端解决中，专家组和上诉机构有时会提到其他国际法庭，特别是联合国国际法院（ICJ）和常设国际法院（PCIJ）的判决，作为支持自己裁决的资料。上诉机构并没有明确说明这些常设国际法院判例的法律地位。不过，与国际法院的做法一样，它只是把常设国际法院的判例当做解释的补充资料，以增强自己裁决的说服力。^③

在印度—专利（美国）案中，上诉机构援引常设国际法院的判例以支持其结论，即国内法的决定应被视为一个事实问题。^④ 在

---

① 在阿根廷—家禽反倾销税案中，专家组认为禁止反言适用于其中一方作出声明的情况，该声明是清楚的、明确的、自愿的、无条件的、被授权的，以及被另一方善意地信赖的。See Argentina – Poultry Anti-dumping Duties, WT/DS241/R, paras. 7. 37, 7. 38. 不过，在欧共体—糖出口补贴案中，上诉机构指出，它从未适用过禁止反言这个原则。See EC – Export Subsidies on Sugar, WT/DS265/AB/R, WT/DS266/AB/R, WT/DS283/AB/R, para. 312。

② 第一个这类案件是欧共体—荷尔蒙案。在该案中，上诉机构推翻了专家组有关分配举证责任的理解，当一个 WTO 成员方偏离国际标准（《SPS 协定》提到的这些标准）时。与专家组认为的相反，上诉机构认为，不能简单地假设，在对同一条规定的解释中出现两种可能的情况下，WTO 成员方选择两个中相对较繁重的义务。上诉机构将其结论建立在遇有疑义，从轻解释的谚语上。See European Communities – Measures Concerning Meat and Meat Products (Hormones), WT/DS26/AB/R, paras. 154, 165。

③ Petros C. Mavroidis, No Outsourcing of Law? WTO Law as Practiced by WTO Courts, *American Journal of International Law*, Vol. 102, No. 3, 2008, p. 467.

④ See India – Patent Protection for Pharmaceutical and Agricultural Chemical Products, WT/DS50/AB/R, para. 65.

美国—汽油案中，在指出条约的解释者不得采用一种将导致减损整
个条约的条款至多余或无用的解释时，除了提到"领土争端案"
（1994 年），① 还提到国际法院关于科孚海峡案（1949 年）的另
一判决。② 在美国—虾案中，上诉机构在讨论禁止权利滥用原则
时，③ 接连提到国际法院关于边界和跨边界武装行动案（1988
年）、在摩洛哥的美国国民权利案（1952 年）和英挪渔业案
（1951 年）三个判决。④ 除了国际法院的判决外，其他国际法庭的
判决有时候也会被 WTO 专家组和上诉机构提到和参考，比如，在
美国—汽油案中，上诉机构在引用维也纳公约第 31（1）条"条约
应依其用语，按其上下文，并参照条约的目的及宗旨所具有的通常
意义，善意解释"，并指出这一条约解释的一般原则已取得习惯国
际法规则的地位时，⑤ 除了提到国际法院的判例，还提到欧洲人权
法院（European Court of Human Rights）、美洲人权法院（Inter-
American Court of Human Rights）的判决。⑥

---

① See Territorial Dispute Case（Libyan Arab Jamahiriya v. Chad），（1994），I. C. J.
Reports, p. 23.

② See Corfu Channel Case（1949）I. C. J. Reports, p. 24.

③ See United States – Import Prohibition of Certain Shrimp and Shrimp Products, WT/
DS58/AB/R, para. 158, fn. 156.

④ See Border and Transborder Armed Actions Case,（1988）I. C. J. Rep. 105; Rights of
Nationals of the United States in Morocco Case,（1952）I. C. J. Rep. 176; Anglo-
Norwegian Fisheries Case,（1951）I. C. J. Rep. 142.

⑤ US – Gasoline, WT/DS2/AB/R, p. 17, fn. 34. 上诉机构还提到德阿雷查加
（Eduardo Jimenez de Arechaga, *International Law in the Past Third of a Century*,
Recueil des Cours, Vol. 159, 1978 – I, p. 42.)、卡罗（D. Carreau, Droit
International, Paris: Pedone, 1991, p. 140.)，以及《奥本海国际法》（R.
Jennings and A. Watts（eds.）, *Oppenheim's International Law*, London: Longman,
Vol. 1, 1992, pp. 1271 – 1275.)。

⑥ See Territorial Dispute Case（Libyan Arab Jamahiriya v. Chad），（1994），I. C. J.
Reports, p. 6（International Court of Justice）; Golder v. United Kingdom, ECHR,
Series A,（1995）no. 18（European Court of Human Rights）; Restrictions to the
Death Penalty Cases,（1986）70 *International Law Reports* 449（Inter-American Court
of Human Rights）.

由此可见，由于国际法院在国际司法机构中的权威地位，在所有国际法庭中，国际法院的判决被专家组和上诉机构引用的频率最高。① 在 WTO 争端解决中，除了先前的 GATT/WTO 专家组和上诉机构的报告，被引用最频繁的其他国际法庭的判例当属国际法院的判例了。

五　权威最高的公法学家学说

按照《国际法院规约》第 38（1）（d）条的规定，权威最高的公法学家学说（teachings of the most highly qualified publicists）可作为确定法律原则的补助资料。公法学家学说在 GATT/WTO 制度中所起的作用，经历了从可有可无到经常被引用的发展过程。

在 GATT 时代，专家组报告只是偶尔提到关于 GATT 法的权威最高的学说和著作，且这些提到只是零零星星，一鳞半爪。② 在很大程度上，这种现象可能是源于 GATT 的外交遗产。GATT 争端解决的基本法律制度始于"调解"的外交制度。外交官们不大可能知

---

① 除了国际法院的判决以外，国际法院的咨询意见在 WTO 争端解决中也曾被引用，比如在美国—虾案中，上诉机构在讨论"演变的解释"时引用了国际法院的咨询意见中的观点。See United States – Import Prohibition of Certain Shrimp and Shrimp Products，WT/DS58/AB/R，para. 130，fn. 109。

② 比如，在美国—麦芽饮料案中，在讨论 GATT 在美国国内法中的地位时，GATT 专家组引用了约翰·H. 杰克逊（John H. Jackson）在其著作《World Trade and the Law of GATT》（1969 年）第 116 页中的一个评论观点（"在有效的联邦行政规章优于本地法律已经得到确定的那些国家里，如美国，GATT 责成一个缔约方行政当局阻止违反 GATT 的本地的法律或行动。因此，可以得出结论，在 GATT 缔结时'现有的'本地规章不属于《临时涵盖协定》的例外"），以及罗伯特·E. 休德克（Robert E. Hudec）教授的论文《The Legal Status of GATT in the Domestic Law of the United States》（收录在 Hilf、Jacobs 和 Petersmann 等主编的《The European Community and GATT》（1986 年）一书中，第 199 页）中的"两个核心的结论"（即"两个核心的结论是普遍接受的：（1）总协定是一个有效的《行政协定》——不仅作为美国的国际义务是有效的，而且根据美国的国内法，总统权力的正确行使也是有效。（2）GATT 优于州的法律，但地位不如联邦法律"。）See United States – Measures Affecting Alcoholic and Malt Beverages，DS23/R，adopted 19 June 1992，BISD 39S/206，para. 5. 45。

晓公法学家学说，更遑论受到这些法律学者著作的影响。早期的这些外交官们对法律在多边贸易体制中的作用普遍持怀疑态度。因此，国际公法学家学说的观点，尽管权威，但却"养在深闺无人识"。另一个原因是相对而言当时的专家组成员中间缺少法律学者，而法律学者比外交官更有可能引用其他法律学者的著作。虽然后来也有一些法律学者担任 GATT 专家组成员，但在整个 GATT 的历史上，这种做法并不普遍，而且，仍然有一些权威的公法学家没有出现在 GATT 专家组成员名单中。因此，GATT 争端解决的历史，似乎可以说是一部"权威公法学家学说，乃至国际公法不受重视的历史"。

尽管如此，"是金子总会发光的"。到了 WTO 时代，权威公法学家学说"这块被埋没许久的金子"终于得以"熠熠生辉"，"绽放智慧的光芒"。相较于 GATT 专家组报告，WTO 专家组，特别是上诉机构的报告，更愿意引用权威最高的公法学家学说。这种变化表明国际法学者们的理论研究成果对 WTO 多边贸易体制的影响和重要性日渐增强。在美国—虾案中，在指出用尽维也纳公约第 31 条包括的所有资料之后仍然不确定诉诸维也纳公约第 32 条是否合理（以便确认它寻求的结论或确定一项规定的意义）时，[1] 上诉机构提到伊恩·辛克莱（Ian Sinclair）；[2] 在讨论沿海国在专属经济区的权利时，[3] 上诉机构提到伯克（W. Burke）的著作；[4] 在讨论 GATT 第 20（g）条中的"可用竭的自然资源"这一用语的内容和范围不是"静止的"，而是"依其定义，是演变的"时，[5] 上诉机

---

[1] See United States – Import Prohibition of Certain Shrimp and Shrimp Products, WT/DS58/AB/R, para. 114, fn. 83.

[2] See Ian Sinclair, *The Vienna Convention on the Law of Treaties*, Manchester: Manchester University Press, 1984, pp. 130 – 131.

[3] See United States – Import Prohibition of Certain Shrimp and Shrimp Products, WT/DS58/AB/R, para. 130, fn. 110.

[4] See William T. Burke, *The New International Law of Fisheries: UNCLOS 1982 and Beyond*, Oxford: Clarendon Press, 1994, p. 40.

[5] See United States – Import Prohibition of Certain Shrimp and Shrimp Products, WT/DS58/AB/R, para. 130, fn. 109.

构提到《奥本海国际法》和希门尼斯·德阿雷查加（E. Jimenez de Arechaga）的论文;① 在援引条约的有效解释原则（说明保护可用竭的自然资源，不论生物或非生物，可能属于第 20（g）条）时,② 上诉机构提到《奥本海国际法》，麦克杜加尔（M. S. McDougal）、拉斯韦尔（H. D. Lasswell）和米勒（J. Miller）、伊恩·辛克莱、卡罗（D. Carreau）、戴利尔（P. Daillier）和佩莱（A. Pellet）、科斯塔（Podesta Costa）和鲁达（J. M. Ruda），以及德贝拉斯科（M. Diez de Velasco）等学者的著作;③ 在讨论禁止权利滥用原则时,④ 上诉机构引用郑斌著作中的观点，并再次提到《奥本海国际法》;⑤ 上诉机构在指出美国必须像其他 WTO 成员方一样，对其所有的政府及其部门，包括它的司法机构的行为承担责任时,⑥

---

① See R. Jennings and A. Watts (eds.), *Oppenheim's International Law*, London: Longman, Vol. 1, 1992, p. 1282; Eduardo Jimenez de Arechaga, *International Law in the Past Third of a Century*, Recueil des Cours, Vol. 159, 1978 - I, p. 49.

② See United States – Import Prohibition of Certain Shrimp and Shrimp Products, WT/DS58/AB/R, para. 131, fn. 116.

③ See R. Jennings and A. Watts (eds.), *Oppenheim's International Law*, London: Longman, Vol. 1, 1992, pp. 1280 – 1281; M. S. Mcdougal, H. D. Lasswell & J. Miller, *The Interpretation of International Agreements and World Public Order: Principles of Content and Procedure*, New Haven/Martinus Nijhoff, 1994, p. 184; Ian Sinclair, *The Vienna Convention on the Law of Treaties*, Manchester: Manchester University Press, 1984; D. Carreau, *Droit International*, Paris: Editions A. Pedone, 1994, para. 369; P. Daillier & A. Pellet, *Droit International Public*, Paris: L. G. D. J. , 1994, para. 172; LA Podesta Costa and J. M Ruda, *Derecho Internacional Público*, Argentina: *Tipografica Editora Argentina*, 1985, pp. 109 – 110, and Manuel Díez de Velasco, *Instituciones de Derecho Internacional Público*, Madrid: Tecnos, 1997, p. 169.

④ See United States – Import Prohibition of Certain Shrimp and Shrimp Products, WT/DS58/AB/R, para. 158, fn. 156.

⑤ See B. Cheng, *General Principles of Law as Applied by International Courts and Tribunals*, London: Stevens & Sons, Ltd. , 1953, p. 125; R. Jennings and A. Watts (eds.), *Oppenheim's International Law*, London: Longman, Vol. 1, 1992, pp. 407 – 410.

⑥ See United States – Import Prohibition of Certain Shrimp and Shrimp Products, WT/DS58/AB/R, para. 173, fn. 177.

第四次提到《奥本海国际法》，以及布朗利的著作《国际公法原理》。①

在欧共体—荷尔蒙案中，上诉机构在说明《SPS 协定》下的程序中可适当应用的审查标准（必须体现在成员方授予 WTO 的管辖权限与成员方自己保留的管辖权限之间该协定所确立的平衡）时，② 提到了克罗利（S. P. Croley）和杰克逊（John H. Jackson），以及阿科坤姆（P. A. Akakwam）等学者的论文；③接着，上诉机构在指出其不能轻率地认为主权国家打算强加给自己更繁重，而不是更少的负担的义务时，④ 参考了许多讨论遇有疑义从轻解释原则的国际公法著作和文章。⑤

随着 WTO 中规则导向的不断发展，多年来国际公法的权威学家学说被引用的数量已有回升。这些权威公法学家学说一直被用来

---

① See R. Jennings and A. Watts（eds.），*Oppenheim's International Law*，London：Longman, Vol. 1, 1992, p. 545; and Ian Brownlie, *Principles of Public International Law*, Oxford: Clarendon Press, 1990, p. 450.

② See European Communities – Measures Concerning Meat and Meat Products（Hormones）, WT/DS26/AB/R, para. 115, fn. 80.

③ See S. P. Croley & J. H. Jackson, WTO Dispute Panel Deference to National Government Decisions: The Misplaced Analogy to the U. S. Chevron Standard-of-Review Doctrine, in E. – U. Petersmann, *International Trade Law and the GATT/WTO Dispute Settlement System*, London, The Hague, Boston: Kluwer, 1997, p. 189; P. A. Akakwam, The Standard of Review in the 1994 Antidumping Code: Circumscribing the Role of GATT Panels in Reviewing National Antidumping Determinations, *Minnesota Journal of Global Trade*, Vol. 5, Issue 2, 1996, pp. 295 – 296.

④ See European Communities – Measures Concerning Meat and Meat Products（Hormones）, WT/DS26/AB/R, para. 165.

⑤ See R. Jennings and A. Watts（eds.）, *Oppenheim's International Law*, London: Longman, Vol. 1, 1992, p. 1278; Ian Brownlie, *Principles of Public International Law*, Oxford: Clarendon Press, 1990, p. 631; C. Rousseau, *Droit International Public*, Vol. I, 1990, p. 273; D. Carreau, *Droit International*, Paris: Pedone, 1994, 142; Manuel Díez de Velasco, *Instituciones de Derecho Internacional Público*, Madrid: Editorial Tecnos, Vol. I, 1991, pp. 163 – 164; and B. Conforti, Diritto Internazionale, Napoli: *Editoriale Scientifica*, 1987, pp. 99 – 100.

作为解释WTO协定的一种补充资料。[①] WTO 的争端解决实践表明，专家组和上诉机构在其报告中，在说明其立场时，已经越来越多地引用国际公法的权威学家学说，其中，詹宁斯和瓦茨修订的《奥本海国际法》，由于被公认为国际公法的经典著作，被引用的频率非常高，布朗利的《国际公法原理》、辛克莱的《维也纳条约法公约》，以及杰克逊和彼得斯曼等著名学者的著作和论文也经常被专家组和上诉机构报告引用。

六　国际组织的决议和文件

通过国际组织，可以表达国际社会对某一特殊事项的一般同意，这种集体行动往往采取各成员国一致同意或以某种多数通过决议的形式。[②]《国际法院规约》并没有把国际组织的决议和文件列入其第 38 条中规定的裁决案件时可适用的国际法目录。但是第二次世界大战之后，随着国际组织迅猛发展，国际组织在国际社会中扮演的角色越来越重要，尤其是联合国在国际社会中具有举足轻重的作用。联合国的决议编纂了许多领域的习惯国际法规则。这些决议在国际法庭的争端解决中经常被引用。在 WTO 争端解决中，也已提到联合国决议（UN resolutions）。在美国—外国销售公司（第22.6 条—美国）案的仲裁员报告中，在讨论反措施的比例要求时，[③] 明确提到了关于国家责任的联合国大会决议。[④] 不过，被提到的联大决议并非作为法律适用，而是被作为解释的补充资料。在美国—虾案的报告中，上诉机构也曾引用过 1992 年联合国"环境

---

① Petros C. Mavroidis, No Outsourcing of Law? WTO Law as Practiced by WTO Courts, *American Journal of International Law*, Vol. 102, No. 3, 2008, p. 467.

② 詹宁斯、瓦茨：《奥本海国际法（第一卷第一分册）》［M］，北京：中国大百科全书出版社，1995，第 28 页。

③ See United States – Tax Treatment for "Foreign Sales Corporations", Recourse by Article 22.6 of the DSU and Article 4.11 of the SCM Agreement by EC, WT/DS108/ARB. para. 5.26, fn. 52, 5.59, fn. 68.

④ The UN General Assembly (A/RES/56/83), adopted on 12 December 2001.

与发展大会"通过的《21 世纪议程》（Agenda 21）的有关内容，解释"可用竭的自然资源"一词。①

其他国际组织，尤其是国际经济组织的文件也可能对 WTO 产生一些影响。在墨西哥—电信案中的专家组的报告依赖于经合组织（OECD）指南，以确认其对"反竞争行为（anti-competitive practice）"这一用语的理解。上诉机构把该经合组织指南视为解释WTO 涵盖协定的规定的补充资料。②

七 小结

WTO 裁决机构在解释和适用 WTO 规定时，经常援引 WTO 协定中没有明确提到或纳入的非 WTO 法，比如与争端有关的其他国际条约、一般国际法规则和原则、其他国际法庭的判决、权威公法学家学说，以及其他国际组织的决议和文件等。不过，这些非WTO 法是否是 WTO 争端解决中专家组和上诉机构可适用法律的一部分，仍然存有争议。

第二节　WTO 争端解决中非 WTO 法的地位演变

在 GATT/WTO 争端解决实践中，非 GATT/WTO 国际法的地位经历了一个演变发展过程。在 GATT 时代，专家组对非 GATT 国际法（non-GATT international law）持严格的、保守的立场，必须是GATT 的缔约方都加入的国际条约，才会被 GATT 专家组考虑；到了 WTO 时代，这种状况发生了变化，对待非 WTO 国际法的严格立场有了松动，在解释和适用 WTO 协定时，专家组和上诉机构开

---

① See United States – Import Prohibition of Certain Shrimp and Shrimp Products, WT/DS27/AB/R, para. 130.
② See Mexico – Measures Affecting Telecommunications Services, WT/DS204/R, para. 7. 236.

始使用其他有关国际法规则，而不要求必须所有 WTO 成员方都是该被援引的国际条约的当事国，尽管这些非 WTO 国际法只是被用来解释 WTO 协定的相关规定。

一 GATT 专家组对非 GATT 法采取保守立场

在 GATT 争端解决历史上，最初，GATT 各缔约方通过缔约方全体谈判和协商一致的方式解决贸易争端。后来，它们发展了中立的第三方小组，即专家组裁决争端。在争端解决中，专家组严格适用 GATT 规则。① 从历史上看，GATT 专家组对 GATT 第 20 条采用了一个相当狭隘的解释。尽管 GATT 专家组审理的许多案件，包括加拿大—鲱鱼和鲑鱼案、② 泰国—香烟案、③ 以及金枪鱼和海豚案等，④ 已经考虑了 GATT 第 20 条的例外条款，但在这些案件中，GATT 专家组通常对第 20 条的例外采用相当保守的解释。

总的来说，GATT 专家组在解释 GATT 的规定时一直都不愿意使用 GATT 以外的、包括其他国际条约在内的其他国际法。在美国—糖配额案中，专家组只限于审查"完全是根据 GATT 的有关规定"的申诉，尽管事实是，美国援引非 GATT 国际法为其辩护。⑤ 在加拿大—鲱鱼和鲑鱼案中，专家组指出，加拿大提交的文书中援引了渔业国际协定和《联合国海洋法公约》。但是，专家组认为，其职权仅限于根据总协定的有关规定审查加拿大的措施。因此，有

① Robert E. Hudec, *Enforcing International Trade Law: The Evolution of the Modern GATT Legal System*, Salem: Butterworth Legal Publishers, 1993, p. 266.

② See Canada – Measures Affecting Exports of Unprocessed Herring and Salmon, L/6268, adopted 22 March 1988, BISD 35S/98.

③ See Thailand – Restrictions on Importation of and Internal Taxes on Cigarettes, DS10/R, adopted 7 November 1990, BISD 37S/200.

④ See United States – Restrictions on Imports of Tuna, DS21/R, DS21/R, 3 September 1991, unadopted, BISD 39S/155; GATT Panel Report, United States – Restrictions on Imports of Tuna, DS29/R, 16 June 1994, unadopted.

⑤ See United States – Imports of Sugar from Nicaragua, L/5607, adopted 13 March 1984, BISD 31S/67.

关渔业管辖权的问题与本报告毫无关系。① 在加拿大—外国投资审查管理法案中，GATT 理事会断定，"可以推定，专家组的活动和调查结果是被限制在 GATT 范围内的。"②

GATT 对于其他国际组织的文件和决议也持同样态度，甚至还明确指出其无法处理环境问题。在美国—超级基金案中，欧共体指出，税收调整违背了经合组织 1972 年通过的《关于环境政策的国际经济方面指导原则》的建议中采用的原则，③ 尤其是污染者付费原则（Polluter-Pays Principle）。美国则认为，污染者付费原则并没有被 GATT 缔约方全体采用，而且专家组必须以 GATT 的规定，而不是以经合组织的建议作为其结论的依据。因此，该原则是否得到遵守是无关的。专家组指出，由于其有限的职权，它无法处理环境问题。专家组的任务是按照 GATT 的有关规定审查案件。因此，专家组没有审查超级基金法中的税收规定与污染者付费原则之间的一致性。④

对于 GATT 的规定与其他国际条约（比如多边环境协定）的规定之间潜在的冲突，或者其他国际条约规定的义务取代 GATT 义务的可能性，GATT 专家组也一直不愿意对这个问题作出明确的裁决。在上述加拿大—鲱鱼和鲑鱼案中，加拿大认为，其出口限制是为保护可用竭的自然资源，根据 GATT1947 第 20（g）条是允许的。加拿大引用其与美国都参加的 1952 年《北太平洋公海渔业国际公约》、加拿大与美国 1985 年关于太平洋鲑鱼的条约，以及《联合国海洋法公约》规定的有关措施。但专家组裁定，加拿大的措施不符合 GATT 1947 第 11 条，并且根据第 20 条是没有理由的。

---

① Canada – Measures Affecting Exports of Unprocessed Herring and Salmon, L/6268, adopted 22 March 1988, BISD 35S/98, para. 5. 3.

② Canada – Administration of the Foreign Investment Review Act, L/5504, adopted 7 February 1984, BISD 30S/140, para. 1. 4.

③ Guiding Principles concerning International Economic Aspects of Environmental Policies, OECD Document C (72) 128 of 6 June 1972.

④ See United States – Taxes on Petroleum and Certain Imported Substances, L/6175, adopted 17 June 1987, BISD 34S/136, paras. 3. 2. 7, 3. 2. 9, 5. 26.

涉及其他国际协定的适用问题，专家组表示没有意见，而且按照 GATT1947 限定其任务仅限于审查加拿大的措施。[①]

美国—金枪鱼案充分说明了 GATT 专家组在解释总协定时无视国际公法的趋势，尽管金枪鱼和海豚案是 GATT1947 专家组承认在贸易争端问题中多边环境协定发生效力的开始。在这些案件中，美国禁止以危害海豚的方法捕获进口金枪鱼的措施受到质疑。金枪鱼—海豚案（一）的专家组认为，一项多边环境协定可作为 GATT 第 20 条豁免的理由。美国的措施违反 GATT 第 11.1 条和第 20（b）、（d）和（g）条。虽然专家组表示，为了要求第 20 条的例外，美国可以证明它已用尽了一切合理可用的办法。这可以通过一项国际合作安排的谈判证明。鉴于海豚漫游许多国家和公海海域的洄游性质，多边协定是合适的。专家组指出，必须保护海豚是通过美洲热带金枪鱼委员会（IATTC）的工作和《联合国海洋法公约》而被国际承认的。虽然多边环境协定最终没有被用来作为要求第 20 条下例外的一项理由，但它的确承认，其报告的通过将不影响一个缔约方追求自己内部环境政策的权利，并彼此合作协调这些政策；也不影响缔约方采取联合行动来处理这些只能通过与总协定的现行规则相抵触的措施来解决的国际环境问题。但是，专家组指出，"专家组希望强调，其任务仅限于按照 GATT 的有关规定审查这一问题。"[②]

在金枪鱼案—海豚案（二）中，专家组继续奉行"光辉孤立"，拒绝使用国际环境条约解释 GATT 第 20 条。它指出："各方把它们对第 20（g）条中可用竭的自然资源的界定这一主张，建立在除了总协定以外的环境和贸易条约的基础上。然而，首先有必要确定在何种程度上这些条约与总协定文本的解释是有关的。"[③] 它

---

① See Canada – Measures Affecting Exports of Unprocessed Herring and Salmon, L/6268, adopted 22 March 1988, BISD 35S/98, paras. 3. 3. 9, 5. 3.

② United States – Restrictions on Imports of Tuna, DS21/R, 3 September 1991, BISD 39S/155, paras. 6. 1, 6. 4.

③ United States – Restrictions on Imports of Tuna, DS29/R, 16 June 1994, para. 5. 18.

接着指出，维也纳公约规定了解释的一般规则（第 31 条）和解释的补充资料（第 32 条）。专家组首先审查是否根据维也纳公约关于条约解释的一般规则，为解释总协定的目的对被援引的条约加以考虑。一般规则规定，"各当事国之间关于条约的解释或其规定的适用的任何随后协定"是与条约的解释有关的方法之一。然而，专家组认为，争端各方所引用的协定，不是总协定的缔约方之间缔结的双边或诸边协定，而且它们不适用于总协定的解释或其规定的适用。的确，被引用的许多条约不可能如此使用，因为它们是在总协定的谈判之前缔结的。该专家组还指出，根据维也纳公约解释的一般规则应该考虑"在条约适用方面确定各当事国就条约解释达成协议的任何随后的惯例"。① 然而，专家组指出，被引用的双边

---

① 维也纳公约第 31（3）（b）条，原文为："any subsequent practice in the application of the treaty which establishes the agreement of the parties regarding its interpretation"。笔者注意到，在王铁崖、田如萱主编的《国际法资料选编》（法律出版社 1986 年版）中的中文翻译（广为流传的翻译版本）是："嗣后在条约适用方面确定各当事国对条约解释之协定之任何惯例"。笔者认为，这句话的翻译既难懂又不太符合原意，特别是其中对"agreement"的翻译。王铁崖和田如萱把它翻译为"协定"，这是值得商榷的。尽管在中文里，"agreement"可翻译为协定或协议，但把这个句子中的"agreement"翻译为"协定"显得有些词不达意，有待推敲。这一规定的原意是，在条约解释中的任何随后的惯例，该惯例确定或证实了各当事国关于条约的解释达成的协议。笔者以为，"agreement"在这里应译为"协议"或"达成协议"更为符合原意，相应地，这个句子应翻译为："在条约适用方面确定各当事国就条约解释达成协议的任何随后的惯例"。此外，还必须注意"协定"与"协议"的区别。笔者注意到，大量著作、译作或论文中对"协定"和"协议"都没有怎么区分，把"协定"和"协议"混为一谈。笔者认为，"协议"一般是指经过谈判和协商后所达成的共同遵守的约定，而"协定"则一般是指国家之间就某一问题经过谈判和协商后达成共同遵守的协议。一般而言，协定是指正式的、书面的协议，而协议则不一定是书面的；在国内法中也可把合同或契约称为"协议"。"协议"还可用于国家与他国的自然人或法人之间达成的约定；而协定不用于国内法，一般仅用于各国家之间达成的协议。因此，不宜把 Marrakesh Agreement Establishing the World Trade Organization 翻译为"《马拉喀什建立世界贸易组织协议》"，而是"《马拉喀什建立世界贸易组织协定》"；不宜把 Agreement on Trade-Related Aspects of Intellectual Property Rights 翻译为"《与贸易有关的知识产权协议》"或"《TRIPS 协议》"，而是"《与贸易有关的知识产权协定》"或"《TRIPS 协定》"，等等。

和诸边条约下的惯例不能被视为总协定下的惯例，因此不能影响它的解释。因此，专家组认为，根据维也纳公约第 31 条规定的一般规则，这些条约与总协定文本的解释无关。① 专家组的结论是，只有在其他国际条约得到所有 GATT 缔约方的接受，该条约与 GATT 义务的解释才是有关的。"所有 GATT 缔约方的接受"这个严格的限定将导致可以用来解释 GATT 规定的其他国际条约数量非常少。

由此可见，在争端解决中，GATT 专家组奉行"光辉孤立"，对 GATT 之外的其他国际法"敬而远之"，一直不愿意使用非 GATT 国际法解释 GATT 的规定。

二　WTO 裁决机构对非 WTO 法持开放态度

随着 1995 年 WTO 的成立，以及强大的 WTO 争端解决机制的建立，在 WTO 争端解决中，尽管在某些方面 WTO 裁决机构继续沿用了 GATT 的做法，② 但是，非 WTO 国际法在 WTO 争端解决中的地位还是有了新的变化和发展。与以前的 GATT 专家组不同，WTO 裁决机构被明确要求援引国际公法的条约解释规则作为澄清 WTO 协定的渊源。DSU 第 3.2 条明文规定，依照解释国际公法的习惯规则解释 WTO 涵盖协定的现有规定。

原来 GATT1947 体制下被 GATT 专家组默认接受的维也纳公约第 31 条和第 32 条的适用终于"名正言顺"了。在美国—汽油案中，上诉机构认为，这种解释的一般规则已经取得了习惯或一般国

---

① United States – Restrictions on Imports of Tuna, DS29/R, June 16, 1994, para. 5.19.

② 比如，在 WTO 争端解决中，专家组和上诉机构曾处理过一个 WTO 成员方的 WTO 义务与非 WTO 义务，即该成员方对另一国际经济组织所负的义务之间可能的冲突。尤其是，一个成员方以履行 WTO 与其他国际经济组织签订的协定下的义务为由，提出免除其在 WTO 下应履行的义务。上诉机构裁决，在一个成员方的 WTO 义务与该成员方在 IMF 下的义务之间可能冲突的情况下，应该继续沿用 GATT 时代的做法，遵守 WTO 与 IMF 之间关系的文件，避免与合作的其他国际组织下的义务发生任何冲突。See Argentina – Measures Affecting Imports of Footwear, Textiles, Apparel and other Items, WT/DS56/AB/R, paras. 73, 84, 87。

际法规则的地位，构成了 DSU 第 3.2 条规定的"解释国际公法的习惯规则"，适用于寻求澄清总协定和《马拉喀什建立世界贸易组织协定》的其他协定。这反映了承认的一项措施，即不可在与国际公法临床隔离中解读总协定。① 更重要的是，自 1995 年 WTO 成立以来，WTO 上诉机构对贸易与环境争端作出了许多重要贡献，终结了 GATT 专家组对非 GATT 国际法保持的"光辉孤立"、"井水不犯河水"的隔离状态。上诉机构的做法，确保 WTO 体制与更广泛的国际法体系仍然"血脉相连"；"原乡人的血，必须流返原乡，才会停止沸腾!"②

DSU 第 3.2 条成为 WTO 法与非 WTO 法"连接"的"桥梁"；"不可在与国际公法临床隔离中解读"WTO 协定也几乎成为 WTO 裁决机构承认非 WTO 国际法（比如，多边环境协定）解释性意义的"最佳辩词"。原来 GATT 专家组"抱守"的"其他国际条约只有得到所有 GATT 缔约方的接受，该条约与 GATT 义务的解释才是有关的"这一严格立场，最终被 WTO 裁决机构"弃守"了，在 WTO 争端解决法律适用中再也没有其"立锥之地"。

美国—虾案是 WTO 专家组和上诉机构"亲密接触"非 WTO 法的一个典型例子。在美国—虾案中，专家组和上诉机构多次援引非 WTO 国际条约、其他国际组织的决议和文件，甚至还援引其他国际法庭的判决。在该案中，美国对没有使用带有海龟排除装置的捕猎方法捕捞的虾实施贸易限制。在该案中，专家组被要求承认《生物多样性公约》、《濒危物种贸易公约》、《联合国海洋法公约》，以及《养护野生动物移栖物种公约》等多边环境协定中规定的义务。该案涉及《濒危物种贸易公约》和《养护野生动物移栖物种公约》与 GATT1994 的关系，因为根据这两项公约，海龟被列

---

① United States – Standards for Reformulated and Conventional Gasoline, WT/DS2/AB/R, p. 17.
② 台湾著名乡土作家钟理和自传体小说《原乡人》中的一个名句。

为濒危物种。

在本案中，上诉机构诉诸国际环境法以证明"可用竭的自然资源"这个用语在起草 GATT1947 时其含义如何演变，驳回了"可用竭的自然资源"这个词并不包括任何可再生资源的主张。[①] 上诉机构采用"演变的"方法解释这一用语，并指出，《WTO 协定》的序言明确承认"可持续发展的目的"。[②] 在支持其推理中，上诉机构参考了非 WTO 的环境公约，如《联合国海洋法公约》和《濒危物种贸易公约》以及国际法院相关的判决，如纳米比亚案（1971 年）和爱琴海大陆架案（1978 年）。[③] 上诉机构中肯地指出，现代国际公约和宣言经常提到自然资源包括生物资源和非生物资源。不过，专家组和上诉机构的两项裁决，都拒绝了美国的措施，部分原因是其单边的性质，但主要是因为它的任意性。而且，经确定，在争取就这一问题达成国际共识方面，美国做得远远不够，因此这项措施并不是最少歧视的做法。而强调这一点的是规定该问题的一项区域协定，即《保护和养护海龟美洲公约》（以下简称"《美洲公约》"）的存在，《美洲公约》提供了令人信服的证明：为实现其措施的合法的政策目标，除了第 609 节（Section 609）下单方面和未经协商的程序禁止进口，一个可替代的行动是合理地对美国开放着的。保护海龟的高度洄游，也就是说，这项措施本身的政策目标要求在海龟经常性的迁徙过程中，其所经过水域的国家要努力进行协调和合作。这些努力的必要性和合理性，得到 WTO 本身以及相当数量的其他国际文书和宣言的承认。比如，上

---

① 上诉机构指出，GATT 第 20（g）条中"可用竭的自然资源"这个用语起草于五十年前，条约解释者必须按照国际社会关于保护和养护环境的当代关切解释条约，即其解释应反映当代的环境问题，如保护海龟。See United States – Import Prohibition of Certain Shrimp and Shrimp Products, W"/DS58/AB/R, para. 171。

② See United States – Import Prohibition of Certain Shrimp and Shrimp Products, WT/DS58/AB/R, para. 129.

③ See United States – Import Prohibition of Certain Shrimp and Shrimp Products, WT/DS58/AB/R, paras. 130, 132.

诉机构提到了《环境与发展里约宣言》（原则 12）和《21 世纪议程》（第 2.22（i）段）、《生物多样性公约》（第 5 条），以及《保护野生动物移栖物种公约》。①

尽管专家组和上诉机构都没有澄清 WTO 协定与多边环境协定之间的关系，但是，上诉机构的上述裁决承认了非 WTO 法在 WTO 争端解决中的解释性意义，修补了国际环境法与国际贸易法之间先前的"裂缝"。上诉机构同意美国根据 GATT 第 20（g）条采取环境保护措施保护濒临灭绝的物种即海龟的合法性。

总之，WTO 专家组和上诉机构在解释 WTO 协定的规定时，在争端解决的必要范围内经常使用非 WTO 法，承认它们与有关 WTO 贸易争端的相关性以及它们在 WTO 争端解决中的解释性意义。

三　WTO 争端解决中非 WTO 法的使用状况

根据 WTO 协定中的用语，可以把 WTO 体制以外的其他国际法"分门别类"。例如，在 WTO 文本中明确提到（比如《TRIPS 协定》提到国际知识产权公约），或者这种行动是由 WTO 的规定授权的（比如《WTO 协定》第 9.3 条和第 9.4 条规定的豁免）。在 WTO 协定中还可以找到许多提到非 WTO 的规则和标准的规定。② 在这种情况下，WTO 的规定应被解释为要求在 WTO 制

---

① See United States – Import Prohibition of Certain Shrimp and Shrimp Products, WT/DS58/AB/R, para. 168.

② 例如，《TBT 协定》第 1.1 条规定："标准化和合格评定程序通用术语的含义通常应根据联合国系统和国际标准化机构所采用的定义……"；第 5.4 条规定："如需切实保证产品符合技术法规或标准，且国际标准化机构发布的相关指南或建议已经存在或即将拟就，则各成员应保证中央政府机构使用这些指南或建议或其中的相关部分，作为其合格评定程序的基础……"。《SPS 协定》序言第 6 段提到"期望进一步推动各成员使用协调的、以有关国际组织制定的国际标准、指南和建议为基础的卫生与植物卫生措施，这些国际组织包括食品法典委员会、国际兽疫组织以及在《国际植物保护公约》范围内运作的有关国际和区域组织"。《关于解释关贸总协定第 7 条的协定》提到世界海关组织的工作。GATT 第 20（h）条提到任何政府间商品协定。关于 GATT 安全例外的第 21 条提到"在《联合国宪章》项下的维护国际和平与安全的义务"。

度里面执行这些外部的义务。在其他情况下，WTO 外部的规定将
只是提供必须由 WTO 裁决机构在解释和适用 WTO 规定时使用的
解释资料。

（一）WTO 协定明确提到的非 WTO 法

关于 WTO 协定明确提到或纳入非 WTO 国际法的情况，
《TRIPS 协定》是一个典型的例子。《TRIPS 协定》将来自一系列现
有的国际知识产权条约，比如《巴黎公约》（1967 年），《伯尔尼
公约》（1971 年）、《罗马公约》，以及《关于集成电路的知识产权
条约》的义务纳入了其文本。《TRIPS 协定》第 2 条规定："就本
协定的第二部分、第三部分和第四部分而言，各成员方应遵守
《巴黎公约（1967 年）》第 1 条至第 12 条和第 19 条。"因此，《巴
黎公约》等国际知识产权条约规定的权利和义务，已被明确纳入
《TRIPS 协定》中作为 WTO 成员方的权利和义务。《补贴与反补贴
措施协定》规定，符合经合组织《官方支持的出口信贷指南的安
排》规定的出口信贷政府补贴不应被视为出口补贴。

非 WTO 国际法规则如果被 WTO 涵盖协定明确提到或纳入，
即对 WTO 成员方具有与涵盖协定相同的法律效力，从争端解决
法律适用的角度来说，与涵盖协定没有任何差别，也应被视为
WTO 争端解决中可适用的法律的一部分，尽管其本身并非 DSU
附录一列入的涵盖协定的规定。在 WTO 争端解决中，这些被明
确提到或纳入的非 WTO 国际法构成 WTO 成员方之间明确的权利
和义务，专家组和上诉机构将适用这些被纳入 WTO 协定的权利
和义务。

（二）由 WTO 的规定授权的措施涉及的非 WTO 法

也有一种经常发生的情况，不是把来自非 WTO 协定的义务纳
入 WTO 协定的文本，而是一项非 WTO 的义务被一 WTO 成员方援
引以界定 WTO 协定中规定的一项义务。比如，按照《WTO 协定》
第 9 条，WTO 成员方采用一项豁免，然后援引非 WTO 条约以证明
其措施是合理的，或者用来解释该 WTO 豁免的目的和范围。这里

涉及专家组是否具有审查一项 WTO 涵盖协定以外的协定的权力的问题。

这个问题在欧共体—香蕉案中曾引起争议，欧共体与非加太国家认为，专家组没有被授权解释构成了它们之间优惠贸易安排依据的《第四洛美公约（Lomé IV Convention）》。但是，上述主张被专家组和上诉机构驳回了。专家组指出，欧洲共同体 1994 年 12 月获得由 GATT 缔约方全体授予的免除 GATT1947 下涉及《洛美公约》的欧共体义务的一项豁免；1996 年 10 月，按照《关于豁免的谅解》和《WTO 协定》，"洛美豁免"延长至 2000 年 2 月 29 日。①因此，通过该豁免，《洛美公约》已被纳入 GATT1994，专家组和上诉机构确立了解释《第四洛美公约》的管辖权。最终，上诉机构维持了专家组的说法，即"自从 GATT 缔约方全体把《洛美公约》纳入'洛美豁免'，至少在一定程度上，《洛美公约》的意义就成为 GATT/WTO 的问题。因此，在解释'洛美豁免'的必要范围内，我们别无选择，只有审查《洛美公约》本身的规定。"②在该案中，由于洛美豁免提到《洛美公约》，专家组和上诉机构均有义务审查该公约，以便确定洛美豁免的范围。也就是说，专家组和上诉机构并没有适用或执行《洛美公约》本身的规定，而是使用它们来确定包含在"洛美豁免"中的 WTO 权利的范围。

（三） 被 WTO 协定明确提到的有关国际标准

某些 WTO 协定，比如《SPS 协定》第 3.4 条，明确提到有关国际标准。在 WTO 争端解决中，有关国际标准的适用性也获得考虑。在欧共体—荷尔蒙案中，上诉机构在预防原则范围内审查了这个问题。欧共体主张，预防原则是习惯国际法的一般规则或至少是一般法律原则。上诉机构认为，各国是否已接受其为一般习惯国际

---

① See EC – Regime for the Importation, Sale and Distribution Bananas – Recourse to Article 21. 5 by Ecuador, WT/DS27/RW/ECU, paras. 2. 24, 2. 25.

② See Europem Communities – Regime for the Importation, Sale and Distribution of Bananas, WT/DS27, para. 162.

法还没有达成共识。[1] 它避免对这个问题作出裁决，但确认，预防原则是反映在《SPS 协定》第 3.3 条和第 5.7 条中的，其允许各当事方采用比国际上接受的更高的或更谨慎的标准。在该案中，对于来自争议的荷尔蒙日益增加的使用可能带来的风险，欧共体可以制定和适用高于食品法典委员会建议的卫生保护水平的标准。对于欧共体，一项措施可以偏离——但不是实质的——食品法典委员会建议的内容，仍然被视为是为了《SPS 协定》第 3.10 条的目的而"以该建议为根据（base on）"。但是，《SPS 协定》对于什么构成"实质的（substantial）"偏离并没有作出界定。专家组认为，这里涉及的欧共体措施不是以食品法典委员会制定的有关国际标准、指南和建议为根据，因为这些措施不符合这些标准、指南和建议。专家组的结论是，成员方的 SPS 措施必须符合食品法典委员会的标准、指南和建议。[2] 但上诉机构不同意专家组的结论，认为根据《SPS 协定》第 3.3 条，一个成员方可以决定为自己设定与国际标准隐含的不同的保护水平，实施并非"以国际标准为根据"的保护水平，并使这一保护水平具体化。该成员方的适当保护水平可能比国际标准规定的更高。一个成员方决定它自己卫生保护的适当水平是一项重要的权利。这是《SPS 协定》序言第六段中明确规定的。"[3] 该协定提出的以国际标准为根据的各成员方 SPS 措施的一致性，是作为一个在未来实现的目标。把第 3.1 条解释为，要求各成员方通过使它们的 SPS 措施符合国际标准、指南和建议，实际上则是赋予这些国际标准、指南和建议（在形式和性质上都是食品法典委员会建议的）强制性效力。换句话说，该专家组的解释使

---

[1]　European Communities – Measures Concerning Meat and Meat Products（Hormones），WT/DS26/AB/R，WT/DS48/AB/R，para. 123.

[2]　European Communities – Measures Concerning Meat and Meat Products（Hormones），WT/DS26/R/USA，paras. 8.72，8.73；WT/DS48/R/CAN，paras. 8.75，8.76.

[3]　European Communities – Measures Concerning Meat and Meat Products（Hormones），WT/DS26/AB/R，WT/DS48/AB/R，para. 172.

这些标准、指南和建议转化为具有约束力的规范。① 显然，按照《SPS 协定》第 3.4 条的用语"应在力所能及的范围内充分参与……"和"以促进在这些组织中制定和定期审议……标准、指南和建议"，食品法典委员会的标准、指南和建议是不具强制性效力的。也就是说，在 WTO 争端解决中不必强制执行或适用有关的标准、指南和建议。

（四） 没有明确提到或纳入的非 WTO 法

在其他情况下，即在 WTO 协定中没有明确提到或纳入的非 WTO 法或没有获得 WTO 规定的授权或豁免的非 WTO 义务，WTO 专家组和上诉机构也经常使用这些非 WTO 法，比如与争端有关的其他国际条约、一般国际法的规则和原则、其他国际法庭的判决、权威公法学家学说等。在解释和适用 WTO 协定的过程中，专家组和上诉机构不再像 GATT 专家组那样"闭门造车"，而是在解决争端的必要范围内使用非 WTO 法。这当然应该部分归功于《WTO 协定》和 DSU 的规定，也部分归功于 WTO 框架内规则导向的发展，甚至部分归功于 WTO 专家组和上诉机构对外部的非 WTO 法的开放性态度，正如上诉机构所说的"不能在与国际公法的临床隔离中解读"WTO 协定。WTO 专家组和上诉机构除了解释和审查来自 WTO 体制之外的其他国际法，是否也有权适用这些非 WTO 国际法，比如国际公法包含的丰富的其他规则和原则？在 WTO 争端解决中这些法律规则和原则能否像"可再生的自然资源"那样源源不断地给专家组和上诉机构"输送"可适用的法律呢？

四　小结

在 GATT/WTO 争端解决中，非 WTO 法的地位经历了一个演变发展过程。在 GATT 时代，专家组奉行"光辉孤立"，对非 GATT

---

① European Communities – Measures Concerning Meat and Meat Products (Hormones), WT/DS26/AB/R, WT/DS48/AB/R, para. 165.

国际法持保守的立场，必须是 GATT 缔约方都加入的国际条约，才会被 GATT 专家组考虑；总的来说，专家组一直都不愿意使用 GATT 以外的其他国际法解释 GATT 的规定。到了 WTO 时代，WTO 专家组和上诉机构开始使用非 WTO 国际法，而不要求必须所有 WTO 成员方都是该被援引的国际条约的当事国。WTO 裁决机构被明确要求援引国际公法的条约解释规则作为澄清 WTO 协定的渊源，终结了 GATT 专家组对其他国际法保持的"光辉孤立"状态，承认它们与有关 WTO 贸易争端的相关性和它们在 WTO 争端解决中的解释性意义。

第二章
WTO 争端解决中
非 WTO 法引起的规则冲突

关于 WTO 争端解决中规则冲突的概念如何界定，以及是否存在规则冲突等，一直以来都是争议激烈的问题。国际法委员会把规则冲突区分为"体制内部的冲突（conflicts within a regime）"与"跨体制的冲突（conflicts across regimes）"。① 相应地，也可以把 WTO 争端解决中的规则冲突区分为"WTO 体制内部的冲突"和"跨 WTO 体制的冲突"。本书仅研究"跨 WTO 体制的冲突"，即在 WTO 争端解决中非 WTO 国际法引起的规则冲突，或者说非 WTO 规则与 WTO 规则之间的冲突。"WTO 体制内部的冲突"，即 WTO 协定不同规则之间的冲突，不在本书的研究范围内。不过，探讨 WTO 体制内部的规则冲突的概念仍然具有借鉴意义。

第一节　WTO 争端解决中规则冲突的概念界定

关于规则冲突的概念界定，无论是在法律理论，还是在国际公法中，都存在很大的争议。同样，究竟规则冲突应包含哪些不相容

---

① Report of the Study Group of the ILC, *Fragmentation of International Law: Difficulties Arising from the Diversification and Expansion of International Law*, U. N. Doc. A/CN. 4/L. 682 (Apr. 13, 2006), para. 493.

的规范，只是包含义务与禁止之间的不相容？或者是否应扩大到矛盾的义务、禁止和允许？还是两项义务之间单方面的不相容也应被视为构成冲突？在学者中间也是见仁见智。在 WTO 已有的判例中，关于规则冲突的界定也是不一致的。

一　广义说占主流：法律理论中规则冲突的概念

众多的法律规定和复杂的法律概念可归结为一系列"完整的规则"，这就是行为规则，即禁止（prohibition）、义务（obligation）和允许（permission）。① 在法律理论中，关于规则冲突的概念，素有广义和狭义之争。广义说认为，规则冲突包括允许与义务之间、允许与禁止之间，以及义务与禁止之间的冲突；而狭义说的定义仅包括义务与禁止之间的冲突。法律理论中主流的观点认为，允许与义务或禁止冲突的情况，即矛盾的冲突（contradictory conflicts），也属于规则冲突。

定义是揭示概念内涵的逻辑方法。这里涉及定义的方法，即规则冲突是属于一个分析性定义（analytical definition），还是一个规定性定义（stipulative definition）。一个分析性的定义分析和解释了一个术语在某一语言中使用的实际方式。它涉及过去或现在用法的一种主张且具有真正的价值。这种定义是必然为真的。② 另外，规定性定义确立了一个词语的含义。它对某一用语的意义采用命令或建议的形式。③ 即规定性定义就是自己创制的定义，并且是在这一意义上使用的。④ 然而，这并不意味着，规定性定义的作者享有不受限制的自由裁量权；它特别受到目的性考量的约束。为法律原理

---

① Jeremy Bentham, *Of Laws in General*, London：the Athlone Press, 1970, pp. 93 – 109, 156 – 183.
② 例如，"表弟"的分析性定义为"姑母、舅父、姨母之子年幼于己者"。
③ Richard Robinson, *Definition*, Oxford：Clarendon Press, 1968, pp. 19, 21, 59 – 92.
④ 规定性定义对下定义本身并无特殊的规定，而只是要求被定义的概念或术语在同一著作或文献中始终保持表示这种规定的含义。这实际上要求人们在使用概念或术语时遵守逻辑学中的同一律。比如，可以将"教育"定义 （转下页注）

的目的，这首先意味着一个规定性定义必须充分融入以运作为目的的法律制度中。

显然，规则冲突不是一个分析性定义，而是一个规定性定义。规定性定义的作者确实可以自由地采用不同的规定性定义，例如，一个更狭义的规则冲突的定义。然而，规则的目的是要规范行为，规定性定义必须是合理的，对尽可能追求的目的是恰当的。因此，如果某一行为是在同一时间被允许和禁止的，从这些规则的约束对象的角度，这种规则不是明确的，而是自相矛盾的。允许某一行为与命令相反的行为的规则，以及对某一行为的禁止与采取该行为的义务，同样是如此。换句话说：如果这一目的的实现被一项与义务或禁止不相容的允许损害，或被一项与禁止不相容的义务损害，则应该承认这些规则是冲突的。[①] 笔者把这种观点称为"目的损害说"。

卡尔·恩吉施（Karl Engisch）对规则冲突的定义是，以下情况存在冲突：（1）在某一法律秩序中，如果某一特定类型的行为，同时被禁止和被允许，或同时被禁止和被命令，或同时被命令和不被命令，或者，如果不相容的行为方式是在同一时间被命令的；（2）在某一法律秩序中，如果一个具体的行为在同一时间被禁止和被允许等。[②] 笔者把这种观点称为"同时不相容说"。

凯尔森（Kelsen）在他的《规范的一般理论》等著作中采用了一个广泛的定义。他明确表示，如果必须承认"命令"和"允

（接上页注④）为直接支持和维护有目的的教与学的一整套社会制度。这就是一种规定。也就是说，不管其他人所使用的"教育"一词是什么意思，这里所用的"教育"一词就是这个意思。参见肖川、胡乐乐《教育概念的词源考古与现代研究》，《大学教育科学》2010 年第 3 期，第 9 页；也参见〔美〕索尔蒂斯《教育的定义》，载瞿葆奎主编《教育学文集·第 1 卷——教育与教育学》，人民教育出版社，1993，第 31 ~ 36 页。

① Erich Vranes, The Definition of "Norm Conflict" in International Law and Legal Theory, *European Journal of International Law*, Vol. 17, No. 2, 2006, p. 405.

② Karl Engisch, *Die Einheit der Rechtsordnung*, Heidelberg: Carl Winter Verl, 1935, p. 46. Cited from Erich Vranes, The Definition of "Norm Conflict" in International Law and Legal Theory, *European Journal of International Law*, Vol. 17, No. 2, 2006, p. 406.

许"构成两个不同的规范功能，就不能否认一项允许与一项命令
（prescription）彼此相互排斥。凯尔森强调规则的违反。他认为，
如果遵守或适用一个规则，必然或可能违反了另一规则，两个规则
之间就发生冲突。① 凯尔森进一步把冲突分为双边的冲突与单边的
冲突、潜在的冲突与必然的冲突、完全的冲突与局部的冲突。② 笔
者把这种观点称为"规则违反说"。

综上所述，在法律理论中，如果遵守或适用一个规则，将损害
另一规则的目的，或者必然或可能违反另一规则，或者同时与另一
规则不相容，则这两个规则之间就存在冲突。

至于规则冲突概念的外延，一般而言，普通逻辑中的定义要
求定义项与被定义项的外延必须完全相同，不能"定义过宽"
或"定义过窄"。作为一个规定性定义，规则冲突这个概念的外
延同样不能"过宽"或"过窄"。因此，规则冲突应包含允许与
禁止、允许与义务、禁止与义务等这些组合。而且，在义务、禁
止或允许之间可通过否定而互相限定。因此，如果禁止某一行为
被否定，同样的行为就是允许的，反之亦然。换言之，禁止某一
行为构成允许该行为的矛盾对立面。同理，允许不采取某一行为
与有义务采取这一行为：否定这一义务得出允许对立的内容，反
之亦然。如果被规范的行为是否定的，禁止和义务也是可相互限

---

① Hans Kelsen, Derogation, in H. Klecatsky, R. Marcic & H. Schambeck, *Die Wiener Rechtstheoretische Schule*, Wien; Frankfurt, Zurich; Salzburg, Munchen; Europa-Verlag; Pustet, 1968, p. 1429. See also Hans Kelsen, *Allgemeine Theorie der Normen*, Wien; Manz, 1979, p. 99. Cited from Erich Vranes, The Definition of "Norm Conflict" in International Law and Legal Theory, *European Journal of International Law*, Vol. 17, No. 2, 2006, p. 414.

② Hans Kelsen, Derogation, in H. Klecatsky, R. Marcic & H. Schambeck, *Die Wiener Rechtstheoretische Schule*, Wien; Frankfurt, Zurich; Salzburg, Munchen; Europa-Verlag; Pustet, 1968, p. 1438; Hans Kelsen, *Allgemeine Theorie der Normen*, Wien; Manz, 1979, pp. 99 – 100. Cited from Erich Vranes, The Definition of "Norm Conflict" in International Law and Legal Theory, *European Journal of International Law*, Vol. 17, No. 2, 2006, p. 414.

定的。① 总之，在法律理论中，所有这些组合都应被认为是冲突。

还有一个问题是，两项义务之间的一个"单方面的"不相容是否也应被视为构成冲突。例如，一项规则规定一项行为造成损害的赔偿金额最高不得超过 100 元，而另一项规则规定相同的行为造成损害的赔偿金额最高不得超过 200 元。这是一种单边的、局部的冲突的情形。按照狭义的冲突定义，在这种情况下，适用更严格的第二项规则，就没有冲突。但问题是，当两个有效和适用的规则表明对一个问题不同的处理方式，并且其适用将产生不一致的效果时，如果必须在两者之间作一选择，那么两项规则之间就明显存在冲突。而且，还存在另一个问题，适用更严格的规则，可能导致不公平的结果。

因此，在法律理论中，占主流的观点是选择一个规则冲突的广义定义，包括允许与义务之间、允许与禁止之间、义务与禁止之间，以及义务的单方面的不相容。规则冲突的定义必须包含这些内容。同时，在法律理论中，还可对规则冲突的基本类型作出具体的划分。

（1）双边的冲突与单边的冲突

依照规则冲突的状态，可以分为双边的冲突（bilateral conflict）与单边的冲突（unilateral conflict）。按照凯尔森的观点，如果遵守或适用两项规则中的每一项，就（可能或必然）违反了另一项，那么冲突是双边的。如果遵守或适用两个规则中的其中一项违反了另一项，该冲突是单边的。② 例如，某一规则规定"若谋杀者超过了二十岁，他将被判处死刑"，而另一规则规定"若谋杀

① Erich Vranes, Comments on Joost Pauwelyn's Paper: "How to Win a WTO Dispute Based on Non‑WTO Law?", in Griller Stefan (ed.), *At the Crossroads: The World Trading System and the Doha Round*, Vienna: Springer, 2008, pp. 85‑86.

② Hans Kelsen, Derogation, in H. Klecatsky, R. Marcic & H. Schambeck, *Die Wiener Rechtstheoretische Schule*, Wien; Frankfurt, Zurich; Salzburg, Munchen; Europa‑Verlag; Pustet, 1968, p. 1438; Hans Kelsen, *Allgemeine Theorie der Normen*, Wien: Manz, 1979, pp. 99‑100. Cited from Erich Vranes, The Definition of "Norm Conflict" in International Law and Legal Theory, *European Journal of International Law*, Vol. 17, No. 2, 2006, p. 414.

者超过了十八岁，他将被判处死刑"，适用前者并不违背后者，而
适用后者则可能违背前者（当对已满十八岁而未满二十岁的谋杀
者执行死刑时）。①

（2）完全的冲突与局部的冲突

依照规则冲突的范围，规则冲突可分为完全的冲突（total
conflict）和局部的冲突（partial conflict）。如果一项规则规定被另
一项规则禁止的某一行为，该冲突是完全的冲突。② 完全的冲突意
味着两个规则涵盖了完全一致的案件类型，如根据一项规则某一行
为是被允许的，而根据另一规则，该行为是被禁止的。如果一项规
则的内容只是部分与另一规则不同，该冲突是局部的冲突，③ 如一
项规则规定一项行为造成损害的赔偿金额最高不得超过 200 元，而
另一项规则规定相同的行为造成损害的赔偿金额最高不得超过 100
元。

（3）相反的冲突与矛盾的冲突

依照规则冲突的性质，可以分为相反的冲突（contrary
conflict）与矛盾的冲突（contradictory conflict）。如果一项规则要求
做某种行为，而另一项规则禁止这种行为，即"勿为对应为"，则
它们的要求正好是相反的，这被称为"相反的冲突"。如果一项规

---

① 雷磊：《法律规范冲突的含义、类型与思考方式》，陈金钊、谢晖主编《法律方
　法》（第七卷），山东人民出版社，2008，第 253 页。

② Hans Kelsen, Derogation, in H. Klecatsky, R. Marcic & H. Schambeck, *Die Wiener
　Rechtstheoretische Schule*, Wien；Frankfurt, Zurich；Salzburg, Munchen；Europa-
　Verlag；Pustet, 1968, p. 1438；Hans Kelsen, *Allgemeine Theorie der Normen*, Wien：
　Manz, 1979, pp. 99 - 100. Cited from Erich Vranes, The Definition of "Norm
　Conflict" in International Law and Legal Theory, *European Journal of International
　Law*, Vol. 17, No. 2, 2006, p. 414.

③ Hans Kelsen, Derogation, in H. Klecatsky, R. Marcic & H. Schambeck, *Die Wiener
　Rechtstheoretische Schule*, Wien；Frankfurt, Zurich；Salzburg, Munchen；Europa-
　Verlag；Pustet, 1968, p. 1438；Hans Kelsen, *Allgemeine Theorie der Normen*, Wien：
　Manz, 1979, pp. 99 - 100. Cited from Erich Vranes, The Definition of "Norm
　Conflict" in International Law and Legal Theory, *European Journal of International
　Law*, Vol. 17, No. 2, 2006, p. 414.

则禁止某种行为，而另一项规则允许这种行为，即"勿为对可为"，它们的要求是不相反但又不相容的，这被称为"矛盾的冲突"。例如，"我们不应靠右行驶"和"我们应当靠右行驶"构成相反的冲突；而"我们不应靠右行驶"和"我们可以靠右行驶"则构成矛盾的冲突。① 也就是说，义务与允许之间、禁止与允许之间的冲突属于矛盾的冲突，义务与禁止之间的冲突属于相反的冲突。

（4）必然的冲突与可能的冲突

依照规则冲突的可能性，可以分为必然的冲突（necessary conflict）与可能的冲突（possible conflict）。与上面这种分类相联系，相反的冲突就是一种必然的冲突，而矛盾的冲突就是可能的冲突。此外，一项规则事实上可以被视为另一项规则的例外时，就会发生不同可能性的冲突。例如，两个规则"盗窃应受惩罚"和"盗窃亲属的财务不应受惩罚"，适用后者必然违背前者，而适用前者则可能会违背后者（当惩罚盗窃亲属财物的行为时）。②

二 狭义说较流行：国际公法中规则冲突的概念

规则冲突的概念在理论上很难定义化。在国际公法中，依然存在如何界定不同的国际法规则之间规则冲突的问题。与法律理论中的规则冲突的概念一样，在国际公法中，规则冲突的概念同样存在广义和狭义之分。

在国际公法中，关于规则冲突的"经典的"狭义定义，是

---

① Alf Ross, *On Law and Justice*, London: Steven & Sons, 1958, p. 128. 转引自雷磊《法律规范冲突的含义、类型与思考方式》，陈金钊、谢晖主编《法律方法》（第七卷），山东人民出版社，2008，第 25 页。

② Hans Kelsen, Derogation, in H. Klecatsky, R. Marcic & H. Schambeck, *Die Wiener Rechtstheoretische Schule*, Wien: Frankfurt, Zurich: Salzburg, Munchen: Europa-Verlag: Pustet, 1968, p. 1438; Hans Kelsen, Allgemeine Theorie der Normen, Wien: Manz, 1979, pp. 99 – 100. Cited from Erich Vranes, The Definition of "Norm Conflict" in International Law and Legal Theory, *European Journal of International Law*, Vol. 17, No. 2, 2006, p. 414.

1953 年由威尔弗雷德·詹克斯（Wilfred Jenks）首先提出的。詹克斯认为只有在不可能同时遵守不同文书的义务的情况下，才发生造法性条约的冲突。如果一个文书的义务比另一个文书的义务更加严格但并非不相容，或者如果遵守一个文书的义务，可通过不行使另一个文书给予的特权或自由裁量权是可能的，则不存在任何冲突。[1] 必须在严格意义上区分单纯的分歧与冲突：只有在两个条约的当事国不能同时遵守两个条约下的义务时，才产生一个严格意义上的直接不相容。[2] 詹克斯不承认其他分歧为冲突，即使它们"使一个或两个不同的文书的目的落空"。詹克斯明确表明，他知道这个事实，即"例如，这样的分歧可能阻止两个不同文书的一个当事国利用其中一个文书的某些条款"。他也承认，"这种分歧从实际的角度可能是与冲突一样严重的；它可能导致旨在给予其中一个分歧的文书中一项操作灵活的措施的规定不能适用，而这种操作灵活的措施被认为对其可行性是必要的"。但他仍然明确支持他的严格定义，即当一个文书消除了另一文书规定的例外，就不存在冲突，即使其中一项协定失去其大多或大部分实际重要性。[3]

沃尔弗拉姆·卡尔（Wolfram Karl）在《国际公法百科全书》中显然也主张一个严格的定义。他认为，从技术上讲，两个（或更多）条约文书规定不能同时遵守的义务时，存在冲突……并不是每一个这样的分歧都构成冲突，但是……内容不相容是冲突的一个基本条件。[4] 恰普林斯基（Czaplinski）和丹尼连科（Danilenko）也认为，当一个条约规定当事国 A 有义务采取行动 X，而另一条约

---

[1] Wilfred Jenks, The Conflict of Law-Making Treaties, *British Year Book of International Law*, Vol. 30, 1953, p. 426.

[2] Wilfred Jenks, The Conflict of Law-Making Treaties, *British Year Book of International Law*, Vol. 30, 1953, p. 426.

[3] Wilfred Jenks, The Conflict of Law-Making Treaties, *British Year Book of International Law*, Vol. 30, 1953, pp. 426 – 427.

[4] Wolfram Karl, Conflicts between Treaties, in Bernhardt, *Encyclopedia of Public International Law*, Vol. 7, 1984, pp. 467, 468.

规定应采取行动 Y，并且 X 与 Y 不相容时，就可以说条约存在冲突。①

加布里埃·玛索则认为规则冲突可以被狭义或广义定义，② 但她支持詹克斯的狭义定义，认为只有在两个条约规定相互排斥的义务且其中一个必须被撤销（无论是中止或废止）时，才存在冲突。③ 玛索也承认，詹克斯的严格的冲突定义仅限于"义务的冲突"，且往往赞成最严格的义务。④ 玛索认为，由于解释的主要目的是确定各当事方的意图，应该对"冲突"作狭义解释，以尽可能保持各方达成的协议。⑤ 根据詹克斯的冲突定义，如果有可能通过不行使另一文书赋予的特权或自由裁量权而遵守一个文书的义务，就不存在冲突；因此，她认为，在贸易和环境领域里，多边环境协定可授权使用 GATT 禁止的贸易限制措施，就不会面临一个严格意义上的冲突。⑥ 即使一项多边环境协定显然时间在后，冲突规则（比如后法原则）也不须发挥作用。玛索还有点"危言耸听"地认为，扩大规则冲突的定义将导致授予第三方（裁决机构）或解释者基于特别法原则适用较早或较晚的条约中规定的明确的和更具体

---

① Wladyslaw Czaplinski & Gennady M. Danilenko, Conflicts of Norms in International Law, *Netherlands Yearbook of International Law*, Vol. 21, 1990, pp. 12 - 13.

② Gabrielle Marceau, Conflicts of Norms and Conflicts of Jurisdictions, The Relationship between the WTO Agreement and MEAs and other Treaties, *Journal of World Trade*, Vol. 35, No. 6, 2001, p. 1083.

③ Gabrielle Marceau, Conflicts of Norms and Conflicts of Jurisdictions, The Relationship between the WTO Agreement and MEAs and other Treaties, *Journal of World Trade*, Vol. 35, No. 6, 2001, p. 1084.

④ Gabrielle Marceau, Conflicts of Norms and Conflicts of Jurisdictions, The Relationship between the WTO Agreement and MEAs and other Treaties, *Journal of World Trade*, Vol. 35, No. 6, 2001, p. 1085.

⑤ Gabrielle Marceau, Conflicts of Norms and Conflicts of Jurisdictions, The Relationship between the WTO Agreement and MEAs and other Treaties, *Journal of World Trade*, Vol. 35, No. 6, 2001, p. 1086.

⑥ Gabrielle Marceau, Conflicts of Norms and Conflicts of Jurisdictions, The Relationship between the WTO Agreement and MEAs and other Treaties, *Journal of World Trade*, Vol. 35, No. 6, 2001, p. 1086.

的权利，从而撤销国家已经自愿谈判缔结的条约规定的权力。①

威廉·戴维（William J. Davey）也主张狭义的冲突定义。他提出了两个确定不同条约规则之间"冲突"的不同方法：（1）冲突只能在义务之间存在，在这种情况下，一方是不可能遵守所有适用的义务的。（2）冲突也可能在一项义务与一项明确的权利之间存在。在这种情况下，一方遵守其义务是有可能的，但必须以不行使明确授予的权利为代价。②

总之，在国际公法中，这些主张规则冲突的狭义定义的学者们不承认一项明确的权利可能与一项义务或一项禁止相冲突。在他们看来，允许必须"让路"给义务或禁止，即使该项允许时间在后并且规定更具体。

不像法律理论的学者，主张更广义的规则冲突的定义似乎已经占了上风。相反，国际公法中已明确选择一个更广义的冲突定义的学者并不多。萨尔蒙（J. - A. Salmon）把规则冲突定义为："在某一法律制度中存在不相容的法律规则，其具有解释者无法同时适用两个规则而必须作出一个选择的后果。"③ 罗兰·巴特尔斯则重视条约所承认的"可能性、特权或权利"，他倡导的更广泛的冲突定义是，妨碍先订条约目的和宗旨的一项条约，应被视为与先订条约相冲突。④ 在

---

① Gabrielle Marceau, Conflicts of Norms and Conflicts of Jurisdictions, The Relationship between the WTO Agreement and MEAs and other Treaties, *Journal of World Trade*, Vol. 35, No. 6, 2001, p. 1086.

② William J. Davey, The Quest for Consistency: Principles Governing the Interrelation of the WTO Agreements, in Griller Stefan (ed.), *At the Crossroads: The World Trading System and the Doha Round*, Vienna: Springer, 2008, pp. 108 - 109.

③ J. - A. Salmon, Les antinomies en droit international public, in Perelman Chaim, *Les Antinomies en droit*, Brussels: Bruylant, 1965, p. 285. Cited from Erich Vranes, The Definition of "Norm Conflict" in International Law and Legal Theory, *European Journal of International Law*, Vol. 17, No. 2, 2006, p. 406.

④ Lorand Bartels, The Relationship between Treaties, Paper for CIEL, 2001. Cited from Gabrielle Marceau, Conflicts of Norms and Conflicts of Jurisdictions, The Relationship between the WTO Agreement and MEAs and other Treaties, *Journal of World Trade*, Vol. 35, No. 6, 2001, p. 1085.

他看来，这种条约冲突的解释已被维也纳公约第 41 条确认，该条禁止多边条约的当事国相互缔结不符合整个条约的目的和宗旨有效实现的任何条约。这种广泛的冲突定义也被维也纳公约第 18 条确认，该条规定，一国已签署但尚未批准条约，负有义务不得采取任何足以妨碍条约目的及宗旨的行动。① 而鲍威林的一个更广泛的定义则明确包含授权性规则与义务之间的不一致。他把规则冲突定义为，遵守一项规则导致违反另一项规则的情况。②

鲍威林采用的广义冲突定义，不同于詹克斯和卡尔等主张的狭义定义。③ 鲍威林扩大了规则冲突的概念，不仅仅包括两个相互排斥的义务发生冲突。根据一项规则做 X 的义务（比如，实现贸易自由化）与根据另一规则不做 X 的明确的权利（比如，根据一项环境条约允许禁止特定的进口）之间也可能产生冲突。④ 鲍威林还把冲突分为"固有的规则冲突（inherent normative conflict）"和"适用法律中的冲突（conflict in the applicable law）"。把导致其中一个规则无效、终止，或"非法"的情况称为固有的规则冲突。例如，根据维也纳公约第 53 条和第 64 条，与强行法冲突的 A 规则是无效的。⑤ 如果两个规则适用于相同事实都是有效和合法的，该

① Gabrielle Marceau, Conflicts of Norms and Conflicts of Jurisdictions, The Relationship between the WTO Agreement and MEAs and other Treaties, *Journal of World Trade*, Vol. 35, No. 6, 2001, p. 1085.

② Joost Pauwelyn, *Conflict of Norms in Public International Law: How WTO Law Relates to other Rules of International Law*, Cambridge: Cambridge University Press, 2003, p. 176.

③ Joost Pauwelyn, *Conflict of Norms in Public International Law: How WTO Law Relates to other Rules of International Law*, Cambridge: Cambridge University Press, 2003, pp. 169 – 170.

④ Joost Pauwelyn, Bridging Fragmentation and Unity: International Law as a Universe of Inter-Connected Islands, *Michigan Journal of International Law*, Vol. 25, No. 4, 2004, p. 907.

⑤ Joost Pauwelyn, Bridging Fragmentation and Unity: International Law as a Universe of Inter-Connected Islands, *Michigan Journal of International Law*, Vol. 25, No. 4, 2004, p. 907.

以哪个规则为准？这种类型的冲突为适用法律中的冲突。[1] 鲍威林的规则冲突这一概念包括后果要求违反了另一规则的情况；[2] 但他的定义还包括义务与权利之间冲突的情况，[3] 他还认为，必须区分直接的、正面的规则冲突与仅仅是产生自解释和执行过程的规则冲突。[4]

鲍威林的立场与玛索和托马索截然相反。[5] 鲍威林认为规则冲突的概念应广义定义，以包含禁止或义务与允许之间的冲突，即矛盾的冲突，其立场实际上与法律理论上的理解相符。相反，玛索和托马索只接受那些构成规则冲突的组合，即相反的冲突。[6] 可以再用备受争议的贸易和环境方面的具体例子来说明：WTO 的两个成员方 A 和 B 都参加的一项多边环境协定规定，如果 A 不遵守多边环境协定，B 可以限制 A 的货物进口。按照玛索和托马索的狭义定义，这种情况不构成规则冲突，并且只是不构成规则冲突的其中一种情况。但是，按照鲍威林的广义定义，一项多边环境协定的允许

---

① Joost Pauwelyn, Bridging Fragmentation and Unity: International Law as a Universe of Inter-Connected Islands, *Michigan Journal of International Law*, Vol. 25, No. 4, 2004, p. 908.

② Joost Pauwelyn, *Conflict of Norms in Public International Law: How WTO Law Relates to other Rules of International Law*, Cambridge: Cambridge University Press, 2003, pp. 175 – 176.

③ Joost Pauwelyn, *Conflict of Norms in Public International Law: How WTO Law Relates to other Rules of International Law*, Cambridge: Cambridge University Press, 2003, pp. 171 – 172, 178 – 188.

④ Joost Pauwelyn, *Conflict of Norms in Public International Law: How WTO Law Relates to other Rules of International Law*, Cambridge: Cambridge University Press, 2003, p. 176.

⑤ 玛索和托马索的观点, See Gabrielle Marceau & Anastasios Tomazos, Comment on Joost Pauwelyn's Paper: "How to Win a WTO Dispute Based on Non-WTO Law?", in Griller Stefan (ed.), *At the Crossroads: The World Trading System and the Doha Round*, Vienna: Springer, 2008, pp. 55 – 81。

⑥ 在玛索和托马索看来，只有一种规则的冲突，如果《WTO 协定》的规定命令一项行动，该行动为另一条约所禁止，或反之，另一项条约的规定命令一项被《WTO 协定》所禁止的行动。

与一项 WTO 义务之间的冲突符合矛盾的冲突。①

国际法委员会赞成鲍威林广泛的冲突定义,《国际法委员会研究组的报告》采用一种比较宽泛的冲突定义,即两个规则或原则表明对一个问题不同的处理方式的情形,包括"目的落空"。② 因此,国际法委员会的结论把冲突定义为"两个都有效和适用的规则指向不一致的决定,因此必须在两者之间作一选择的情况"。③ 国际法委员会还把规则冲突区分为"体制内部的冲突"与"跨体制的冲突"。

按照规则冲突的狭义定义,权利从来不会与义务发生冲突,且可以通过不行使权利来履行义务,也就是说义务总是优先于权利。然而,按照更宽泛的规则冲突的定义,两项义务之间会发生冲突,权利与义务之间也会发生冲突。有意思的是,在法律理论中主流的意见认为,允许与义务或禁止之间存在规则冲突(即矛盾的冲突),而在国际公法中,比较流行的却是狭义的冲突定义,即上述情况并不构成规则冲突。不过这一趋势正在开始转变,已经有越来越多的国际法学者,如鲍威林、巴特尔斯、弗拉内什、维斯等提倡广义的冲突定义。④ 其中鲍威林和弗拉内什的定义与凯尔森的定义非常相似,都强调"规则的违反",即遵守或适用一个规则导致违反另一规则,即"规则违反说"。巴特尔斯的定义则侧重于"损害或妨碍先订条约的目的与宗旨",即遵守或适用一个条约(规则)导致损害或妨碍先订条约的目的和宗旨,可归入"目的损害说"。国际法委员会的冲突定义则强调两个规则的适用导致不一致的结

① Erich Vranes, The Definition of "Norm Conflict" in International Law and Legal Theory, *European Journal of International Law*, Vol. 17, No. 2, 2006, p. 412.

② Report of the Study Group of the ILC, *Fragmentation of International Law: Difficulties Arising from the Diversification and Expansion of International Law*, U. N. Doc. A/CN. 4/L. 682 (Apr. 13, 2006), paras. 24 – 25.

③ Report of the Study Group of the ILC, *Fragmentation of International Law: Difficulties Arising from the Diversification and Expansion of International Law*, U. N. Doc. A/CN. 4/L. 702, 18 July 2006, para. 14 (2).

④ Wolfgang Weiss, Security and Predictability under WTO Law, *World Trade Review*, Vol. 2, Issue 2, 2003, p. 201.

果，并且两个规则之间同时不相容（即必须在两者之间作一选择），似乎可将其归入"同时不相容说"。

三　至今尚无定论：WTO 争端解决中规则冲突的概念

对于如何界定 WTO 争端解决中的"规则冲突"，WTO 协定并没有提供明确指导。尽管 WTO 法中包含一些关于冲突的明确规定，如《WTO 协定》第 16.3 条使用了"冲突（conflict）"的措辞，[①] 但这项规定并没有就何为"冲突"下定义。正如在国际公法中规则冲突的确切定义还不明确那样，在 WTO 法和 WTO 争端解决中也存在同样的问题。

（一）学者们对 WTO 争端解决中规则冲突定义的观点

鲍威林认为，詹克斯关于规则冲突的定义过于严格。例如，一项 WTO 规则规定了不得限制某些贸易流动的义务，但后来的一项非 WTO 规则（例如一项环境公约的规定）授予当然限制贸易的明确权利。根据规则冲突的严格定义，就不会有冲突。事实上，遵守 WTO 规则不限制贸易流动的义务，并不意味着违反该后来的环境规则。只是意味着放弃环境规则所授予的限制贸易的权利。在冲突的情况下，维也纳公约第 30 条的后法规则甚至不会被"激活"。因此，更严格的 WTO 规则只是优先于新的比较宽松的环境规则适用，这不是由于适用了冲突规则的结果，而是基于冲突定义本身所导致的结果。但是，为了体现新的环境规则的约束力，应该承认在这些情况下也存在冲突，即在一项 WTO 义务与其他条约授予的一项明确的权利之间的冲突。[②] 在此，原则上也应该以后来的规则优

---

① 《WTO 协定》第 16.3 条英文原文为：　"In the event of a conflict between a provision of this Agreement and a provision of any of the Multilateral Trade Agreements, the provision of this Agreement shall prevail to the extent of the conflict。"

② 这一情况属于更宽泛的冲突定义，正如在欧共体—香蕉案（三）的专家组报告中对冲突的界定。专家组认为，冲突的定义包括一项协定中的规则是被禁止的，而另一协定中的规则则是明确允许的情况。See European Communities – Regime for the Importation, Sale and Distribution of Bananas, WT/DS27/R/USA, para. 7. 159。

先。否则，人们会不断地提升国际法中的义务以超越国际法中的权利。①

　　玛索和托马索则认为，规则冲突应该狭义定义。在玛索和托马索看来，只有在《WTO 协定》的规定命令一项行动，而另一条约禁止，或反之，在另一项条约规定命令一项行动，而《WTO 协定》禁止的情况下，才存在冲突。这种观点可以说是与国际公法中经典的冲突定义相一致的。② 玛索和托马索认为，鲍威林忽视了 WTO 规则与非 WTO 规则之间任何冲突的解决都应考虑到主权国家同意国际贸易规则，以及一个不同于其他国际义务的强制执行机制的法律事实。重要的是，玛索和托马索还认为，WTO 规则与其他非 WTO 规则之间发生冲突的实际情形非常罕见，并且通过善意解释，WTO 法和其他国际法规则通常可以协调一致和有效适用。在解释和适用 WTO 的规定的必要范围以外，WTO 专家组和上诉机构不能解释和执行非 WTO 的规定，而且，不应低估 WTO 法与其他国际法律制度之间已经存在的一致性。规则冲突应做狭义解释，一个广泛的冲突定义将导致第三方（裁决机构或条约解释者）被授予权力以撤销国家已自愿谈判缔结的条约规定的结果。③

　　总之，学者们关于 WTO 争端解决中规则冲突定义的争论，只是国际公法中规则冲突的定义之争的一个延续，主要是围绕非

---

①　Joost Pauwelyn, The Role of Public International Law in the WTO: How Far Can We Go? *American Journal of International Law*, Vol. 95, No. 3, 2001, pp. 550 – 551.

②　See Wilfred Jenks, The Conflict of Law-Making Treaties, *British Year Book of International Law*, Vol. 30, 1953, p. 426; Gabrielle Marceau, Conflicts of Norms and Conflicts of Jurisdictions, The Relationship between the WTO Agreement and MEAs and other Treaties, *Journal of World Trade*, Vol. 35, No. 6, 2001, p. 1081; Wladiyslaw Czaplinski & Gennady M. Danilenko, Conflicts of Norms in International Law, *Netherlands Yearbook of International Law*, Vol. 21, 1990, pp. 12 – 13.

③　Gabrielle Marceau & Anastasios Tomazos, Comment on Joost Pauwelyn's Paper: "How to Win a WTO Dispute Based on Non-WTO Law?", in Griller Stefan (ed.), *At the Crossroads: The World Trading System and the Doha Round*, Vienna: Springer, 2008, p. 78.

WTO 规则所规定的权利与 WTO 不限制自由贸易的义务之间是否构成冲突的问题。对此，狭义说认为这种情况不构成冲突，可通过不行使非 WTO 规则规定的权利来履行 WTO 的义务；广义说则认为，这一组权利和义务构成规则冲突，应该适用国际公法中的冲突规则，如后法规则和特别法规则来解决。

（二）专家组对规则冲突概念的界定

在 WTO 争端解决实践中，同样存在究竟是应该采用狭义的还是广义的规则冲突的定义问题。对于这个问题，目前尚未有一致的看法或做法。有的专家组选择了广义的观点，有的则采用狭义的观点。尽管在 WTO 争端解决实践中，专家组和上诉机构尚未有就非 WTO 规则与 WTO 规则之间的冲突做出裁决的判例，但是探讨专家组和上诉机构关于 WTO 体制内部的规则冲突的定义，可为界定跨 WTO 体制的规则冲突提供借鉴。

专家组最初处理规则冲突是在欧共体—香蕉案（三）的报告中，认为在权利与义务之间可能存在冲突的情况。[①] 在专家组报告的一个脚注中，专家组举例，《纺织品与服装协定》（ATC）第 2 条下一个 WTO 成员方拥有实行数量限制的明确权利，而这种行为却是 GATT 第 11 条禁止的。[②] 在该案中，关于什么构成冲突的问题，专家组得出的结论是，限制冲突的定义为"实际冲突"，是不合适的。在专家组看来，冲突定义的范围必须包括一项协定所禁止的，为另一项协定明确允许的情况。如果不这样做显然将挫败各方的意图，因为不能正式地说，它们打算使一项协定无效。[③] 专家组得出赞成广义的冲突定义的结论，即一项协定所禁止，而另一协定

---

① See European Communities – Regime for the Importation, Sale and Distribution of Bananas, WT/DS27/R/USA, para. 7. 159.

② See European Communities – Regime for the Importation, Sale and Distribution of Bananas, WT/DS27/R/USA, fn. 728.

③ See European Communities – Regime for the Importation, Sale and Distribution of Bananas, WT/DS27/R/USA, paras. 7. 158 – 7. 162.

明确允许的情况，即为冲突。① 不过，在该案中，专家组处理的是一个单一的条约，它本来可以使用有效解释原则，以确保《WTO 协定》的另一部分明确规定的权利被尊重。因此，专家组本来可以得出相同的结论，而不必扩大规则冲突的定义。有关规则冲突的讨论没有被提起上诉，因此上诉机构报告后来并没有讨论这个问题。尽管在该案中被选择的方法并不是完全适当的，但是，一个更广泛的冲突定义已经被欧共体—香蕉案（三）专家组的报告采用了。②

与欧共体—香蕉案（三）相反，印度尼西亚—汽车案的专家组则拒绝了这一方法。③ 专家组分析了《与贸易有关的投资措施协定》（《TRIMs 协定》）中的禁止当地成分规则（一项义务）与《补贴与反补贴措施协定》（《SCM 协定》）中当地成分规则的过渡期（一项权利）之间的关系，把"冲突"的概念限于同一时间一当事方不可能遵守不同的义务的情况。专家组认为，"在国际法中，两个条约之间存在冲突，必须满足三个条件。第一，有关条约必须具有相同的当事国；第二，条约必须涵盖同一事项；④第三，规定必须冲突。即在这个意义上讲，规定必须实施相互排斥

---

① See European Communities – Regime for the Importation, Sale and Distribution of Bananas, WT/DS27/R/USA, para. 7.159.

② Erich Vranes, The Definition of "Norm Conflict" in International Law and Legal Theory, *European Journal of International Law*, Vol. 17, No. 2, 2006, p.401.

③ 在该案中，印度尼西亚认为，以达到最低当地含量要求为条件的补贴，通常被《SCM 协定》禁止，但发展中国家如印度尼西亚，在汽车案发生时仍然存在有效的过渡期，不受这一禁令的限制。而《TRIMs 协定》普遍地禁止当地含量的措施，无论它们是否是补贴的一个条件。对印度尼西亚来说，这意味着，适用《TRIMs 协定》的禁令会使《SCM 协定》的过渡期失去作用。See Indonesia – Certain Measures Affecting the Automobile Industry, WT/DS54/R, WT/DS55/R, WT/DS59/R, WT/DS64/R and Corr. 1 and 2, adopted 23 July 1998, and Corr. 3 and 4, DSR 1998：VI, 2201。

④ 维也纳公约第 30 条处理与"同一事项"有关的先后所订条约的办法。有时会有人提出，例如在一项贸易条约与一项环境条约之间出现冲突的情况下，第 30 条就不适用，因为这些条约所涉及的事项不同。但这种分类只是从不同的利益角度或出于不同的政策目标来划分这些文书的非正式标签（informal labels）。大多数国际文书都可以从各种不同角度加以分类：处理贸易问题　（转下页注）

的义务。"① 专家组还提到并采用《国际公法百科全书》狭义的冲突定义:"从技术上讲,当两个(或更多)条约文书包含的义务不能同时遵守时,就存在冲突。……并不是每一个这样的分歧都构成冲突,但是,……内容的不相容是冲突的一个基本条件。"②

在土耳其—纺织案中,印度质疑土耳其对印度纺织品和服装实施

(接上页注④) 的条约可能在很大程度上涉及人权和环境问题,反之亦然。比如说,一项关于海上运输化学品的条约至少涉及海洋法、环境法、贸易法和海上运输法。这些分类与文书的"性质"关系不大,更多的是与分类文书所基于的利益有关。如果冲突是指仅在涉及"同一"事项的两种规则之间存在的冲突,那么如何适用条约,关键将取决于该事项根据某种(假定)预先存在的不同事项分类表应属于哪一类,但其实并没有这样的分类表。事实上,一切都将取决于就有关法律文书属于哪一类——它是与"贸易"有关还是与"环境"有关?是与"难民法"有关还是与"人权法"有关?——进行争论的结果。以海上运输化学物质为例子,如果没有关于上述分类和分类该文书所基于的利益的任何分类的明确规则,则可能会通过在相关和不相关的利益之间做出看似完全随意的选择来避免出现冲突:比如,从海上保险人的角度来看,它主要涉及的是运输问题,而从环境组织的角度来看,它的主要方面是环境问题。不同的"事项"标准导致一个反证法(reductio ad absurdum)。因此,它在确定是否有冲突方面并不是决定性的。正如 E. W. Vierdag 在讨论与《维也纳条约法公约》第30 条所述后订协定有关的这一标准时所指出的:关于所涉法律文书必须是与"同一事项"有关这一要求,看来在理论上引起了极大的难题,但在实践中可能并非如此棘手。在试图针对一组事实或行动同时适用两条规则时,如果导致互不相容的结果,则可以有把握地假设,关于"同一事项"的检验要求已得到满足。See Report of the Study Group of the ILC, *Fragmentation of International Law*: *Difficulties Arising from the Diversification and Expansion of International Law*, U. N. Doc. A/CN. 4/L. 682 (Apr. 13, 2006), paras. 21 – 22. 玛索也认为关于"同一事项"这一用语,什么都可以说。在 GATT/WTO 中,一个事项反映了一系列的事实和适用法律;这就是与争端有关的。更一般而言,一个事项指的是被质疑的措施的对象。例如,人们可以认为,援引第 20 (b) 条实施的措施的事项是保护健康或环境,是一个涉及保护健康或环境的可能的多边环境协定(部分)共享的事项。See Gabrielle Marceau, Conflicts of Norms and Conflicts of Jurisdictions, The Relationship between the WTO Agreement and MEAs and other Treaties, *Journal of World Trade*, Vol. 35, No. 6, 2001, p. 1090。

① Indonesia – Automobiles, WT/DS54/R, WT/DS55/R, WT/DS59/R, WT/DS64/R, para. 14. 28, fn 649.

② Wolfram Karl, Conflicts between Treaties, in Bernhardt, *Encyclopedia of Public International Law*, Vol. 7, 1984, p. 468; Indonesia – Automobiles, WT/DS54/R, WT/DS55/R, WT/DS59/R, WT/DS64/R, para. 14. 28, fn. 649.

数量限制违反了 GATT 第 11 条（禁止数量限制）和第 13 条（要求配额的非歧视管理）。土耳其则认为，这些数量限制并不违反 GATT 和 WTO《纺织品与服装协定》第 2.4 条（禁止对纺织品贸易实施的新的限制），根据关于区域贸易协定的 GATT 规则（GATT 第 24 条），它们是合理的。① 专家组引用了詹克斯严格的冲突定义，认为"如果一个文书的义务，比另一文书的义务更严格但并非不相容，或者如果遵守一项文书的义务，可通过不行使另一文书授予的特权或自由裁量权是可能的，就不存在冲突"。② 虽然这个定义否认在这种情况下规则冲突本身的存在，但该专家组继续审查第 24 条是否授权 GATT 和《纺织品与服装协定》"另行禁止"的措施。③ 它得出的结论是，这一规定不允许背离 GATT 和《纺织品与服装协定》规定的有关义务。④ 不过，该专家组所采取的立场显然是自相矛盾的：如果它真的按照狭义的冲突定义，就没有必要再审查是否存在一个与 GATT 下的义务冲突的允许，因为严格的冲突定义本身已经"解决"了冲突的问题。

对香蕉案来说，由于仅涉及一个单一的条约，冲突的定义并不是至关重要的。事实上，专家组只是在其报告的一个脚注中处理它，并且这个讨论并没有出现在成员方提出上诉的众多问题之中。⑤ 相反，在印度尼西亚—汽车案中，由于涉及两个不同的协定，冲突的定义变得至关重要。在该案中，专家组拒绝承认《TRIMs 协定》中的禁止当地成分规则与《SCM 协定》当地成分规

---

① See Turkey – Restrictions on Imports of Textile and Clothing Products, WT/DS34/R, para. 9. 88.

② See Turkey – Restrictions on Imports of Textile and Clothing Products, WT/DS34/R, para. 9. 92.

③ See Turkey – Restrictions on Imports of Textile and Clothing Products, WT/DS34/R, para. 9. 95 .

④ See Turkey – Restrictions on Imports of Textile and Clothing Products, WT/DS34/R, paras. 9. 97 – 9. 192, 9. 188 – 9. 189.

⑤ William J. Davey, The Quest for Consistency: Principles Governing the Interrelation of the WTO Agreements, in Griller Stefan (ed.), *At the Crossroads: The World Trading System and the Doha Round*, Vienna: Springer, 2008, p. 111.

则的过渡期之间的情况构成冲突。相反，它采取的立场是，必须有一个真实的冲突，才构成冲突；而这种情况并不构成冲突，因为印度尼西亚可以通过不提供满足当地含量的要求为条件的补贴，以遵守它在两个协定下的义务。[1] 总之，不同的专家组在不同的案件中，对规则冲突的定义并没有得出一致的结论，尤其是对禁止或义务与权利之间是否构成规则冲突，结论甚至截然相反。

（三）上诉机构对规则冲突概念的观点

在上诉机构的一些报告中已经涉及规则冲突的问题。在危地马拉—水泥案中，[2] 关于反倾销争端的特别和补充规则与 DSU 的一般规定之间冲突的可能性，上诉机构采用了狭义的冲突定义。上诉机构指出，虽然前者规定了特别的规则和程序，但它们仅在各规定之间存在分歧的情况下优先于 DSU。只有在遵守一项规定将导致违反其他规定的情况下，《反倾销协定》才优先。[3] 如果没有分歧，则 DSU 的程序规则与涵盖协定的特别规定一并适用。[4] 这似乎是一个关于冲突的非常狭隘的观点。[5] 它仅指义务的冲突，而不包括其

---

[1] See Indonesia – Automobiles, WT/DS54/R, WT/DS55/R, WT/DS59/R, WT/DS64/R, paras. 14. 50 – 14. 51.

[2] See Guatemala – Anti Dumping Investigation Regarding Portland Cement from Mexico, WT/DS60/AB/R, para. 68.

[3] See Guatemala – Anti Dumping Investigation Regarding Portland Cement from Mexico, WT/DS60/AB/R, para. 65.

[4] See Guatemala – Anti Dumping Investigation Regarding Portland Cement from Mexico, WT/DS60/AB/R, para. 65.

[5] See Barbara Eggers & Ruth Mackenzie, The Cartagena Protocol on Biosafety, *Joural of International Economic Law*, Vol. 3, Issue 3, 2000, p. 540; Gabrielle Marceau, Conflicts of Norms and Conflicts of Jurisdictions, The Relationship between the WTO Agreement and MEAs and other Treaties, *Journal of World Trade*, Vol. 35, No. 6, 2001, p. 1085; Gabrielle Marceau, WTO Dispute Settlement and Human Rights, *European Journal of International Law*, Vol. 13, No. 4, 2002, pp. 792 – 793; Elisabetta Montaguti & Maurits Lugard, The GATT 1994 and other Annex 1A Agreements: Four Different Relationships?, *Journal of International Economic Law*, Vol. 3, Issue 3, 2000, p. 476; Joost Pauwelyn, Cross – agreement Complaints before the Appellate Body: A Case Study of the EC – Asbestos Dispute, *World Trade Review*, Vol. 1, Issue 1, 2002, p. 75.

他种类的冲突，比如义务或禁止与允许之间的冲突。① 显然，这一概念过于严格。② 上诉机构的这个方法遵循了国际公法中詹克斯提倡的经典的狭义冲突定义。

在巴西—航空器案中，《SCM 协定》第 4.7 条和 DSU 第 21.3 条都规定一个成员方必须遵守其义务，执行争端解决机构裁决的时间期限。根据《SCM 协定》第 4.7 条，专家组必须要求"立即"撤回其措施。但是，根据 DSU 第 21.3 条，如果立即遵守不切实际，一个成员方不仅有在合理的期间内执行的权利，而且第 21（3）（c）条中还规定了一项由仲裁确定合理期限的程序性权利。因此，所谓的冲突其实并不是两项义务之间，而是在一项义务（毫不拖延地撤回这一措施）与一项权利（在一个合理的期间内执行）之间。③ 上诉机构甚至没有必要处理《SCM 协定》第 4.7 条中源于专家组职责的义务是否可以被解读为消除了 DSU 第 21.3 条规定的明确的权利的问题。事实上，它也没有这样做。因为《SCM 协定》第 4.7 条以明确的措词指出，这一规定事实上消除了 DSU

---

① 与此相反，专家组在香蕉案中以广义的方式给冲突下定义。在该案中，专家组把《WTO 协定》的《附件 1A 的一般解释性说明》（General Interpretative Note to Annex 1A）中的用语"冲突"解释为处理：（1）GATT1994 中包含的义务与附件 1A 列举的各协定中包含的义务之间的冲突，在一个成员方不能在同一时间遵守两项义务的意义上，这些义务是相互排斥的；以及（2）在一个协定中的规则禁止而另一协定中的规则却明确允许的情况。专家组还驳回了在后一种情况下通过不行使明确的权利解决冲突的选择，以便使不同的规则可以得到协调一致的适用。专家组的结论是，这种解释会导致 WTO 法的整个条款毫无意义，而且将与附件 1A 列举的许多协定的目的和宗旨背道而驰，这些协定是以建立权利和义务的意图谈判的，部分与 GATT1994 不相同。因此，专家组认为，《一般解释性说明》规定，ATC 包含的或附件 1A 列举的任何其他协定的义务或允许优先于与其冲突的 GATT1994 所规定的义务。See European Communities – Regime for the Importation, Sale and Distribution of Bananas, WT/DS27/R/USA, para. 7.159, fn. 401。

② Wolfgang Weiss, Security and Predictability under WTO Law, *World Trade Review*, Vol. 2, Issue 2, 2003, p. 204.

③ Brazil – Export Financing Programme for Aircraft, WT/DS46/AB/R, paras. 190 – 192.

第 21.3 条中的任何其他权利。①

在美国—外国公司销售案中，上诉机构把《农业协定》下的出口补贴"纪律"与 GATT 第 16.4 条下允许对"初级产品"补贴的例外进行比较。上诉机构认为，毫无疑问，关于农产品，《农业协定》第 3、第 8、第 9 和第 10 条明确规定的出口补贴纪律，必须明确优先于 GATT1994 第 16.4 条中对初级产品出口补贴的豁免。②

尽管上诉机构没有提到，但根据《附件 1A 的一般解释性说明》和《农业协定》分别规定的两个冲突规则，其结果是合理的。首先，《附件 1A 的一般解释性说明》指出：在 GATT1994 的规定与《WTO 协定》附件 1A 的另一项协定的规定之间存在冲突的情况下，在冲突的范围内，该另一协定的规定应优先。其次，《农业协定》第 21 条规定："在不违反本协定规定的前提下，适用 GATT1994 和《WTO 协定》附件 1A 所列其他多边协定的规定。"这个案件的解决变成一项义务与一项权利之间的冲突，至少在一项协定包含该义务而该协定明确规定其优先于包含该权利的另一协定的情况下，义务将优先于权利。正如在巴西—航空器案中那样，上诉机构推理的弱点，是它没有说明它正在做什么。③

在巴西—航空器案和美国—外国公司销售案这两个案件中，上诉机构裁决，一项协定的义务优先于另一竞争性协定规定的权利。然而，从中不可能得出任何更广泛的结论——例如，上诉机构已决定赞成狭义的冲突定义——因为在这两个案件中，一项规定义务的

---

① Lorand Bartels, Treaty Conflicts in WTO Law – A Comment on William J. Davey's Paper "The Quest for Consistency", in Griller Stefan (ed.), *At the Crossroads: The World Trading System and the Doha Round*, Vienna: Springer, 2008, p. 143.

② US – Tax Treatment for "Foreign Sales Corporations", WT/DS108/AB/R, para. 117.

③ Lorand Bartels, Treaty Conflicts in WTO Law – A Comment on William J. Davey's Paper "The Quest for Consistency", in Griller Stefan (ed.), *At the Crossroads: The World Trading System and the Doha Round*, Vienna: Springer, 2008, p. 144.

协定本身就明确表示其优先于规定权利的另一协定。[①] 上诉机构只是"有法可依",按照有关协定的明确规定得出其结论而已,不能得出任何有说服力的规则冲突的定义,更不能把这两个案件的结论"放之四海而皆准"。总之,上诉机构没有明确裁决,在 WTO 争端解决中究竟是狭义的还是广义的冲突定义应该优先。[②]

四 狭义说不可取:WTO 争端解决中应选择广义的冲突定义

印度尼西亚—汽车案专家组明确采用狭义的冲突定义,并且被土耳其—纺织品案的专家组引用。印度尼西亚—汽车案专家组否认一项允许与一项命令之间存在规则冲突;土耳其—纺织品案专家组则拒绝承认在类似情况下义务之间单边冲突的可能性,在该案中,遵守宽松的义务导致违反一个更严格的义务。这个定义不可避免地赞成最严格的义务。[③] 在 WTO 争端解决中采用狭义的冲突定义存在诸多问题。

如前所述,印度尼西亚—汽车案的专家组采用了严格的冲突定义。专家组只承认,冲突存在于相互排斥的义务的情况,从而排除了明确的允许与义务之间发生冲突的可能性。因此,专家组甚至没有审查根据《SCM 协定》一个当事方是否享有维持某些措施的权利,并且拒绝处理《SCM 协定》下印度尼西亚的发展中国家的权利。

---

① Lorand Bartels, Treaty Conflicts in WTO Law – A Comment on William J. Davey's Paper "The Quest for Consistency", in Griller Stefan (ed.), *At the Crossroads: The World Trading System and the Doha Round*, Vienna: Springer, 2008, p. 141.

② 是否上诉机构将确立一个义务高于其他规则的等级是难以预料的,但根据到目前为止所开展的工作,似乎不太可能。See Lorand Bartels, Treaty Conflicts in WTO Law – A Comment on William J. Davey's Paper 'The Quest for Consistency', in Griller Stefan (ed.), *At the Crossroads: The World Trading System and the Doha Round*, Vienna: Springer, 2008, p. 145。

③ Erich Vranes, The Definition of "Norm Conflict" in International Law and Legal Theory, *European Journal of International Law*, Vol. 17, No. 2, 2006, p. 401.

　　虽然有学者支持印度尼西亚—汽车案中专家组的结果,[①] 但是,鲍威林认为,印度尼西亚—汽车案表明,规则冲突的定义确实可以影响争端的解决。如果按照广义的冲突定义,印度尼西亚依照《SCM 协定》享有的维持某些措施的权利将与 GATT 第 3.2 条规定的义务发生冲突。按照《WTO 协定》附件 1A 中明确规定的冲突条款,[②] 至少在冲突的范围内,《SCM 协定》明确允许印度尼西亚可以使它违反 GATT 第 3.2 条的行为合法化,即在实施《SCM 协定》的必要范围内使之合法化。换言之,如果采用广义的冲突定义,印度尼西亚可能会部分胜诉。[③]

　　尽管在国际公法中主张狭义的冲突定义较为流行,比如詹克斯典型的狭义定义,[④] 但是,詹克斯主张把允许与义务、允许与禁止,以及并不相互排斥的不同义务之间单方面的不相容完全排除在规则冲突的范围之外,似乎是有问题的。詹克斯严格的冲突定义主张最严格的规则优先,拒绝承认某些情况是冲突(例如在禁止做 X

----

① 戴维(William J. Davey)认为印度尼西亚汽车案的结果是合理的。虽然戴维接受可能的更广泛的冲突定义,并承认冲突的可能性,但是,他认为最终找不到任何冲突,因为考虑 WTO 协定和义务的结构这类因素,例如,审查有关义务出现的上下文和 WTO 协定的目的和宗旨,以确保与当事方可能的意图一致的结果。无论怎样定义,可以通过解释 WTO 协定避免冲突,以及通过界定冲突定义落实冲突当事各方的意图,以灵活的方式来确定"冲突"是必要的。而确定这一意图,似乎是处理冲突的关键,并且这样做,将有必要仔细审查有关协定的结构和相互影响,以及它们的措辞。See William J. Davey, The Quest for Consistency: Principles Governing the Interrelation of the WTO Agreements, in Griller Stefan (ed.), *At the Crossroads: The World Trading System and the Doha Round*, Vienna: Springer, 2008, p. 114.

② 在发生冲突时,《SCM 协定》优先于 GATT1994 适用。

③ Joost Pauwelyn, *Conflict of Norms in Public International Law: How WTO Law Relates to other Rules of International Law*, Cambridge: Cambridge University Press, 2003, pp. 193 – 194.

④ 但是,持广义定义观点的著名学者也不乏其人,包括沃尔多克(Humphrey Waldock)、奥夫雷希特(Hans Aufricht)和劳特派特(Hersch Lauterpacht)等。See William J. Davey, The Quest for Consistency: Principles Governing the Interrelation of the WTO Agreements, in Griller Stefan (ed.), *At the Crossroads: The World Trading System and the Doha Round*, Vienna: Springer, 2008, p. 114.

与允许做 X 之间的矛盾），间接地解决了一些矛盾，在这种情况下，赞成禁止做 X，因为没有根据授权性规则援引做 X 的权利，将避免违反禁止性规则中对做 X 的禁止。所谓的冲突尚未被关于如何解决冲突的一项规则解决，而是被冲突的定义本身解决了。① 因此，这类不相容是"被定义解决了"，并且一个构成特别法或后法的比较宽松的义务或允许，也不能优先。② 然而，如前所述，规则冲突不是一个说明性的定义，而是一个规定性的定义。一个规定性定义应该是合理的，且必须达到采用该定义的目的。如果实现这一目的被一个与禁止不相符的允许损害，或者被不符合一项义务的允许损害，就应该承认这些规则之间存在冲突。

加布里埃·玛索赞同一个狭义的定义，但其推理显得理由不够充分，且有些自相矛盾。玛索支持狭义定义的第一个基本理由是促进国际法律秩序的一致性，但指望通过一个机械定义去解决规则冲突的问题，以促进国际法律秩序的一致性，不无疑问。把本来就存在的规则冲突"界定"为不冲突，无异于掩耳盗铃，自欺欺人。玛索的第二个理由：由于解释规则的主要目标是确定各当事方的意图，应该采用狭义定义，以尽可能保持各方的同意。这似乎是不可能的。究竟是"明确的允许"或"较宽松的义务"，还是"更严格的义务"，更体现了各方的共同意图或同意，恐怕也不是狭义定义这个方法能够"一锤定音"的。玛索的第三个理由，即考虑到另一项条约规定的明确的权利，应该参照特别法原则，这与其基本观点似乎又是自相矛盾的。既然承认特别法这个冲突规则的作用，就意味着其中可能存在规则冲突。最后，玛索认为，应该使用有效解

---

① Joost Pauwelyn, *Conflict of Norms in Public International Law: How WTO Law Relates to other Rules of International Law*, Cambridge: Cambridge University Press, 2003, p. 170.

② Joost Pauwelyn, *Conflict of Norms in Public International Law: How WTO Law Relates to other Rules of International Law*, Cambridge: Cambridge University Press, 2003, p. 171.

释的方法，而不是"扩大"规则冲突的定义。但是，有效解释原则仅仅是避免冲突的众多方法之一，它并不是解决规则冲突的"灵丹妙药"，在某些情况下，遇到真实的规则冲突，该原则也可能无法做到"战而不胜"，"所向披靡"，从而解决冲突。

按照凯尔森关于规则冲突的定义（遵守或适用一项规则是否必然或可能违反另一规则），遵守 WTO 的规定没有违反多边环境协定的规定，但遵守多边环境协定的规定违反了 WTO 的规定，此时，冲突是单边的、潜在的。[1] 尽管通过不主张明确的允许，是可以避免的，但弗拉内什认为，只有承认 WTO 的规定与多边环境协定的规定之间存在一个单边冲突，解决冲突的原则如后法和特别法原则才能发挥作用，以确定该禁止或允许是否应该优先。在国际公法中流行的狭义的冲突定义，在法律上是不恰当的，并且导致自相矛盾。一个适当的规则冲突的定义必须是广义的，包括允许与义务、允许与禁止，以及义务和禁止之间的不相容。在法律理论中，在任何特定的法律领域和国际公法中，规则冲突的定义都应被解读为：如果遵守或适用一项规则必然或可能违反其他规则，在规则之间（其中之一可能是授权性规则）就存在冲突。[2]

鉴于规则冲突的狭义说存在的种种问题，在 WTO 争端解决中，关于规则冲突的狭义定义是不可取的。相反，在 WTO 争端解决中，规则冲突的定义应采用广义说。之所以选择广义说，其主要理由如下。

首先，规则的目的是要规范行为。在 WTO 争端解决中，规则冲突的广义定义才是合理的，其对采用该定义追求的目的才是恰当的。如果限制贸易的措施是被一项多边环境协定所允许，同时又被

---

[1] 维德林（Wiederin）认为，命令与允许之间的冲突始终是单边的、可以避免的冲突。See Wiederin, Was ist und welche Konsequenzen hat ein Normkonflikt?, *Rechtstheorie*, Vol. 21, 1990, p. 324. Cited from Erich Vranes, The Definition of "Norm Conflict" in International Law and Legal Theory, *European Journal of International Law*, Vol. 17, No. 2, 2006, p. 415。

[2] See Erich Vranes, The Definition of "Norm Conflict" in International Law and Legal Theory, *European Journal of International Law*, Vol. 17, No. 2, 2006, p. 418.

《WTO 协定》禁止的行为，从这些规则的约束对象的角度，这两项规则适用的结果不是明确的，而是不一致的，自相矛盾的。换句话说：如果实现 WTO 规则所追求的目的被一项与 WTO 义务不相容的来自多边环境协定的一项允许（实施限制贸易）损害，则应该承认这些规则之间存在可能的冲突。

其次，定义要求定义项与被定义项的外延必须完全相同。作为一个规定性定义，WTO 争端解决中"规则冲突"这个概念的外延不能"过窄"。如果遵守或适用一个规则，将损害另一规则的目的，或者必然或可能违反另一规则，或者同时与另一规则不相容，则这两个规则之间就存在冲突。规则冲突应包含允许与禁止、允许与义务、禁止与义务等这些组合，在 WTO 争端解决中也概莫能外。如果 WTO 争端解决中的规则冲突仅包括禁止与义务之间的冲突，其外延明显是"过窄"的，无法涵盖其他种类的冲突，比如一项多边环境协定规定的权利与一项 WTO 义务之间潜在的冲突。

再次，义务并不当然优先于权利。詹克斯认为"如果遵守一个文书的义务，可通过不行使另一个文书给予的特权或自由裁量权是可能的"，这种说法是值得商榷的。拥有权利的一方可以选择行使，也可选择不行使，但并非必须选择不行使不可。如果非得让拥有权利的一方放弃行使权利以满足义务的实现，这无疑是剥夺了拥有权利的一方享有的该项权利，这对拥有权利的一方是不公平的，因此是违背法律的精神的。

最后，两项义务之间的一个"单方面的"不相容也应被视为构成冲突。按照詹克斯的说法，如果一个文书的义务比另一个文书的义务更加严格但并非不相容，则不存在任何冲突。这种观点也是缺乏说服力的。例如，《世界版权公约》规定作品保护的最低期限为作者有生之年及其死后 25 年，而被纳入 WTO 协定的《保护文学艺术作品伯尔尼公约》却规定给予保护的期限为作者有生之年及其死后 50 年。按照狭义的冲突定义，在这种情况下，适用更严格的第二项规则，就没有冲突。但是，在版权保护的前 25 年期满之后，两个规则的适用就无法兼容、同时适用了；根据第二项规则，某项版权还有 25 年的保护期限，而根据第一项规则已不须保护，这明显是存在冲突的。按照凯尔森的冲突分类，这属于一种局部的冲突，也应被视为一种规则冲突。

总之，无论是从法律理论来看，还是从冲突的可能性来看，WTO 法与其他国际法之间存在广泛的、潜在的规则冲突。如果遵守或适用非 WTO 协定的一项规定，将损害 WTO 涵盖协定的另一规定的目的，或者必然或可能违反 WTO 涵盖协定的另一规定，或者同时与 WTO 涵盖协定的另一规定不相容，两个规定之间就存在冲突。

五　冲突还是竞合：WTO 争端解决中的规则冲突与规则竞合

规则竞合很容易与规则冲突相混淆。所谓规则竞合，是指两个或两个以上法律规则同时适用于同一案件事实，即这些法律规则的适用条件在某种情形中重叠，并且彼此不相互排斥。而规则冲突则强调不同法律规则对同一案件事实的适用效果不同且彼此相互排斥。

在 WTO 争端解决中专家组和上诉机构也经常遇到这种规则竞合的问题，而且，这些不同的 WTO 规则一般都被认为是不冲突的，它们都可以得到遵守。这种情况出现在早些时候的 WTO 争端解决中，一般而言，上诉机构的结论是，重叠的义务应被看做累积适用的。

在加拿大—期刊案中，加拿大主张，因为根据《服务贸易总协定》（GATS），它没有作出广告服务的任何具体承诺，在 GATT 下，它不必对一项间接影响货物贸易的规范广告的措施承担责任，不能因为某种服务以产品为载体，就适用 GATT。然而，上诉机构认为，GATS 的产生并没有创造 GATT 先前内容的例外。作为《WTO 协定》的附件 1B，GATS 的生效并没有减少 GATT1994 的适用范围。上诉机构同意专家组的观点：总的来说，GATT1994 和 GATS，以及《WTO 协定》第 2.2 条的文本的通常意义表明，GATT1994 和

GATS 下的义务可以并存，而不是其中一个优先于另一个。①

在欧共体—香蕉案（三）中，欧共体主张，GATS 并不适用于欧共体香蕉进口许可程序，因为依照 GATS 第 1.1 条它们不是“影响服务贸易”的措施。但该主张被上诉机构否决了，因为 GATS 义务的广泛范围，其通常适用于影响服务贸易的措施。这种广泛的定义并不意味着，仅包含针对特定服务部门的监管措施。上诉机构认为，可能有三种不同类型的措施——那些只影响货物贸易的、那些仅影响服务贸易的以及那些既影响货物贸易又影响服务贸易的，例如涉及与特定服务有关的货物的，或者涉及与某一特定货物有关提供的服务的那些措施。它认为，在第三种情况下，有关措施可以根据 GATT 和 GATS 审查。然而，上诉机构指出，审查每个协定下措施的重点可能会有所不同。根据 GATT，重点将是有关措施如何影响所涉及的货物，而根据 GATS，重点将是相同的措施如何影响服务的提供或有关的服务提供者。②

规则竞合—并适用或累积适用这一观点，也已体现在其他案件中。关于在阿根廷—鞋类案和韩国—乳制品案中，根据《保障措施协定》采取保障措施是否必须符合 GATT 第 19 条中规定的条件，即只有进口的增加是“不可预见的发展”，方可采取保障措施，上诉机构指出，《保障措施协定》适用于 GATT 第 19 条中确定的，且符合该条的措施。③ 因为《保障措施协定》第 1 条明确规定：“本协定为保障措施的适用确立规则，保障措施应理解为是指 GATT1994 第 19 条规定的那些措施。”上诉机构裁决，GATT 第 19 条关于保障措施的条件——只有进口的增加是由于未预见的发展，

---

① Canada – Certain Measures Concerning Periodicals, WT/DS31/AB/R, p. 18.
② See European Communities – Regime for the Importation, Sale and Distribution of Bananas, WT/DS27/AB/R, paras. 221 – 222.
③ See Argentina – Safeguard Measures on Imports of Footwear, WT/DS121/AB/R, para. 83; Korea – Definitive Safeguard Measure on Imports of Certain Dairy Products, WT/DS98/AB/R, para. 77.

它们才可能是合理的，仍然必须遵守，即使它是第 19 条唯一的要求，并且该条并未被规定在 1994 年《保障措施协定》中。[①] 这个结果是有争议的，因为似乎许多谈判者认为，在新的协定中没有提到这个条件，就意味着它不再适用。但是，从技术上说，很难质疑上诉机构的分析，特别是因为期刊案和香蕉案中的推理。[②]

在 WTO 争端解决中，对于规则竞合的问题，如果这些规则或义务彼此之间并没有相互排斥，专家组和上诉机构采用一并适用或累积适用的方法，应该是合理的，如果不同的规则之间没有任何真实冲突的问题，也没有明确规定前面的规则不再适用，则一并适用这些规则应该是适当的。当然，由于司法经济的问题，仅仅发现违反了一项协定，可能就已经足以作出决定了，但这并没有，也不应该意味着其他规则是不适用的。[③] 总之，规则竞合的现象，在 WTO 法律制度中可以说是司空见惯、稀松平常的事情。规则竞合并不必然意味着规则冲突，竞合的规则都必须同时得到适用和遵守，一项协定的规定补充另一项协定的规定，这样才有利于促进 WTO 法律制度的一致性。

六　小结

在法律理论和国际公法中，关于规则冲突的概念，历来存在广义与狭义定义之争。法律理论中占主流的观点是广义的冲突定义，在国际公法中比较流行的却是狭义的冲突定义。主张狭义的规则冲

---

① See Argentina – Safeguard Measures on Imports of Footwear, WT/DS121/AB/R, paras. 76 – 97; Korea – Definitive Safeguard Measure on Imports of Certain Dairy Products, WT/DS98/AB/R, paras. 68 – 90.

② William J. Davey, The Quest for Consistency: Principles Governing the Interrelation of the WTO Agreements, in Griller Stefan (ed.), *At the Crossroads: The World Trading System and the Doha Round*, Vienna: Springer, 2008, p. 122.

③ Lorand Bartels, Treaty Conflicts in WTO Law – A Comment on William J. Davey's Paper "The Quest for Consistency", in Griller Stefan (ed), *At the Crossroads: The World Trading System and the Doha Round*, Vienna: Springer, 2008, p. 134.

突定义的学者不承认一项明确的权利可能与一项义务或一项禁止相冲突。在它们看来，允许必须"让路"给义务或禁止。尽管已明确选择一个更广义的冲突定义的国际公法学者并不多，不过这一趋势似乎正在开始转变。对于如何界定 WTO 争端解决中的"规则冲突"，尽管《WTO 协定》第 16.3 条使用了"冲突"的措辞，但并没有就何为"冲突"下定义。在 WTO 争端解决实践中，究竟是应该采用狭义的还是广义的规则冲突的定义，目前尚未有一致的做法。专家组在不同的案件中，对规则冲突的定义并没有得出一致的结论，尤其是对于禁止或义务与权利之间是否构成规则冲突，结论甚至截然相反。上诉机构也没有明确裁决，究竟是一个狭义的还是广义的冲突定义应该优先。尽管如此，鉴于规则冲突的狭义定义存在着种种问题，WTO 争端解决中规则冲突的狭义定义是不可取的，必须选择一个广泛的冲突定义，包括许可与义务之间、许可与禁止之间、义务与禁止之间，以及义务的单方面不相容这些内容。此外，规则竞合并不必然意味着规则冲突，竞合的规则可以同时适用和遵守。

第二节　非 WTO 规则与 WTO 规则
冲突的原因及存在形式

在当今高度依存的国际社会里，几乎所有其他领域的许多规则都或明或暗地以这种或那种方式影响着国家之间的贸易流动，进而对以世界贸易自由化为宗旨的 WTO 规则具有潜在的影响。例如，执行人权保护、环境保护或劳工标准，有时可能需要以实行贸易限制措施为手段，同样，贸易自由化有时也可能危及对环境、人权或劳工标准的尊重。而且，贸易限制措施被越来越多地用来追求各种非贸易目标或价值，比如环境保护、人权保护、劳工标准等。这种做法将增加 WTO 规则与其他领域的非 WTO 规则之间相互影响和相互冲突的可能性，而且在原则上可能发生冲突的领域是不受限制的。

一　非 WTO 规则与 WTO 规则之间存在冲突的原因分析

如果一个条约规定了一套实体的和程序的规则，形成了一个封闭的法律制度，即一个自给自足的制度，[①] 该制度与外部的法律之间的冲突就不存在了。因为，严格地说，一项自给自足的制度不允许诉诸其他法律。按照这种观点，WTO 法不是一个自给自足的制度，因为它并非孤立于一般国际法。按照更广泛的观点，一个自给自足的制度是决不会为一般国际法所接受的，一般国际法包含在其被违反的情况下提供有效救济措施的具体权利和义务。[②] 即使把 WTO 法理解为一个自给自足的制度，也并不意味着它与其他国际文书不会发生冲突。[③]

首先，第二次世界大战后，随着现代国际法的发展，国际组织的数量呈爆炸性增长，国际法律规范大量产生，尤其是各国或国际组织彼此之间签订的国际条约数量庞大。[④] 国际法的调整对象不断扩展延伸，几乎涵盖国际社会的方方面面，从外层空间到底层领土，从海洋到陆地，从贸易到环境，从人权保护到动植物保护，从惩治国际恐怖主义到气候变化，国际法的"触角"几乎无处不在。国家承担的各种各样的国际义务越来越多，新的法律义务不断增加，由此在

---

① 关于自给自足的制度，See Bruno Simma, Self-Contained Regimes, *Netherlands Yearbook of International Law*, Vol. 16, 1985, pp. 115, 117. 在土耳其—纺织品案中，WTO 专家组已经提到"自给自足的制度"这个概念。专家组指出，"我们考虑了（GATT）第 24 条是特别法，并且被认为是一个脱离 GATT 和《WTO 协定》的自给自足的制度这一主张。但我们不相信这个说法。从第 24 条的措辞上下文看，第 24 条与 GATT/WTO 之间的关系在我们看来似乎是不言自明的。"See Turkey - Restrictions on Imports of Textile and Clothing Products, WT/DS34/R, para. 9. 186。

② Gabrielle Marceau, WTO Dispute Settlement and Human Rights, *European Journal of International Law*, Vol. 13, No. 4, 2002, pp. 774 – 775.

③ Wolfgang Weiss, Security and Predictability under WTO Law, *World Trade Review*, Vol. 2, Issue 2, 2003, pp. 201 – 202.

④ 据统计，自联合国成立以来，在其秘书处登记的条约已达 16 万件，其中绝大多数是双边条约。参见李鸣《国际条约的法律制度》，at http://www.tjrd.gov.cn/ztjz/system/2010/01/12/010000502.shtml，2010 年 6 月 8 日。

拘束国家的各种不同的国际法规则之间发生冲突的可能性也增加了。

其次，由于国际法中没有一个统一的中央立法机关和最高司法机关，国际法的各个领域往往自行其道，容易产生分裂。各个看似独立的规范秩序的分制度（sub-regimes）或法律领域，如人权法、环境法、贸易法或海洋法的不同规则之间潜藏着"危险的冲突"。在一个分裂的法律秩序中，这些涉及不同的分制度或规范秩序的冲突往往是难以解决的，可能产生不确定性和不一致性，并且威胁到国际法律制度的一致性。国际法以这种分裂的方式发展，使得规则冲突呈现出一个较为明显的可能性，某些类型的规则冲突在国际法律框架下更难以处理。尽管一些国际司法机构已被设立来处理特定法律领域内的规则冲突，如 WTO 法、欧盟法、人权法或海洋法争端解决制度有了巨大发展，但是似乎某些类型的规则冲突仍在它们的范围以外，并且这些冲突与一般国际法有关。①

再次，国际法中没有固有的规范等级（除了强行法以外），它不能为人权、劳工标准或环境保护必然优于贸易法的立场提供一个规范依据。贸易的权利，包括那些工作的权利和生存的权利，比起某些其他权利不一定就处于劣势。很难说降低 WTO 法的地位以支持更少"贸易的"法律如人权法和环境法，可提高人的福利，尽管"看到更多的是生命而不是金钱"② 的这种精神不能加以否认。并不是所有人权都是强制性的，还有一些，如健康权，是依赖于国家财政资源的。虽然生命确实比金钱更重要，但只有在获得充足的资源保障之后，生活中很多美好的东西才会更容易获得，或更容易享有。③ 而且，从履行国际义务的角度，所有义务，不论来自条约，还

---

① Anja Lindroos, Addressing Norm Conflicts in a Fragmented Legal System: The Doctrine of Lex Specialis, *Nordic Journal of International Law*, Vol. 74, 2005, p. 34.

② Joost Pauwelyn, *Conflict of Norms in Public International Law: How WTO Law Relates to other Rules of International Law*, Cambridge: Cambridge University Press, 2003, p. 11.

③ Joel P. Trachtman, Book Review of Conflict of Norms in Public International Law: How WTO Law Relates to other Rules of International Law by Joost Pauwelyn, *American Journal of International Law*, Vol. 98, No. 4, 2004, p. 856.

是习惯；不论来自人权条约，还是环境条约，都是平等的，国家必须按照条约规定善意履行这些条约义务，否则必须承担国家责任。

最后，随着国家之间的频繁交流，各种类型的国际争端不断出现，相应地，适用国际法的法庭在数量上呈现爆炸式增长。新的国际法庭主要是应各种功能性需求而生的。新问题纷沓而至，要求借助法庭之类的国际机构进行跨国解决。① 国际法在过去几十年的巨大发展，反映在国际法的规范内容更为稠密、复杂以及多样上，也导致了专门的执行机制，包括法院的倍增。② 尽管国际司法机构的设立体现了各国通过第三方解决它们之间争端的意愿，但是，这些国际司法机构也可能造成或加剧规范秩序之间的规则冲突的危险。这是由于这些机构所行使的管辖权经常只限于某个领域，而且这些国际司法机构有可能不会或不愿意考虑其他规范秩序中的规则。由于这些争端解决制度往往基于不同的目标、意识形态和逻辑运行，并产生了一个特定的规范环境，调和两个或两个以上不同的制度的存在，可能是困难重重的。③

此外，各个国际司法机构的司法判决日益增多，包括实体规则、程序规则和具体到某一制度的一般原则，以及在特定情况下的一般国际法，建立了一个法律资料的庞大体系。④ 仅 WTO 的一揽子协议、各成员方的减让表、加入 WTO 的其他法律文件，以及 GATT/WTO 专家组和上诉机构的大量判例，就足以形成一个庞大的 WTO 法律制度。现在要求一个国际司法机构的法官熟悉所有有

① William W. Burke-White, International Legal Pluralism, *Michigan Journal of International Law*, Vol. 25, No. 4, 2004, p. 965.

② Geoges Abi-Saab, Fragmentation or Unification: Some Concluding Remarks, *Journal of International Law and Politics*, Vol. 31, No. 4, 1999, p. 925.

③ Anja Lindroos, Addressing Norm Conflicts in a Fragmented Legal System: The Doctrine of Lex Specialis, *Nordic Journal of International Law*, Vol. 74, 2005, p. 33.

④ 尽管如此困难，但仍有证据显示各国际司法机构愿意并且实际上考虑其他司法机构，尤其是像国际法院等的判决。See N. Miller, An International Jurisprudence? The Operation of "Precedent" Across International Tribunals, *Leiden Journal of International Law*, Vol. 15, Issue 3, 2002, pp. 483 – 526。

关的国际法律制度并一致地适用它们，几乎是不可能的。

虽然在一定程度上，规则冲突是法律制度中的正常现象，[①] 并且司法制度是为了处理这种情况而存在，但是，国际法中还没有找到任何明确的解决方法以确定，诸如贸易法、人权法、环境法或海洋法等之间的关系。因此，在这些偏离一般国际法，并可能与一般国际法冲突的具体的领域，规则冲突的解决出现了困难。[②]

二 非 WTO 规则与 WTO 规则之间冲突与否的理论分歧

对于非 WTO 规则与 WTO 规则之间是否存在冲突的问题，其答案往往取决于学者们对规则冲突的定义。持狭义说的学者一般认为 WTO 法与其他国际法之间不存在真正的冲突或者冲突非常罕见；持广义说的学者，如鲍威林则认为它们之间存在着广泛的冲突。

鲍威林从广义的冲突定义出发，认为 WTO 规则与非 WTO 规则之间存在着广泛的冲突。鲍威林认为，在一个成员方根据 GATT1994 第 20 条援引多边环境协定作为理由，为其违反 WTO 规则进行抗辩的情况下，在多边环境协定与 GATT1994 第 11 条（一般禁止贸易禁令和限制）之间就可能存在"冲突"。因为 GATT 1994 第 20 条明确允许成员方优先考虑贸易以外的政策，包括那些受到多边环境协定影响的政策，在不允许禁止和限制贸易的 WTO

---

① WTO 体制内部的不同规则之间也可能存在冲突。不过，当 WTO 各涵盖协定中的两个规则发生冲突时，WTO 条约有一系列应以何者为准的规定。例如，《WTO 协定》与任何多边贸易协定（如 GATT、GATS、《TRIPS 协定》和 DSU）之间产生抵触时，必须以《WTO 协定》为准（第 16.3 条）。在 GATT1994 与《WTO 协定》附件 1A 中的货物贸易的另一协定之间发生冲突的情况下，以附件 1A 的协定为准。解决 WTO 体制内部冲突的规则还有《农业协定》第 13 和 21 条；《TBT 协定》第 1.5 条；DSU 第 1.2 条等。不过，关于附件 1A、1B、1C 和附件 2 中不同的多边贸易协定之间的关系，特别是 GATT1994、GATS 以及《TRIPS 协定》之间，则没有任何冲突规则。《WTO 协定》第 2.2 条规定，《WTO 协定》附件 1 至 3 中包含的协定是《WTO 协定》的组成部分。这意味着所有协定都是平等的、累积适用的。

② Anja Lindroos, Addressing Norm Conflicts in a Fragmented Legal System: The Doctrine of Lex Specialis, *Nordic Journal of International Law*, Vol. 74, 2005, pp. 34 – 35.

规则与允许禁止和限制贸易的多边环境协定之间存在冲突。[1] 在未来，针对多边环境协定……施加或要求的贸易限制的质疑被提交 WTO 专家组，是不难想象的。甚至可以想象质疑国际劳工组织（如对缅甸），或根据一些人权公约施加或要求实施贸易制裁的 WTO 案件。在这种情况下，WTO 申诉方可以援引违反了 WTO 法，而被诉方则不仅可以援引 GATT 的例外条款，而且可以援引这些非 WTO 条约或决定作为抗辩理由。[2]

特拉希曼则认为，考虑到包含贸易条款的多边环境协定的有限数目，以及迄今在适用这些措施中没有发生贸易争端的事实，没有证据表明 WTO 与多边环境协定之间存在真实冲突；多边环境协定义务与 WTO 法之间可能的冲突多属于推测的性质。现行 WTO 规则已经提供了足够的范围，允许按照多边环境协定适用贸易措施，而且，既无必要，也不宜超过这个范围。[3]

玛索和托马索也认为，鲍威林的观点是错误的说法。必须在《WTO 协定》的一项规定命令一项行动，而另一条约则禁止，或反之，当另一条约规定命令一项行动，而《WTO 协定》禁止时，才存在冲突，而且发生这种情况非常罕见。因此，必须证明遵守 WTO 必然违反该另一条约。[4] 冲突涉及的是两个"义务"无法调和的情况。如果是一项条约规定了一项权利，另一条约规定一项义

---

① Joost Pauwelyn, How to Win a World Trade Organization Dispute Based on Non-World Trade Organization Law? Questions of Jurisdictions and Merits, *Journal of World Trade*, Vol. 37, No. 6, 2003, pp. 1021 – 1028.

② Joost Pauwelyn, WTO Compassion or Superiority Complex? What to Make of the WTO Waiver for "Conflict Diamonds", *Michigan Journal of International Law*, Vol. 24, No. 4, 2003, p. 906.

③ Joel P. Trachtman, The Domain of WTO Dispute Resolution, *Harvard International Law Journal*, Vol. 40, No. 2, 1999, p. 368.

④ Gabrielle Marceau & Anastasios Tomazos, Comment on Joost Pauwelyn's Paper: 'How to Win a WTO Dispute Based on Non-WTO Law?', in Griller Stefan (ed.), *At the Crossroads: The World Trading System and the Doha Round*, Vienna: Springer, 2008, p. 73.

务，冲突就无法存在。从而，没有必要扩大规则冲突的概念。① 到目前为止，WTO 成员方根据多边环境协定或依据多边环境协定所设立的机构作出的建议而采取的贸易措施，在 WTO 尚未被提出质疑。例如，在《蒙特利尔议定书》不遵守机制的背景下，在执行委员会做出建议之前，缔约方大会可决定实行一组措施，包括限制受控物质的贸易，以处理某一缔约国的不遵守行为。根据《濒危物种贸易公约》，已有几十个缔约国和非缔约国采取贸易中止减让，②

---

① Gabrielle Marceau & Anastasios Tomazos, Comment on Joost Pauwelyn's Paper: "How to Win a WTO Dispute Based on Non-WTO Law?", in Griller Stefan (ed.), *At the Crossroads: The World Trading System and the Doha Round*, Vienna: Springer, 2008, p. 74.

② 由于鱼子酱鱼群的持续减少贯穿整个 20 世纪 90 年代，《濒危野生动植物国际贸易公约》缔约方决定将未列入附录Ⅱ的所有鲟鱼物种都列入其中。这个决议于 1998 年 4 月 1 日生效。自那之后，所有鱼子酱和其他鲟鱼产品的出口都必须依照 CITES 的严格规定，也包括使用出口许可和特定的标记要求。2001 年 CITES 为应对里海的大量偷捕和非法贸易而同意了一项暂时性禁令。共享鲟鱼鱼群的国家必须在以科学调查为基础的捕捞和出口限额上相互达成一致。这些国家还必须采纳一个区域性保护策略，打击非法渔业并提供详细的科学数据。参见《CITES 发布了里海野生鱼子酱限额》，at http: //cites. org. cn/news. php? id =685, 2010 年 6 月 16 日。

2001 年 6 月 18 至 22 日《濒危物种贸易公约》缔约方在巴黎举行会议，公约常设委员会要求里海周边国家阿塞拜疆、哈萨克斯坦、俄罗斯和土库曼斯坦建立适当的控制机制。如果在活动中前苏联国家不遵守这些要求，《濒危物种贸易公约》将建议其缔约方 2002 年暂停所有鲟鱼的贸易。2001 年 7 月 20 日，俄罗斯政府宣布，从即日起至今年年底禁止在里海海域进行捕捞里海鲟鱼的一切商业活动，并暂停本国的黑鱼子酱出口业务。与此同时，濒里海的阿塞拜疆、哈萨克斯坦和土库曼斯坦 3 国也宣布实行同样的禁捕令。参见《里海鲟鱼有救没救》，at http: //www. people. com. cn/GB/guoji/25/95/20010723/517790. html, 2010 年 6 月 16 日。

《濒危物种贸易公约》秘书处 2006 年 1 月 3 日宣布，为了保护濒临绝种的野生鲟鱼，该公约组织将暂时禁止世界三大美味之一的野生鲟鱼鱼子酱的国际贸易。该公约同时禁止缔约方进口野生鲟鱼产品。此举意味着西方零售商可以售卖已经进口的鱼子酱，但一旦库存清空，消费者将只能购买人工养殖鲟鱼的鱼子酱，或者是本国国内限量供应的野生鲟鱼鱼子酱。这一禁令适用于全球所有的野生鲟鱼鱼子酱主产地，包括占据全球 90% 交易量的里海地区，中俄边境的黑龙江地区，黑海地区以及多瑙河下游地区。该禁令同时适用于全球 10 个野生鲟鱼鱼子酱出口国——中国、阿塞拜疆、保加利亚、伊朗、哈萨克斯坦、罗马尼亚、俄罗斯、塞黑共和国、土库曼斯坦以及乌克兰。参见《野生鲟鱼鱼子酱国际贸易暂停 中国出口将受影响》，at http: //www. 99sj. com/News/81112. htm, 2010 年 6 月 16 日。 （转下页注）

而且这些措施从未被质疑过。[①]

（接上页注②）在里海沿岸五个国家中，《濒危物种贸易公约》秘书处 2006 年 4 月中旬只批准了伊朗在 2006 年出口 44370 公斤波斯鲟鱼鱼子酱。《濒危物种贸易公约》秘书处指出，今年将不会再批准新的鱼子酱出口配额，因为里海沿岸五国都未能提供保护里海野生鲟鱼所必要的信息。除了伊朗之外，另外四个国家分别是阿塞拜疆、哈萨克斯坦、俄罗斯和土库曼斯坦。《濒危物种贸易公约》秘书处发表声明说，由于没有收到秘书处要求上述国家提供的必要信息，"秘书处在 2006 年将不再公布新的出口配额。这意味着 2006 年不会有这些鲟鱼品种的出口。"2006 年 1 月，鉴于拟议中的出口配额未能充分反映非法捕捞导致鲟鱼数量下降的状况，《濒危物种贸易公约》秘书处要求各鲟鱼产品出口国提供涉及鲟鱼长期生存的更详细资料，并警告说，如果没有这些资料，将不会批准新的出口配额。有 169 个缔约国的《濒危物种贸易公约》，对于鱼子酱出口实行严格的管理。分享同一鲟鱼种类的国家，必须根据科学调查的结果就各自的捕捞水平和出口配额达成协议。参见《伊朗获准出口 4 万公斤鱼子酱》，at http：//www. un. org/chinese/News/fullstorynews. asp? newsID = 5473，2010 年 6 月 16 日。

2008 年 3 月 3 日，《濒危物种贸易公约》秘书处发表了 2008 年里海周边国家有关鱼子酱及其他鲟鱼产品的出口限额。这次发布的 2008 年度限额遵循了对共有鲟鱼鱼群资源鱼子酱出口限额管理体系。为反映渔业和市场季节，本次有关鱼子酱和鲟鱼肉的限额实施至 2009 年 2 月的最后一天。为符合 CITES 第 14 次缔约方大会上作出的一项建议，本次限额不会高于 2007 年度的水平。基于保护的考虑，伊朗的波斯鲟鱼鱼子酱的限额将减少 1000 公斤。《濒危物种贸易公约》秘书长 Willem Wijnstekers 说："秘书处依然热切关注里海鲟鱼鱼群的状况。我们将与 CITES 动物委员会、联合国食品与农业组织以及世界银行合作，以支持里海沿岸国家努力维持对这些重要物种实施的合理捕捞。"同时认识到黑海/下多瑙河渔业中鲟鱼鱼群已经遭到严重耗竭，保加利亚、罗马尼亚、塞尔维亚以及乌克兰已经将其 2008 年的鱼子酱出口限额维持为零。对于俄罗斯联邦和中国共享的黑龙江/阿穆尔河鱼群，秘书处正在寻求相关国家进一步提交更多信息说明，暂时不能发布一个限额。参见《CITES 发布了里海野生鱼子酱限额》，at http：//cites. org. cn/news. php? id = 685，2010 年 6 月 16 日。

[①] Gabrielle Marceau, Conflicts of Norms and Conflicts of Jurisdictions, The Relationship between the WTO Agreement and MEAs and other Treaties, *Journal of World Trade*, Vol. 35, No. 6, 2001, pp. 1099 - 1100. 不过，玛索同时又认为，现在可以说 GATT 第 20 条的要求，即各成员方的市场准入权利与各成员方按照可能与市场准入发生冲突的其他政策采取措施的权利之间达成合理的平衡，是对 GATT/WTO 包含确保不同国家之间政策一致性需要的一种承认。这一解决贸易与其他政策之间紧张关系的需要也必须按照针对法律冲突的一般国际法原则审查，从而寻求更大的法律制度之间的一致性。See Gabrielle Marceau, A Call for Coherence in International Law - Praises for the Prohibition Against " Clinical Isolation " in WTO Dispute Settlement, *Journal of World Trade*, Vol. 33, No. 5, 1999, p. 105。

玛索还认为，承认某些人权规定是强行法，并优先于包括WTO 的规定在内的任何与之相反的条约规定，并不意味着其必定与 WTO 协定的任何规定有冲突。比如，一方面，规定"每个人都有生存的权利……"，① 或"国家承认……人人享有适当的生活水准的权利……"② 的人权条约规定，与另一方面，GATT 第 3 条，即禁止进口产品与国内生产之间的歧视，或者甚至试图控制提供农业的国内和出口补贴的《农业协定》的规定，二者之间似乎很难找到存在法律冲突。在某种程度上，一个 WTO 的成员方尊重其人权条约义务以及其 WTO 义务在法律上是可能的，两类规定之间不可能有任何冲突。国家不尊重其人权条约义务，与此同时，相同的国家可能会尊重其 WTO 义务的事实，并不意味着 WTO 义务与人权义务之间存在冲突。③

上述学者们的观点看上去相去甚远。但不能简单地认定哪一方是正确的，还是错误的。鲍威林认为 WTO 法与其他国际法之间存在着广泛冲突，多边环境协定要求的贸易限制甚至可作为违反WTO 义务辩解的理由被提交 WTO 专家组；鲍威林的广泛冲突的观点，无论是从法律理论来看，还是从冲突的可能性来看，都是没有问题的。如果遵守或适用 WTO 的一项规定，将损害多边环境协定的另一规定的目的，或者必然或可能违反多边环境协定的另一规定，或者同时与多边环境协定的另一规定不相容，两个规定之间就存在冲突。但是从 WTO 解决争端实践中专家组和上诉机构适用法律的角度看，鲍威林的观点又不符合 WTO 争端解决的现状，因为实际上在 WTO 争端解决中唯一可适用的法律是 WTO 涵盖协定的规定，根本不可能适用实体的非 WTO 国际法规则，在法律适用上

---

① 参见《世界人权宣言》第 25 条。
② 参见《经济、社会和文化权利国际公约》第 11 条。
③ Gabrielle Marceau, Conflicts of Norms and Conflicts of Jurisdictions, The Relationship between the WTO Agreement and MEAs and other Treaties, *Journal of World Trade*, Vol. 35, No. 6, 2001, p. 1106.

根本不可能发生真实的规则冲突，实体的非 WTO 国际法规则更不可能取代 WTO 协定而得到适用，因此，在 WTO 争端解决实践中根本不可能发生鲍威林所称的"适用法律中的冲突"。① 但这并不影响 WTO 专家组和上诉机构在适用和解释 WTO 涵盖协定的规定时参考与争端有关的非 WTO 协定，并且在 WTO 涵盖协定的规定与非 WTO 协定的规定之间存在潜在冲突时使用协调一致的解释方法处理这种"冲突"。

同理，对于特拉希曼、玛索和托马索等的观点，也难以在理论上或实践中简单地下一个对或错的判断或结论。尤其是，如前所述，玛索的观点似乎存在自相矛盾之处，既然承认贸易与其他政策之间的"紧张关系"，"必须按照针对法律冲突的一般国际法原则审查"，② 却又不承认它们之间存在真实的冲突，这实在是令人费解。而且，在 WTO 争端解决实践中没有出现过"真实的冲突"，并不等于实际上不存在冲突。其实是冲突要么通过条约的协调一致的解释解决了，要么被 WTO 法中的"冲突规则""隔绝"了。③ 鲍威林为了利用国际公法的冲突规则解决冲突，而主张在 WTO 规则与非 WTO 规则之间存在广泛的冲突，给人的感觉是为了解决冲突而"制造（或假设）"冲突；玛索等则存在根据结果推导出前提的嫌疑，在她看来，在 WTO 争端解决实践中尚未发生这种真实的规则冲突，事实上就不存在冲突。这看起来似乎是为了解决冲突而"不承认冲突"——通过规则冲突的狭义定义把本来就存在的冲突界定为不冲突，这种机械的方法无异于"掩耳盗铃"。总之，上述

---

① 也就说，即使 WTO 涵盖协定的规定与非 WTO 协定的规定之间存在潜在的冲突，但鉴于 DSU 的有关规定，在 WTO 争端解决实践中，它们之间也不可能发生实际的冲突，因为在潜在冲突的两项规则之间，只有一项规则（WTO 涵盖协定的规定）可作为法律适用。

② Gabrielle Marceau, A Call for Coherence in International Law - Praises for the Prohibition Against "Clinical Isolation" in WTO Dispute Settlement, *Journal of World Trade*, Vol. 33, No. 5, 1999, p. 105.

③ 关于 WTO 法中的冲突规则，详见本书第三章第四节的论述。

这些观点都有失偏颇，没有真正和全面反映非 WTO 规则与 WTO 规则之间关系的事实，更没有真正厘清规则冲突的存在与否与 WTO 争端解决中可适用的法律之间的关系。

三 非 WTO 规则与 WTO 规则之间潜在冲突的具体表现

WTO 不是在"法律的真空"中运作，也不是一个不受国际法的其他领域影响的封闭系统。各国在环境、人权、社会、安全和其他领域的国际义务的存在往往与 WTO 的自由贸易政策"如影相随"，WTO 法与国际法的其他部门越来越多地相互影响，越来越多的国际条约或国际文书包含贸易措施或贸易成分，比如《卡塔赫纳生物安全议定书》，或者《国际劳工组织关于缅甸的建议》。[①] 经常发生的情况是，一项措施是 WTO 规则所禁止的，但另一条约或习惯国际法的规定是明确允许的。[②] 如果 WTO "闭门造车"，在与国际法的其他领域保持"光辉孤立"中发展，WTO 规则将冒着与非 WTO 规则正式冲突的风险。

（一） 与多边环境协定之间的潜在冲突

现在有数百个处理环境问题的国际条约。这些多边环境协定调整许多问题，如生物多样性、气候变化或臭氧层消耗，触及许多不同领域，如技术、生活方式以及贸易。[③] 贸易和环境这两个问题具有交叉性质，其中不少条约影响着国际贸易。由于经济活动依赖和影响环境，多边环境协定经常鼓励或要求各国制定一些保护环境的

① Gabrielle Marceau, How to Win a World Trade Organization Dispute Based on Non-World Trade Organization Law? Questions of Jurisdictions and Merits, *Journal of World Trade*, Vol. 37, No. 6, 2003, p. 999.

② 例如，在美国—虾案中，美国援引环境条约为其禁止进口虾辩护；在欧共体—荷尔蒙案中，欧共体基于国际环境法中的预防原则试图证明禁止荷尔蒙牛肉是合理的；在阿根廷—纺织品和服装案中，阿根廷援引了其与国际货币基金组织签订的谅解备忘录，试图作为其征收统计进口税的理由。

③ Khi V. Thai, Dianne Rahm, and Jerrell D. Coggburn (eds.), *Handbook of Globalization and the Environment*, Boca Raton, Florida: CRC Press, 2007, p. 194.

措施，这些措施在被执行的国家范围内或各国之间可能影响到经济
活动的方式。尤其是，一些多边环境协定规定了具体的贸易措施，
通过管理某些对环境有害的产品的越境转移，以解决环境损害。①

　　早在 1996 年，WTO 贸易与环境委员会（CTE）确定了"大约
20 个"含有贸易条款的多边环境协定。多边环境协定中的贸易措
施是促使各缔约方履行义务的重要政策工具。尽管重叠不等于冲
突：不是所有这些规定都与 WTO 法相抵触，但是，在多边环境协
定的规则与国际贸易规则之间，它们或者是基于特定的生产和加工
方法（PPMs）和产品质量与进口限制冲突，或者是因为某些条件
如预防风险评估、事先知情同意的程序或产品标签而冲突。② 特别
是，《濒危物种贸易公约》、《管制越境转移危险废物及其处置的巴
塞尔公约》（以下简称"《巴塞尔公约》"）和《关于消耗臭氧层物
质的蒙特利尔议定书》（以下简称"《蒙特利尔议定书》"）这几个
公约或议定书，给各缔约方强加禁止从尚未加入这些条约的国家进
口各种物质或物品的义务。③ 这三个公约或议定书通过基于原产地
国（比如，尚未加入多边环境协定的国家、属于某一类别的 MEA
缔约方，以及不遵守 MEA 的缔约方）的地位禁止各种物质进口的
直接进口限制措施，将可能与 WTO 最惠国待遇原则（MFN
principle）相冲突。④

---

① "Matrix on Trade Measures pursuant to Selected MEAs", WT/CTE/W/160/Rev. 1. 24. June, 2001.

② Khi V. Thai, Dianne Rahm, and Jerrell D. Coggburn (eds.), *Handbook of Globalization and the Environment*, Boca Raton, Florida: CRC Press, 2007, p. 194.

③ Gabrielle Marceau, Conflicts of Norms and Conflicts of Jurisdictions, The Relationship between the WTO Agreement and MEAs and other Treaties, *Journal of World Trade*, Vol. 35, No. 6, 2001, pp. 1095 – 1096.

④ 《濒危物种贸易公约》第 3、第 4 和第 5 条规定，无论进口的是缔约方国家还是非缔约方国家，对该公约附录所列的任何物种的出口都需要"事先授予和颁发出口许可"。同样，1989 年《巴塞尔公约》第 7 条规定了进口国的通知要求，无论这些废物是通过贸易从一个缔约方转移至一个非缔约方，还是反之。此外，1995 年《巴塞尔公约》修正案禁止为了最后处置而从经合组织向非经合组织国家出口。1985 年《蒙特利尔议定书》议定书第 4 条涉及"与非缔约方贸易（转下页注）

《气候变化框架公约》及其《京都议定书》，在若干方面也可能与 WTO 法相冲突。《京都议定书》限制某些产品的贸易，第 17 条还引入了排放贸易机制，排放贸易只在一定限度内，并且是在该议定书附件 B 所列的缔约方之间进行交易。缔约方为履行《京都议定书》实施的国内政策和措施有可能与 WTO 最惠国待遇原则和国民待遇原则相冲突。《生物多样性公约》与《TRIPS 协定》之间的重叠，是多边环境协定与 WTO 法之间的另一种潜在的不相容。《生物多样性公约》重申"各国对其自身的生物资源拥有主权权利"，并主张公平分享由利用遗传资源而产生的利益（第 1 条）。另外，《TRIPS 协定》第 27 条，旨在加强和协调知识产权制度，并要求所有技术领域包括生物技术的专利合法化。[①] 此外，《生物多样性公约》的《卡塔赫纳生物安全议定书》（BSP）包含的规则与 WTO 条约之间也存在冲突——尽管是以一个相当间接的方式。举例来说，BSP 保护进口国就引进改性活生物体（LMO）获得通知的权利；而 GATT、GATS、和 TBT 通过非歧视性的规定保障出口商的利益（如关于标签的义务）。[②]

对于违反多边环境协定的国家，一些多边环境协定，比如，《蒙特利尔议定书》、[③]《京都议定书》第 18 条规定了不遵守

（接上页注④）的管制"，该条要求各缔约方禁止从"未加入本议定书的任何国家"进口和出口该议定书附件所列的不同物质。这些物质包括臭氧消耗物质（ozone-depleting substances，ODS）和含有消耗臭氧物质的产品。不过，后来 WTO 秘书处明确表示反对《蒙特利尔议定书》规定的贸易限制措施，担心它们未来可能成为多边环境协定的典范。See Khi V. Thai, Dianne Rahm, and Jerrell D. Coggburn (eds.), *Handbook of Globalization and the Environment*, Boca Raton, Florida: CRC Press, 2007, pp. 195, 196。

① Khi V. Thai, Dianne Rahm, and Jerrell D. Coggburn (eds.), *Handbook of Globalization and the Environment*, Boca Raton, Florida: CRC Press, 2007, p. 198.

② Khi V. Thai, Dianne Rahm, and Jerrell D. Coggburn (eds.), *Handbook of Globalization and the Environment*, Boca Raton, Florida: CRC Press, 2007, pp. 200 – 201.

③ 《蒙特利尔议定书》的缔约方于 1992 年完成不遵约程序的拟订工作。这项程序由第四次缔约方会议第Ⅳ/5 号决定通过。该程序包括不遵约程序本身和一个针对不遵约情况可以采取的措施的指示性清单。

机制。① 对于不遵守的情况，各缔约方可以采取指示性清单中列举的措施，包括暂停贸易的权利。《濒危物种贸易公约》第 12 条规定，缔约方会议有权就关于非可持续性贸易或执行不力的指控作出"任何它认为恰当的建议"。缔约方会议授权常设委员会研究包括对贸易实行限制在内的措施，并提出关于在缔约方会议两次会议间隔期内对有关缔约方实行具体贸易制裁的建议。但是，这些限制贸易的措施，将可能与 WTO 自由贸易规则发生冲突。

这可能表明，国际社会已同意，在某些特定情况下，贸易措施是对环境损害风险的合理反应。② 例如，《巴塞尔公约》禁止该公约缔约方之间的运输，除非能够证明进口国"将以对环境无害的方式管理废物"。③ 在此，出口禁令可以说是违反 GATT 第 11 条的，但却已被国际社会确定为一个处理制造、运输和处置危险废物引起的环境损害威胁的重要工具。同样的，《濒危物种贸易公约》使用了许可证和列入清单制度，禁止被列入清单的野生动物和野生动物产品的贸易，除非得出科学的结论：有关贸易不会威胁到物种的生存。④ 因此，在多边环境协定要求缔约方之间采取某些贸易措施，而且，这些缔约方也是 WTO 的成员方时，在多边环境协定的义务与 WTO 义务（例如，GATT 第 11 条禁止进口禁令）之间存在可能的冲突。⑤

---

①　作为本议定书缔约方会议的《公约》缔约方会议，应在第一届会议上通过适当且有效的程序和机制，用以断定和处理不遵守本议定书规定的情势，包括就后果列出一个指示性清单，同时考虑到不遵守的原因、类别、程度和频度。依本条可引起具拘束性后果的任何程序和机制应以本议定书修正案的方式予以通过。

②　Gabrielle Marceau, Conflicts of Norms and Conflicts of Jurisdictions, The Relationship between the WTO Agreement and MEAs and other Treaties, *Journal of World Trade*, Vol. 35, No. 6, 2001, p. 1096.

③　《巴塞尔公约》第 4（2）（e）条。

④　《濒危物种贸易公约》第 3 条。

⑤　Gabrielle Marceau, Conflicts of Norms and Conflicts of Jurisdictions, The Relationship between the WTO Agreement and MEAs and other Treaties, *Journal of World Trade*, Vol. 35, No. 6, 2001, p. 1097.

(二) 与人权条约的潜在冲突

比起与多边环境协定的冲突，WTO 法与人权法领域之间潜在的冲突，没那么受到专注。但是，WTO 往往与其他国际秩序和制度体系处于一种紧张的关系之中。[①] 毕竟，WTO 确实具有一定的"人权维度"。[②] 人们经常说强加给发展中国家的严格要求，包括《TRIPS 协定》的最低标准条件，导致违反人权条约义务的情况发生。[③] 《世界人权宣言》是否是习惯国际法，或强行法这个问题，也具有实际意义。如果遵守《世界人权宣言》的义务被作为违反 WTO 不歧视或市场准入义务的理由这一主张被提交到专家组或上诉机构，那么对这样一个问题作出的裁决，不仅会约束当事各方，而且它将成为 WTO 法的一部分，对国际法更广泛的领域产生影响。[④]

WTO 把自由贸易的价值拔高到其他价值，如环境保护，以及工人、消费者和穷人的权利之上。[⑤] 而政府却往往发现（正如它们在国内那样）各种重要的政策之间是冲突的。贸易自由化政策是创设来促进世界福利的增长和维护和平，以防止仇恨的经济争端的。不过，这些政策似乎往往与环境目标、人权规范和劳工标准发生冲突。如果这些政策冲突的"困境"是发生在一个民族国家之内，它们必须通过该国的政府机构理顺。但当类似的冲突是在国际层面发生时，就必须寻求国际机构担此重任。不幸的是，国际机构

---

① 〔德〕彼得－托比亚斯·施托尔、弗兰克·朔尔科普夫夫:《世界贸易制度和世界贸易法》，南京大学中德法学研究所译，法律出版社，2004，第 257 页。

② Asif H. Qureshi, International Trade and Human Rights from the Perspectives of the WTO, in Friedl Weiss, Erik. Denters & Paul de Waart (eds.), *International Economic Law with a Human Face*, The Hague: Kluwer Law International, 1998, p. 159.

③ Gabrielle Marceau, Conflicts of Norms and Conflicts of Jurisdictions, The Relationship between the WTO Agreement and MEAs and other Treaties, *Journal of World Trade*, Vol. 35, No. 6, 2001, p. 1105.

④ Donald M. McRae, The WTO in International Law: Tradition Continued or New Frontier?, *Journal of International Economic Law*, Vol. 3, Issue 1, 2000, p. 27.

⑤ Eric Stein, International Integration and Legitimacy: No Love at First Sight, *American Journal of International Law*, Vol. 95, No3, 2001, p. 504.

明显比大多数国内机构"软弱"。[1] 甚至在第一起有关 SPS 措施的裁决（欧共体—荷尔蒙案[2]）中，上诉机构指出，促进国际贸易和保护人类的生命和健康"有时是相互竞争的"利益。[3] 因此，WTO 法与人权法之间确实存在跨体制的规则冲突。

　　贸易与人权之间规则冲突的表现形式是多方面的，或者说是多层次的。其最浅层次的冲突是一种权利性的冲突。就 WTO 对权利的影响而言，它增加了新的权利、扩大了权利的效力范围以及提高了权利的保护标准。这自然会对维护人性尊严的人权权利产生深刻的影响，比如知识产权对抗健康权、生命权。[4] 《TRIPS 协定》要求所有 WTO 成员方给予知识产权以高标准、高规格保护，知识产权似乎是迄今唯一获得全球保护的"权利"。但发展中国家国民的健康权却未能越出国界由所有成员方共同保护，其结果往往导致跨国公司的知识产权"越界"吞噬发展中国家国民的生命权和健康权。[5]

---

[1]　John H. Jackson, *Reflections on International Economic Law*, U. Pa. J. International Economic Law, Vol. 17, Issue 1, 1996, p. 25.

[2]　European Communities-Measures Concerning Meat and Meat Products (Hormones), WT/DS26/AB/R, WT/DS48/AB/R, para. 177.

[3]　Steve Charnovitz, The Supervision of Health and Biosafety Regulation by World Trade Rules, *Tulane Environmental Law Journal*, Vol. 13, Issue 2, 2000, pp. 282 – 283.

[4]　2001 年 2 月，美国针对《巴西工业产权法》第 68 条向 WTO 争端解决机构提起申诉，由此启动了 WTO 专家组程序。美国认为，《巴西工业产权法》要求"本地实施"和允许强制许可，构成了对持有巴西专利的美国国民的歧视并侵害了其权利，从而违反了《TRIPS 协定》第 27.1 条和第 28.1 条，也违反了GATT1994 第 3 条。美国的行为遭到了来自国际非政府组织和世界舆论的强烈批评，后者对美国经济政策的保护主义本质深表反感，并认为这会对巴西成功的艾滋病防治战略产生有害的影响。巴西也采取了一系列积极的外交政策，使治疗传染病的药品在发展中国家的价格问题引起了国际社会的空前关注。最终，在 2001 年 6 月，美国同意终止对巴西的 WTO 专家组程序，并转而寻求通过双边磋商机制解决有关问题。参加李春林著《国际法上的贸易与人权问题研究》，武汉大学出版社，2007，第 195 页。

[5]　王虎华等：《WTO 的法律框架与其他制度性安排的冲突与融合》，《法学》2003年第 7 期，第 119 页。

由此，导致《TRIPS 协定》受到了严厉指责，严重限制了专利药品的便宜仿制药的可获得性；专利垄断的结果提高了发展中国家药品的价格，由此减少了公众获得基本药物的机会，显然，在发展中国家，专利药品的成本已经成为提供更多艾滋病治疗的严重障碍。特别是在非洲，成千上万的人因为无法获得其负担得起的治疗而死亡。这引起针对 WTO 史无前例的舆论哗然，而且，在一般公众看来，WTO 已经做了许多使该组织失去正当性的事情。[①] 事实上，早从 1998 年开始，许多有影响力的非政府组织（NGO），如无国界医生组织（Médecins Sans Frontières）、乐施会（Oxfam）、技术消费者项目（CPTech）、国际健康行动（Health Action International）和第三世界网络（TWN）等，均对《TRIPS 协定》的实施可能不利于保护贫穷国家的公共健康表示关注。[②]

由于在制度设计上存在着缺陷，导致贸易法与人权法之间不但不能和谐共存，反而在实际运作中还相互抵触，导致保护知识产权的"强势"国际法律制度——世界贸易体制在运作中直接影响了保护生命和健康权的"弱势"国际法律制度——国际人权体制的价值目标的实现。[③] 由于保护知识产权与保护生命和健康权这两类义务都如此繁重，WTO 各成员方在同时履行这些义务时往往顾此失彼，难以兼顾，发生冲突的可能性也就在所难免了。而在发生潜在的或者真实的冲突情况下，如果其中一类义务是与有效的实施机制和制裁联系在一起的，另一类则不是，其结果是可想而知的了。[④]

---

① Haochen Sun, The Road to Doha and Beyond: Some Reflections on the TRIPS Agreement and Public Health, *European Journal of International Law*, Vol. 15, No. 1, 2004, pp. 123, 124.

② Haochen Sun, The Road to Doha and Beyond: Some Reflections on the TRIPS Agreement and Public Health, *European Journal of International Law*, Vol. 15, No. 1, 2004, p. 130.

③ 参见李春林著《国际法上的贸易与人权问题研究》，武汉大学出版社，2007，第 215 页。

④ Audrey R. Chapman, The Human Rights Implications of Intellectual Property Protection, *Journal of International Economic Law*, Vol. 5, Issue 4, 2002, p. 866.

贸易法与人权法之间的规则冲突就这样发生了。

（三）与国际劳工标准的潜在冲突

如前所述，国际法的其他领域有可能影响 WTO 的义务，从而引起 WTO 协定与其他国际文书之间关系紧张的问题，尽管 WTO 专家组和上诉机构还没有处理过它们。国际劳工标准就属于这一类。其实，国际贸易与国际劳工标准之间的关系问题，很早就受到国际社会的关注。在关贸总协定前身、国际贸易组织（ITO）的谈判中，国际劳工问题扮演了重要角色。ITO 条约第一次反映了在多边贸易协定的框架内积极讨论劳工问题。1948 年 3 月在哈瓦那缔结的最后《ITO 宪章》第 7 条，就劳动条件作了详细的规定："……各成员认识到，不公平的劳动条件，尤其是在出口生产中，造成了国际贸易的困难，据此，各成员应采取一切适当和可行的行动消除其领土内的这类劳动条件。"① GATT 建立之后，1952 年底 GATT 框架内的劳工问题首次出现，当时日本申请加入 GATT 的谈判中第一次尝试在 GATT 协定中包括劳工标准的明确规定。②

1994 年，乌拉圭回合谈判结束后不久，GATT 的缔约方都一致认为，贸易与劳工是新诞生的世界贸易组织应该关注的新议题之一。《WTO 协定》也规定，其宗旨之一，就是"提高生活水平，保证充分就业，大幅度稳步地提高实际收入和有效需求"。1996 年 12 月在 WTO 新加坡部长级会议上，重点在于强调贸易与国际核心劳工标准关系的"社会条款"成了一个新议题。新加坡《部长宣言》对劳工标准问题作了如下宣示："我们再次承诺遵守国际承认的核心劳工标准。国际劳工组织是制定和处理这些标准的主管机构，我们明确表示支持该组织为提高这些标准所做的工作。我们认为，贸易增长和进一步自由化促进了经济的增长和发展，经济增长

---

① Elissa Alben, GATT and the Fair Wage: A Historical Perspective on the Labor-Trade Link, *Columbia Law Review*, Vol. 101, No. 6, 2001, pp. 1430 – 1431.

② Elissa Alben, GATT and the Fair Wage: A Historical Perspective on the Labor-Trade Link, *Columbia Law Review*, Vol. 101, No. 6, 2001, pp. 1432 – 1433.

和发展有利于这些标准的提高。我们反对为保护主义目的而使用劳工标准，并承认一些国家，尤其是低工资发展中国家在这方面的相对优势。为此，我们注意到，世界贸易组织和国际劳工组织秘书处将继续现有的合作。"① 这一宣示实际上表明，WTO 成员方都承认国际劳工权益保护是多边贸易自由化中的一个"问题"。②

　　假设一 WTO 成员方得到其他 WTO 成员方承诺的贸易减让，其生产的鞋类和纺织品以优惠关税进入其他 WTO 成员方的市场，而其他 WTO 成员方之所以这样做，是预期该成员方将继续尊重国际劳工标准，比如，关于禁止使用童工的《最低就业年龄公约》和《禁止和立即行动消除最恶劣形式的童工劳动公约》。现在，该成员方雇用儿童生产鞋类和纺织品，违反了这些非 WTO 的国际公约，导致其他成员方对该成员方减让的贸易价值丧失，是其他成员方无法预见的一个丧失，即该成员方现在能够生产比以前更便宜的鞋类和纺织品，并在销量上超过其他成员方在充分尊重国际劳工标准情况下生产的产品。③ 在 WTO 争端解决的历史上，曾经勉强地躲过一起涉及国际劳工权益保护的贸易争端。由于缅甸严重地违反了劳工标准，尤其是使用强迫劳动，美国马萨诸塞州法律对与缅甸进行商业活动的公司施加限制。1998 年欧共体和日本对马萨诸塞

① WT/MIN (96) /DEC/W of 13 Dec. 1996.

② 李雪平：《多边贸易自由化与国际劳工权益保护——法律与政策分析》，武汉大学出版社，2007，第 3 页。

③ 《北美自由贸易协定》（NAFTA）是第一个明确涉及劳工权益的贸易协定，其内容体现在《北美劳工合作协定》（NAALC）中，作为 NAFTA 的附属协定之一，NAALC 在 1994 年与 NAFTA 一并生效。NAALC 规定，贸易不可以违背劳工标准，如自由结社、集体谈判及罢工权等，如果成员国企业违背关于童工、最低就业和职业卫生安全标准，可以对其进行贸易制裁。欧盟也积极通过双边及地区谈判，寻找推行劳工标准的办法。2000 年 6 月在科托努签署《ACP - EU 伙伴协定》时，谈判框架已囊括了对尊重核心劳工标准的承诺。2002 年 9 月，欧盟同非洲、加勒比海和太平洋沿岸国家集团（ACP）之间进行的谈判议程中都包含了劳工标准，欧盟表示如果 ACP 国家承诺更加关注和改善劳工权利，它们将能获得欧盟进一步的技术和资金援助。参见陈丽丽《国际贸易——劳工问题的历史、冲突和应对》，《国际贸易问题》2004 年第 5 期，第 18 页。

州法律实施的制裁向 WTO 提起申诉；同年 10 月 WTO 成立了专家组。不过，在联合挑战该法律成功之后，欧共体和日本撤回了它们的申诉。①

此外，WTO 协定把《保护工业产权巴黎公约》等国际知识产权条约纳入了《TRIPS 协定》，要求各成员方保护商标权，也可能导致知识产权与劳工权益的对抗。当 WTO 确保米老鼠比制造玩具的工人享有更多的权利时，它的公信力受到了削弱，因为它包含商标但不包含劳工标准。② 又假设 WTO 的两个成员方缔结了一项双边协定，通过进口禁令处罚低廉的劳工标准。如果这些玩具被认为是在罢工权利没有得到充分保护的条件下制造的，一方可以停止进口另一方生产的这些玩具。实践中，已经有一些双边自由贸易协定包含或涉及劳工标准。③ 显然，WTO 体制以外的这些有关劳工标准的国际文书与 WTO 的自由贸易规则也存在潜在的冲突。

（四）与海洋法的潜在冲突

如前所述，由于各国之间需要签订越来越多的条约，解决日益增多的各种各样的全球性问题，必须承担来自各个领域林林总总的

---

① Elissa Alben, GATT and the Fair Wage: A Historical Perspective on the Labor-Trade Link, *Columbia Law Review*, Vol. 101, No. 6, 2001, fn. 60.

② Elisabeth Cappuyns, Linking Labor Standards and Trade Sanctions: An Analysis of Their Current Relationship, *Columbia Journal of Transnational Law*, Vol. 36, No. 3, 1998, p. 677.

③ 2001 年美国与约旦签订的《美国—约旦自由贸易协定》，是美国第一个涵盖劳工标准的双边自由贸易协定。该协定第 6 章是劳工条款，规定双方作为 ILO 成员有义务和责任遵守《国际劳工组织关于基本原则和工作权利及后续行动的宣言》，双方应努力通过本国法律来保证这些劳工原则和国际公认的劳工权利在本国得到确认和保护；协定明确指出，通过放松国内劳工法律以促进贸易的行为是不适当的。参见余云霞《国际劳工标准：演变与争议》，社会科学文献出版社，2006，第 188 页；转引自汪玮敏《晚近美式自由贸易协定中劳工标准问题》，《安徽大学法律评论》2009 年第 1 辑，第 168 页。在《美国—约旦自由贸易协定》签订之后，美国先后与智利、新加坡、哥伦比亚、秘鲁、巴拿马、韩国等国家签订的自由贸易协定都涉及劳工条款。参见汪玮敏《晚近美式自由贸易协定中劳工标准问题》，《安徽大学法律评论》2009 年第 1 辑，第 168 页。

条约义务。各国经常发现自己面临着各种自相矛盾的，甚至截然相反的国际义务。智利—剑鱼案就是 WTO 法与国际海洋法之间潜在冲突的一个典型例子。

在智利—剑鱼案中，智利颁布剑鱼保护措施，通过拒绝颁发新的许可证，禁止无视最低保护标准的欧共体延绳钓船和工厂船只登陆其港口，以及为其提供服务。欧共体质疑智利的措施违反 WTO 规定的过境权利，而智利则要求欧共体依照《联合国海洋法公约》制定和执行公海捕鱼作业的保护措施。智利以启动《联合国海洋法公约》的争端解决程序并邀请欧共体到国际海洋法法庭，作为其对欧共体在 WTO 提出质疑的回应。在 WTO，本案涉及的实体问题包括：在按照《联合国海洋法公约》行动时，智利有从保护自然资源的 GATT1994 第 20 条的适用中获得利益的权利；在《联合国海洋法公约》中，该问题可能包括作为一项保护计划的一部分，即智利是否有权管制和限制剑鱼的准入。这两个程序都将审查《联合国海洋法公约》是否有效地规定、授权或容许智利的措施，以及智利的措施是否符合《联合国海洋法公约》，这是可能影响 WTO 专家组在作出关于智利是否可受益于适用环境例外条款的裁决时考虑的一个因素。[1] 本案不仅引起两个国际裁决机构的管辖权冲突，还涉及 GATT1994 和《联合国海洋法公约》的有关条款之间的冲突。[2]

在智利—剑鱼案争端中，根据 WTO 规则，智利的措施有可能是不正当的，而根据海洋法公约，该措施又是合法的，这就出现了应以哪个条约的规则优先的问题，是 WTO 协定，还是海洋法公约？这个问题迄今没有明确答案。[3] 显然，海洋法公约的规定与

---

① Pascal Lamy, The Place of the WTO and its Law in the International Legal Order, *European Journal of International Law*, Vol. 17, No. 5, 2006, p. 983.

② 涉及的 GATT1994 条款有第 5 条、第 11 条和第 23 条。

③ 参见唐旗《从箭鱼争端看"贸易与环境之争"新动向》，《武汉大学学报（哲学社会科学版）》2007 年第 1 期，第 61 页。

WTO 的规定之间存在冲突，而且这种冲突有可能导致严重的后果——不同条约下的争端解决机构对同一事项的裁决可能相互抵触。

总之，在全球治理的制度范围内，在 WTO 内部和外部各种不同的社会价值之间的"结合点（interface）"，如贸易和投资的促进、劳工标准和人权的提高、环境和文化多样性的保护等日益增长。① 这些不同的价值之间有时相互冲突，造成不一致和混乱，并由此引起规则冲突在不同功能和规范环境的国际法律制度之间发生。因此，无论是在理论上，还是现实可能性方面，WTO 法与国际（或多边）环境协定、国际人权法、国际劳工标准以及国际海洋法等领域（包括但不限于这些领域）均存在程度不一的潜在冲突，这是不可否认的。至于在 WTO 争端解决实践中是否发生了真实的规则冲突，以及这类规则冲突是否影响了争端解决的结果，那是另外一个问题。

四　小结

随着越来越多的国际条约或国际文书包含贸易措施，这些贸易限制措施被用来追求各种非贸易目标或价值，比如环境、人权、劳工标准等，这种做法将增加 WTO 规则与其他领域的非 WTO 规则之间相互影响和相互冲突的可能性，而且在原则上这种可能发生冲突的领域是不受限制的。但是，国际法中还没有找到任何明确的解决方法以确定贸易法与人权法、环境法或海洋法之间的关系。因此，在这些偏离一般国际法，并可能与一般国际法冲突的具体领域，规则冲突的解决出现了困难。对于 WTO 规则与非 WTO 规则之间是否存在冲突的问题，其答案往往取决于学者们对规则冲突的

① Federico Ortino, Treaty Interpretation and the WTO Appellate Body Report in US - Gambling: A Critique, *Journal of International Economic Law*, Vol. 9, Issue 1, 2006, pp. 117 - 148.

定义。持狭义观点的学者一般认为 WTO 法与其他国际法之间不存在真实的冲突或者冲突非常罕见；持广义观点的学者则认为它们之间存在着广泛的冲突。上述这些观点都有失偏颇，没有真正和全面反映 WTO 规则与非 WTO 规则之间关系的事实，更没有真正厘清规则冲突的存在与否与 WTO 争端解决中可适用的法律之间的关系。无论是在理论上，还是现实可能性方面，WTO 法与国际环境协定、人权条约、劳工标准以及海洋法等领域均存在程度不一的潜在冲突，这是不可否认的。在 WTO 争端解决实践中没有出现过"真实的冲突"，并不等于实际上不存在冲突。至于在 WTO 争端解决实践中是否发生了真实的规则冲突，以及这类规则冲突是否影响了争端解决的结果，那是另外一个问题。

第三章
WTO 争端解决中
非 WTO 法的非直接适用

从 WTO 争端解决法律适用的角度看，国际法规则可划分为三种不同的类型。第一，WTO 涵盖协定；第二，在 WTO 法以外形成的合法的权利和义务，但被纳入 WTO 文本中；第三，既非涵盖协定，又未被纳入 WTO 文本的所有其他国际法规则。而在 WTO 争端解决中有关法律适用的争议基本上是由如何处理上述第三类国际法规则（即非 WTO 国际法规则）引起的，比如，WTO 裁决机构是否可以直接适用实体的非 WTO 国际法规则；[①] 若干 WTO 成员方究竟能否缔结彼此间的协定，比如一项规定限制贸易措施的多边环境协定，以修改它们之间在涵盖协定中规定的某些权利义务；WTO 的义务是互惠的还是整体的，即互惠性或整体性的区分能否为彼此间修改 WTO 法提供理论依据；DSU 中是否隐含排除非 WTO 规则直接适用的冲突规则，等等。

第一节　非 WTO 规则：直接适用还是非直接适用

关于 WTO 争端解决中是否可以直接适用非 WTO 国际法规则，

---

① 所谓"直接适用"，在本书中是指作为有约束力的法律而加以适用，其目的在于解决实体权利义务的争端。

主要分为两派观点：其一，WTO 裁决机构可适用的国际法是没有限制的，除了 WTO 涵盖协定，还包括所有其他国际法，除非 WTO 协定已明确排除其适用；其二，WTO 裁决机构只直接适用 WTO 涵盖协定的规定。两派观点各执一词，莫衷一是。学者们分别从法理、法条、判例等方面寻找"法律武器"，展开激烈争论。

一 法理剖析：直接适用非 WTO 规则缺乏充分的法理依据

在 WTO 争端解决中，非 WTO 国际法规则的直接适用缺乏充分的法理依据。具体而言，国内合同法中"不完整合同"的分析理论无法为直接适用非 WTO 国际法规则提供理论支撑；适用于各国行为的法律不同于 WTO 争端解决可适用的法律；没有明确排除非 WTO 国际法规则的适用并不意味着默示接受其为可适用的法律；适用非 WTO 国际法规则可能违背 WTO 成员方的意图并给多边贸易体制增加负担。

（一）不完整合同的分析理论无法应用于条约

有学者探讨了国内法的不完整合同的分析理论可否应用于条约。① 条约可能是最典型的不完整，因为它们包含决策者在特定情况下完成"合同的适当指示"。② 私人合同自动产生于国内法律制度，许多私人合同不需要为它们列出适用于合同的国内法的所有有关立法和行政的规定。同理，条约自动产生于国际法律制度，因此条约不需要为它们明确规定适用于条约的一般国际法规则（例如，不必附加维也纳公约文本，条约法的一般国际法规则适用于新条约）。任何新条约不仅包含一般国际法，而且是在更广泛的国际公

---

① 关于不完整合同的理论, See Gillian K. Hadfield, Weighing the Value of Vagueness: An Economic Perspective on Precision in the Law, *California Law Review*, Vol. 82, No. 3, 1994, p. 547。

② Joel P. Trachtman, The Domain of WTO Dispute Resolution, *Harvard International Law Journal*, Vol. 40, No. 2, 1999, p. 346.

法领域内创制的，其中包括先前存在的条约。这些先前存在的条约，因为它们涉及新条约，自动与其相互影响。[1]

国内的法律背景非常明确，有着丰富的经验和立法，反映了一个复杂和比较完整的社会选择。国内的制度背景具有相对密集的一致性，并提供了一种可靠的、可预见的机制来完成合同。在国内法中，不存在像一座孤岛那样的制度，每个制度都存在于一个更广泛的制度背景中。此背景渗透入制度的各点以完成合同，并在适当情况下提供更广泛的制度规则。[2] 因此，国内合同纠纷始终是有一个答案的。

但是，与国内背景相比，主要由条约和国际习惯法两类国际法构成的国际法律环境是薄弱的。第一，条约，相当于国内法中的合同。第二，包括条约法在内的习惯国际法范围相当有限。由于这种"薄弱"，国际条约往往受到不完整问题的限制，而这是国内合同并未遇到的。[3] 在国际法中，虽然国际公法提供了一些有关法律的形成及其解释、适用和执行的有限的规则，可以作为条约和其他各种各样的习惯国际法的背景规范，但是，可用来完成条约的制度和法律的结构较少。这是因为，第一，在国际法中没有一个非常完整的习惯或其他一般法律，可为不完整的条约提供其缺少的条款。[4] 第二，与 WTO 体制相反，在一般国际法中通常没有强制管辖权的争端解决法庭。因此，往往难以具有通过争端解决机制完成条约的能力。[5]

---

[1] Joost Pauwelyn, The Role of Public International Law in the WTO: How Far Can We Go?, *American Journal of International Law*, Vol. 95, No. 3, 2001, p. 537.

[2] Joel P. Trachtman, The Domain of WTO Dispute Resolution, *Harvard International Law Journal*, Vol. 40, No. 2, 1999, p. 347.

[3] Joel P. Trachtman, The Domain of WTO Dispute Resolution, *Harvard International Law Journal*, Vol. 40, No. 2, 1999, p. 349.

[4] 不过，《国际法院规约》第 38 条授权国际法院适用习惯国际法和一般法律原则。

[5] Joel P. Trachtman, The Domain of WTO Dispute Resolution, *Harvard International Law Journal*, Vol. 40, No. 2, 1999, pp. 349 – 350.

尽管在解释 WTO 规定的必要范围内，专家组和上诉机构有权使用和考虑其他各种条约、习惯和一般法律原则等非 WTO 国际法，但是，在争端解决法律适用方面，WTO 裁决机构并不需要WTO 体制之外的实体的非 WTO 国际法规则来"完成"WTO 条约，相反，WTO 一般把自身从更广泛的国际公法制度背景隔离开来，①它不允许 WTO 体制以外的"直接适用规范"的适用。WTO 专家组和上诉机构只限于适用实体的 WTO 法，而并未被授权适用一般的实体国际法或其他传统国际法。② 因此，不完整合同的分析理论无法为直接适用非 WTO 国际法规则提供理论支撑。

（二）适用于各国行为的法律与 WTO 争端解决中可适用的法律不同

有学者从 WTO 法与国际公法的关系入手，认为，WTO 条约和WTO 争端解决机制都是国际公法的组成部分。它们不是"封闭的"或"自给自足的"的制度，而是在更广泛的一般国际法以及其他条约的范围内创制的。WTO 法与国际公法的相互作用不是片面的，而是一个相互促进的持续进程。正如国际公法丰富了 WTO 法，反过来，WTO 法应进一步发展国际法。一般国际法，特别是关于条约法、国家责任，以及争端解决的规则，是以条约为基础的制度（比如WTO）的"动态引擎"。这些规则对确保包括 WTO 法律制度在内的国际公法的一致性和完整性是必不可少的。因此，如果WTO 忽视了其他国际法规则，不仅会使 WTO 法律制度变得"贫瘠"，还会威胁到国际法的统一性。③ 因此，这些非 WTO 国际法应继续在 WTO 争端解决中适用，除非 WTO 条约已明确排除了它们。

① Pieter-Jan Kuijper, The Law of GATT as a Special Field of International Law: Ignorance, Further Refinement or Self-Contained Regime of International Law, *Netherlands Year Book of International Law*, Vol. 24, 1994, p. 227.

② Joel P. Trachtman, The Domain of WTO Dispute Resolution, *Harvard International Law Journal*, Vol. 40, No. 2, 1999, pp. 348 – 349.

③ Joost Pauwelyn, The Role of Public International Law in the WTO: How Far Can We Go?, *American Journal of International Law*, Vol. 95, No. 3, 2001, pp. 577 – 578.

因此，在 WTO 争端解决中可适用的国际法是没有限制的。① 它可能包括所有的国际法规则。实践中，这种包容性意味着一个被诉方应被允许援引非 WTO 规则（比如人权）作为其违反 WTO 规则的抗辩理由，即使 WTO 条约本身并没有规定这样做的理由。然而，只有在争端双方都受该非 WTO 规则约束，并且按照国际公法的冲突规则，该规则优先于 WTO 规则，这种理由才应被承认。因此，国际公法填补了 WTO 条约留下的空白。更重要的是，在某些情况下，非 WTO 规则实际上可能被 WTO 专家组适用，并推翻 WTO 规则。②

上述观点混淆了适用于各国行为的法律与 WTO 争端解决中可适用的法律之间的不同。国际法的一般制度适用于各国行为，除非它已被有效排除在外。这点是正确的。但是，那种认为由于各国都

---

① Joost Pauwelyn, The Role of Public International Law in the WTO: How Far Can We Go?, *American Journal of International Law*, Vol. 95, No. 3, 2001, p. 577.

② Joost Pauwelyn, The Role of Public International Law in the WTO: How Far Can We Go?, *American Journal of International Law*, Vol. 95, No. 3, 2001, p. 578. 鲍威林还认为，WTO 专家组可适用的非 WTO 国际法规则必须满足下列条件：第一，这些规则必须对争端双方均有约束力。在技术层面上，这意味着一方要么适用对争端各方均有约束力的其他规则，作为可适用法律的一部分，理由是，作为国际公法下的一项条约，WTO 协定必须在这些其他条约的背景下适用；要么在基于维也纳公约第 31 (3) (c) 条（例如援引"适用于当事国间关系的任何有关国际法规则"）的这些其他条约的背景下，解释相关的 WTO 规则。适宜的做法是划清参考其他规范解释与适用其他规范之间的界限。第二，这些其他规则必须是有效的、合法的。最重要的是，它们本身的缔结不可以是 WTO 条约所禁止的（比如，《保障措施协定》第 11 条明确禁止的自愿出口限制协定）。此外，这些其他规则不可以影响第三方的权利或义务（比如，一项明确保留贸易减让给协定的另一方的双边协定，违反了其他 WTO 成员方享有的最惠国待遇权利）。第三，这些规则必须优于相抵触的 WTO 规则。这是适用国际公法冲突规则的可能结果，比如在 WTO 条约本身或其他非 WTO 条约中有明确规定的冲突规则，或者因为非 WTO 规则是在时间上较后（后法），或相对于 WTO 规则，情况更具体（特别法）。See Joost Pauwelyn, How to Win a World Trade Organization Dispute Based on Non-World Trade Organization Law? Questions of Jurisdictions and Merits, *Journal of World Trade*, Vol. 37, No. 6, 2003, pp. 1003 – 1005。

受到传统的和习惯的国际法律义务的全面约束，WTO 争端解决必须适用所有国际法律义务，除非它们被明确地排除适用的逻辑是根本不正确的：这是一个不合理的推论。国际法庭只被授权：（1）审理案件；（2）根据其具体的、明确的职权适用法律。它们不是默示具有普遍管辖权的法院，无论是关于它们可受理的案件，还是它们可适用的法律。① 国际法院也只能在授权范围内适用法律。② 约束各国行为的国际法并不能够当然地成为某一国际法庭或争端解决机构可适用的法律。WTO 裁决机构并没有获得适用所有国际法裁决案件的授权。

（三）没有明确排除非 WTO 国际法不可视为默示的接受

也有学者认为，区分一个法庭可确切受理的争端类型的管辖权与解决这些争端的可适用的法律，是很重要的。DSU 明确承认专家组只具有有限的管辖权，只能受理以涵盖协定的规定为依据的争端。另外，DSU 并没有包含先验地排除任何可适用于争端的国际法渊源的规定，这意味着国际法的所有渊源应被接受为 WTO 争端解决程序中潜在的可适用的法律。③

确认解释的习惯国际法规则的 DSU 第 3.2 条不能作为 WTO 条约已排除所有其他国际法规则的证据。④ 在 WTO 条约中任何对一

---

① Joel P. Trachtman, Book Review of Conflict of Norms in Public International Law: How WTO Law Relates to other Rules of International Law by Joost Pauwelyn, *American Journal of International Law*, Vol. 98, No. 4, 2004, p. 858.

② 国际法院是严格遵守其职权的，如在石油平台案中，国际法院仅为解释其被授权解释的一项条约的例外的目的而小心谨慎地使用关于使用武力的法律。法院拒绝适用关于使用武力的法律，要么拒绝说美国的行为违反了这些法律，要么拒绝说这些法律在某种程度上修改了争论中的条约。See Case Concerning Oil Platforms (Iran v. United States), Int'l Ct. Justice Nov. 6, 2003, paras. 39 - 41。

③ Lorand Bartels, Applicable Law in WTO Dispute Settlement Proceedings, *Journal of World Trade*, Vol. 35, No. 3, 2001, pp. 518 - 519.

④ 鲍威林认为，从理论上说，DSU 第 3.2 条没有必要确认国际公法解释的习惯规则，因为这些规则无论如何都将适用。See Joost Pauwelyn, The Role of Public International Law in the WTO: How Far Can We Go?, *American Journal of International Law*, Vol. 95, No. 3, 2001, p. 542。

般国际法规则的明确的确认，都应被看做为格外谨慎起见而作出
的。条约必须以一般国际法原则为背景适用和解释，没有明确的排
除，必须被视为是对一般国际法规则的继续适用或默示接受。① 常
设国际法院（PCIJ）和国际法院（ICJ）后来都确认了这种观点。②
而且，在国际法中，有这样一个不冲突的推定，如果一项条约没有
排除一个已经存在的规则，则该规则将继续存在。③ 只有当它可以
证明，新条约的确与一般国际法的规则相抵触或者旨在排除一项一
般国际法的规则，原有的规则才不适用于有关条约。因此，除了条

① Arnold Duncan Mcnair, *The Law of Treaties*, Oxford: Clarendon Press, 1961, p. 466.
劳特派特也认为，条约是国际法的一部分，必须以其规则和原则的一般背景为
背景解释。See Hersch Lauterpacht, Restrictive Interpretation and the Principle of
Effectiveness in the Interpretation of Treaties, *British Year Book International Law*,
Vol. 26, 1949, p. 76。

② 在霍茹夫工厂案中，常设国际法院确认了关于违反国际法义务必须给予赔偿的
义务："赔偿是无法执行公约的不可缺少的补充，对此，公约本身也没有必要
作出规定。"的确，"任何违反承诺都涉及赔偿的义务，是法律的一般概念"。
See Chorzow Factory (Ger. v. Pol.), Merits, 1928 PCIJ (ser. A) No. 17, p. 29. 在
1971 年西南非洲的咨询意见中，国际法院确认了因违反而终止条约的权利（在
本案中，对西南非洲的委任），并且认为，为了这项权利不适用于该项委任，
有必要证明委任制度……排除了由于违反而终止的权利必须被推定为存在于所
有条约中的一般法律原则的适用，……关于这种权利的存在，一项条约的沉默
不能被解释为意味着排除一个在一般国际法中的该条约以外有其渊源的权
利……。See Legal Consequences for States of the Continued Presence of South Africa
in Namibia (South West Africa) Notwithstanding Security Council Resolution 276
(1970), Advisory Opinion, 1971 ICJ REP. 16, p. 47, para. 96. 在 ELSI 案中，国
际法院分庭发现自己不能接受的是，在没有任何明确表示的情况下，习惯国际
法的一项重要原则已被认为默示摒弃。See Elettronica Sicula S. p. A (ELSI)
(U. S. v. Italy), 1989 ICJ REP. 15, p. 42, para. 50. 伊朗—美国求偿法庭
(Iran - U. S. Claims Tribunal) 也确认了这个方法。该法庭指出，正如两国关系
的特别法，该条约取代了一般法，即习惯国际法……但是，……习惯法的规则
可能是有益的，可以填补该条约的法律可能存在的空白，确定其文本中未定义
的用语的含义，或者更一般地说，帮助解释和执行其规定。See Amoco Int'l Fin.
Corp. v. Iran, 15 Iran - U. S. Cl. Trib. Rep. 189, para. 112 (1987)。

③ 《奥本海国际法》提到一个"各当事国希望不与普遍承认的国际法原则或与对
第三国的条约义务相抵触的推定"。See R. Jennings and A. Watts (eds.),
Oppenheim's International Law, London: Longman, Vol. 1, 1996, p. 1275。

约解释的国际法规则，在 WTO 条约中没有明确确认的一般国际法的许多其他规则也必须适用于 WTO 条约；也就是说，只要它没有排除这些规则，就必须适用。①

但是，没有明确的排除（即规定不适用其他国际法规则），并不意味着非 WTO 国际法在 WTO 争端解决中可作为法律适用，更不能推定为允许执行非 WTO 的规定。如前所述，WTO 裁决机构并不是一个具有普遍管辖权的法院，它不能解释和适用涉及 WTO 成员方的所有条约，且不能推定成员方希望制定 WTO 救济制度来执行除了 WTO 条约规定的这些义务和权利以外的义务和权利。如果 WTO 的规定被非 WTO 的规定取代，并强制执行非 WTO 的规定，将增加或减少 WTO 涵盖协定（或甚至修改它）。没有任何证据表明，甚至在乌拉圭回合期间 WTO 条约的起草者曾想过，要给予非 WTO 规范具有纳入 WTO 法的直接效力，并允许成员方受益于免费使用 WTO 的救济机制，以强制执行 WTO 条约以外其他的权利和义务。②

在争端解决法律适用方面，国际法庭明确和通常的做法是，把可适用的法律限制在它们的具体职权规定的范围内。③ 在 DSU 的情况下，④ WTO 裁决机构的权限明确限于适用 WTO 涵盖协定。从原则上讲，至少就解决争端而言，在 WTO 法之外的国际条约（即不

① Joost Pauwelyn, The Role of Public International Law in the WTO: How Far Can We Go?, *American Journal of International Law*, Vol. 95, No. 3, 2001, pp. 542 – 543.

② Gabrielle Marceau & Anastasios Tomazos, Comment on Joost Pauwelyn's Paper: "How to Win a WTO Dispute Based on Non-WTO Law?", in Griller Stefan (ed.), *At the Crossroads: The World Trading System and the Doha Round*, Vienna: Springer, 2008, p. 77.

③ 为了避免有任何疑问，国际社会知道如何为法庭提供广泛管辖权以适用各种各样的法律。例如，1982 年《联合国海洋法公约》第 293（1）条规定国际海洋法法庭适用 "与本公约不相抵触的其他国际法规则"。See Joel P. Trachtman, Book Review of Conflict of Norms in Public International Law: How WTO Law Relates to other Rules of International Law by Joost Pauwelyn, *American Journal of International Law*, Vol. 98, No. 4, 2004, p. 859.

④ 例如，DSU 第 7 条和第 11 条。

包含在 DSU 附件一范围内的条约）不是 WTO 法的渊源。为什么 WTO 法与其他国际公约，如《联合国海洋法公约》第 311 条的规定相反，不明确规定其与有关的其他国际条约之间冲突的一般规则呢？这是一种可能的解释。① 因此，WTO 专家组和上诉机构被授权（直接）适用的法律只是 WTO 法。

简而言之，专家组和上诉机构的职责是确定的、有限的：解释 WTO 法和决定是否违反涵盖协定的规定。在履行职责时，它们适用和执行 WTO 法。也就是说，按照各自的职权范围，WTO 专家组和上诉机构只是有权解释和适用 WTO 法。因此，如果完全脱离涵盖协定，它们无法解释，更遑论得出违反或遵守其他条约或习惯的任何法律结论。它们只是在必要的限度内解释涵盖协定的规定。②

（四）直接适用非 WTO 规则可能违背 WTO 各成员方的意图

将 WTO 法纳入实体的非贸易国际法可能违背 WTO 各成员方的意图，对实现人权和环境的目标，可能适得其反。WTO 各成员方，可能以建立一个自给自足的制度的意图谈判协定。它们允许依照一般国际法解释协定的用语，而拒绝给予审理非 WTO 法事项的权限。③ 这种谈判的政治权衡不应轻易消除。这个观点并不意味着非贸易的目标与 WTO 法的发展无关，因为 WTO 协定的谈判者可能打算以贸易自由化作为一个减少贫困和改善全球福利（尽管它

---

① Wolfgang Weiss, Security and Predictability under WTO Law, *World Trade Review*, Vol. 2, Issue 2, 2003, p. 193.

② Gabrielle Marceau & Anastasios Tomazos, Comment on Joost Pauwelyn's Paper: "How to Win a WTO Dispute Based on Non-WTO Law?", in Griller Stefan (ed.), *At the Crossroads: The World Trading System and the Doha Round*, Vienna: Springer, 2008, p. 72.

③ Francesco Francioni, *WTO Law in Context: The Integration of International Human Rights and Environmental Law in the Dispute Settlement Process*, in Giorgio Sacerdoti, Alan Yanovich and Jan Bohanes (eds.), *The WTO at Ten: The Contribution of the Dispute Settlement System*, Cambridge: Cambridge University Press, 2006, pp. 143 – 145.

可能对环境产生不利影响）的工具。① 此外，适用非 WTO 国际法
规则存在破坏 WTO 制度的风险。如果裁决是以 WTO 明确的权限
之外的协定为根据，它们不太可能得到遵守，因为各成员方可能把
这些裁决视为缺少合法性，并且不再把申诉提交 WTO。②

因此，"明智的政策"反对允许 WTO 专家组和上诉机构执行
外部的义务。尽管 WTO 应确保其 WTO 规则的解释和适用符合国
际公法，但有迹象表明，为违反国际公法提供救济，允许它执行外
部的规则，将给多边贸易体制增加负担。③ 不能无视事实，即国际
法律制度之间并不存在完美的一致性，且现在还没有国际管辖权完
美的组织一致性。面对国际责任不完善的承担，提升 WTO 专家组
和上诉机构成为一个各种各样的世界统治者具有讽刺意味。④ 总
之，WTO 条约的谈判者并没有意图在 WTO 争端解决中适用非
WTO 国际法，在 WTO 争端解决中直接适用非 WTO 国际法规则可
能违背 WTO 各成员方的意图。

二 法条辨析：DSU 的规定排除了非 WTO 规则的直接 适用

对于 WTO 争端解决中非 WTO 国际法规则能否直接适用，学者
们都不约而同地援引 DSU 有关条款为其主张"辩护"。尽管不同学

---

① Sandra E. Black & Elizabeth Brainerd, Importing Equality? The Impact of Globalization on Gender Discrimination, *Industrial and Labor Relations Review*, Vol. 57, No. 4, 2004, p. 540.

② William Thomas Worster, Competition and Comity in the Fragmentation of International Law, *Brooklyn Journal of International Law*, Vol. 34, Issue 1, 2008, pp. 126 – 127.

③ Gabrielle Marceau, A Call for Coherence in International Law Praises for the Prohibition Against "Clinical Isolation" in WTO Dispute Settlement, *Journal of Word Trade*, Vol. 33, No. 5, 1999, p. 111.

④ See Gabrielle Marceau & Anastasios Tomazos, Comment on Joost Pauwelyn's Paper: "How to Win a WTO Dispute Based on Non-WTO Law?", in Griller Stefan (ed.), *At the Crossroads: The World Trading System and the Doha Round*, Vienna: Springer, 2008, p. 77.

者对这些相同条款的解读大相径庭、相去甚远，甚至各自得出南辕北辙、截然相反的结论：一些学者引用这些条款作为所有国际法都是 WTO 可能适用法律的法条依据，而其他的学者，也引用相同的规定，得出正好相反的结论，但是，经过对这些 DSU 条款的分析，最终的结果是，DSU 的规定证实了非 WTO 国际法规则的非直接适用。

（一）"直接适用"的解读

1. DSU 第 7 条原则上是《国际法院规约》第 38 条的替代

有学者认为，WTO 协定的文本并没有穷尽潜在的相关法律。与此相反，《国际法院规约》第 38 (1) 条的规定都是 WTO 争端解决中可依据的潜在法律。虽然在 DSU 或者任何涵盖协定中都没有明确地等同于第 38 (1) 条的规定，但该条款已被 DSU 第 3.2 条和第 7 条有效纳入 WTO。DSU 第 3.2 条规定，争端解决的目的是"依照解释国际公法的习惯规则"澄清 WTO 协定的现有规定；第 7 条规定，专家组的职权范围应为"按照（争端各方引用的涵盖协定名称）的有关规定，审查提交争端解决机构（DSB）的事项"，并且"处理争端各方引用的任何涵盖协定的有关规定"。这项规定原则上是《国际法院规约》第 38 条的"WTO 替代"。从这个角度看，WTO 协定的文本、解释这些协定"有关规定"的专家组和上诉机构报告、习惯、权威国际公法学家学说、一般法律原则，以及其他国际文书都是 WTO 争端解决中潜在的法律。[①]

2. 专家组拥有适用非 WTO 国际法规则的权力

也有学者认为，当涉及 WTO 申诉的实质性评估时，两个 DSU 的条款表明，WTO 专家组拥有决定可适用其他国际法规则和提出调查结果的权力。首先，DSU 第 11 条规定专家组作出"客观评估……有关涵盖协定的适用性……"的义务，可能要求专家组参考和适用其他国际法规则，这些规则可能表明，有关的 WTO 规则

---

① David Palmeter & Petros C. Mavroidis, The WTO Legal System: Sources of Law, *American Journal of International Law*, Vol. 92, No. 3, 1998, p. 399.

不适用，且因而没有被违反；与此相反，不考虑这些其他规则将阻止"客观评估……有关涵盖协定的适用性……"。其次，DSU 第7.1 条规定专家组的职权范围是"提出调查结果以协助 DSB 提出建议或作出该协定规定的裁决"，进一步承认，WTO 专家组可能需要诉诸和适用除了 WTO 涵盖协定以外的国际法规则，只要它有助于 DSB 解决它受理的 WTO 申诉。①

3. DSU 本身并没有限制专家组裁决争端可适用的法律

还有学者认为，实际上这项规定（DSU 第 7 条）就此事似乎尚无定论。这项规定根本没有说，在专家组程序中适用的法律仅限于涵盖协定规定的范围。按照第 7.1 条，专家组按照有关涵盖协定的有关规定审查申诉方提交给 DSB 的事项。"按照"这一措辞并不限制在审查"事项"中可能的有关法律渊源。第 7.2 条（处理申诉方和被诉方提出的主张）可以以同样广泛的方式解释，该条要求专家组"处理争端各方引用的任何涵盖协定的有关规定"，这一规定并不阻止专家组在裁决争端的过程中"处理"其他法律。最后，第 7.1 条（与第 7.3 条一并理解）为设立一个非标准的职权范围的专家组提供了可能性。如果专家组的职权范围决定专家组的管辖权，则似乎可以这样认为，专家组可以由 DSB 授权适用除了涵盖协定的规定以外的法律。② 非标准的职权范围的可能性，因此

---

① Joost Pauwelyn, How to Win a World Trade Organization Dispute Based on Non-World Trade Organization Law? Questions of Jurisdictions and Merits, *Journal of World Trade*, Vol. 37, No. 6, 2003, p. 1020.

② 在巴西—脱水椰子案中，各当事方同意授予 WTO 专家组非标准的职权范围。在该案中，申诉方菲律宾要求专家组使用标准职权范围，但被诉方巴西认为，本案所涉反补贴措施与 GATT1994 第 1 和 2 条的一致性问题不属于专家组的职权范围，因此专家组不应审理。最后当事双方同意，专家组具有下列职权范围：按照 GATT1994 和《农业协定》的相关规定，审查菲律宾在文件 WT/DS22/5 中提交 DSB 的事项，同时考虑巴西在文件 WT/DS22/3 中所作的陈述以及 1996 年 2 月 21 日 DSB 会议上的讨论记录，并提出调查结果以协助 DSB 作出这些协定规定的建议或裁决。See Brazil – Measures Affecting Desiccated Coconut, WT/DS22/R, para. 10。

为第 7 条本身并没有限制专家组在 DSU 下裁决争端可适用的法律这一观点，提供了有力的支持。① DSU 第 11 条规定，"……专家组应对其审议的事项作出客观评估，包括对该案件事实及有关涵盖协定的适用性和与有关涵盖协定的一致性的客观评估……"。同样，尽管这项规定只是提到涵盖协定，因此可能引起只有这些协定被认为是专家组"可适用的法律"的推论，但它没有提到不适用于案件事实的来自其他渊源的法律。事实上，如果它有提到的话，这一规定意味着，国际法一般原则的适用对于确定涵盖协定是否是可适用的，将是必要的。②

（二）"非直接适用"的解读

1. DSU 第 3.2 、第 7 和第 11 条限制专家组和上诉机构适用的法律

有学者认为，虽然帕米特（Palmeter）和马弗鲁第斯（Mavroidis）的方法为 WTO 制度与更广泛的国际法体系之间提供了一个强有力的联系，但是，如果是无限制的，则会把 WTO 变成如国际法院那样的具有普遍管辖权的法院。这一结果似乎难以与 DSU 的精确文字和现有的上诉机构裁决调和。DSU 第 7 条和第 11 条表明，WTO 争端解决机制具有有限的职权。DSU 7.1 条允许争端各方另有议定。但是，该措辞并没有给各方留下同意援引非 WTO 协定的规定的可能性，因为 DSU 第 7.2 条规定限制专家组限于处理涵盖协定中的有关规定；第 7.2 条似乎把专家组的职权范围限于"涵盖协定"，DSU 附件一确定的涵盖协定仅包括 WTO 协定，WTO 法领域以外的其他国际公约或条约则不包括在内。DSU 第 3.2 条和第 11 条也规定专家组和上诉机构可适用的法律限于 DSU 的涵盖协定。DSU 第 11 条也证明了专家组有限的管辖权。因此，似乎在 DSU 下，并非所有法律都可以被 WTO 裁决机构适用或执

---

① Lorand Bartels, Applicable Law in WTO Dispute Settlement Proceedings, *Journal of World Trade*, Vol. 35, No. 3, 2001, pp. 504 – 505.

② Lorand Bartels, Applicable Law in WTO Dispute Settlement Proceedings, *Journal of World Trade*, Vol. 35, No. 3, 2001, pp. 505 – 506.

行。即使是在 WTO 成员方之间的案件，这些国家在它们之间也不能同意授予 WTO 专家组审查非 WTO 问题的权力。总之，DSU 第 3.2 条、第 7 条和第 11 条不仅规定专家组和上诉机构的管辖权，即它们仅执行涵盖协定的实体职权，而且还限制它们适用的法律。① 专家组的职责是，协助 DSB 履行其职责，而不能被理解为允许专家组适用非 WTO 国际法。

2. DSU 并未表明可以把非 WTO 义务引入 WTO

也有学者认为，虽然可以主张，DSU 第 3.2 条认可一般国际法作为解释的指南表明，如果没有这一规定，维也纳公约的规则将不适用，但也可以得出相反主张：DSU 把之前已经形成的本来应该这样理解的规则编纂了。DSU（第 3.2 条）接受一般国际法，是以使用该法律指导 WTO 协定的解释的条款表达的，而不是独立于或优于 WTO 协定强加额外的义务。很显然，DSU 本身的条款是明确的，一般国际法是一个有效的解释工具，但 DSU 并不表明，可以把非 WTO 义务引入到 WTO 框架中来。在 WTO 协定的文本中没有任何支持适用非 WTO 抗辩以对抗 WTO 的义务。如果鲍威林认为这种抗辩可被接受，对于 WTO 法庭也受理非 WTO 申诉这种情况，则似乎没有任何类似的禁止。因此，鲍威林的结论，即 WTO 一般应该是一个国际法庭模式，可能是没有道理的。② 那种把 DSU 第 3.2 条的观点理解为一个规定在 WTO 法与其他国际公约冲突的情况下，WTO 法享有优先权的解决规则冲突的规则，意味着 WTO 法以外的国际法适用于专家组和上诉机构。然而，这种理解并不符合 DSU 第 7.2 条的规定，因此必须予以拒绝。直接适用 WTO 法以外

① See Gabrielle Marceau, A Call for Coherence in International Law Praises for the Prohibition Against "Clinical Isolation" in WTO Dispute Settlement, *Journal of World Trade*, Vol. 33, No. 5, 1999, pp. 110 – 111; see also Gabrielle Marceau, WTO Dispute Settlement and Human Rights, *European Journal of International Law*, Vol. 13, No. 4, 2002, pp. 776 –777.

② William Thomas Worster, Competition and Comity in the Fragmentation of International Law, *Brooklyn Journal of International Law*, Vol. 34, Issue 1, 2008, p. 126.

的国际条约的法律也可能减少或增加涵盖协定的权利和义务——违背 DSU 第 3.2 条。[①]

3. WTO 裁决机构的任务是仅直接适用 WTO 法

还有学者认为，WTO 专家组、上诉机构和争端解决机构的任务是明确的：只（直接）适用 WTO 法。DSU 的若干条款规定了此限制。第 3.2 条规定，争端解决机制"适于保护各成员方在涵盖协定项下的权利和义务，及依照解释国际公法的习惯规则澄清这些协定的现有规定"。第 3.2 条进一步规定，"DSB 的建议和裁决不能增加或减少涵盖协定所规定的权利和义务。"如果 DSB 可以适用产生自其他国际法的权利和义务的话，这种规定将是荒唐的。第 7 条规定的专家组标准职权范围，仅提到由 WTO 协定所产生的法律。最后，DSU 第 11 条规定专家组的职能是：评估有关涵盖协定的适用性和一致性。在 WTO 争端解决中有如此多明确提到涵盖协定作为可适用的法律，如果成员方还希望适用非 WTO 法，这将是异常的。[②]

其实，DSU 第 3.2 条规定的是一项解释 WTO 协定的职权，且根据 DSU 第 3.2 条，WTO 成员方的条约义务，是不须由源于习惯国际法的其他义务补充的。争端解决不能增加各项涵盖协定规定的WTO 成员方的义务。[③] 在那些条约制度下，习惯国际法的原则并不给这些条约制度添加实体义务。它们与实体的条约规则并存，而且与实体的条约规则的解释和适用是相关的。[④]

---

① Wolfgang Weiss, Security and Predictability under WTO Law, *World Trade Review*, Vol. 2, Issue 2, 2003, p. 193.

② Joel P. Trachtman, The Domain of WTO Dispute Resolution, *Harvard International Law Journal*, Vol. 40, No. 2, 1999, pp. 342 – 343.

③ Donald M. McRae, Claus-Dieter Ehlermann's Presentation on "The Role and Record of the Dispute Settlement Panels and the Appellate Body of the WTO", *Journal of International Economic Law*, Vol. 6, Issue 3, 2003, p. 713.

④ Donald M. McRae, Claus-Dieter Ehlermann's Presentation on "The Role and Record of the Dispute Settlement Panels and the Appellate Body of the WTO", *Journal of International Economic Law*, Vol. 6, Issue 3, 2003, p. 715.

（三） 评析

上述学者引用的 DSU 涉及 WTO 裁决机构适用法律的条款，归纳起来主要有第 3.2 条、第 7 条、第 11 条等。关于第 3.2 条，"依照解释国际公法的习惯规则澄清这些协定的现有规定"，这项规定的目的是要确认：在解释和适用 WTO 涵盖协定时，WTO 裁决机构依照解释国际公法的习惯规则澄清这些协定现有的规定；而"DSB 的建议和裁决不能增加或减少涵盖协定所规定的权利和义务"这项规定（类似的还有 DSU 第 19.2 条），其目的在于强调 DSB、专家组和上诉机构在解释和适用涵盖协定时，作出的建议和裁决不能增加或减少涵盖协定所规定的权利和义务，体现了一种司法克制的要求，因为涵盖协定是 WTO 各成员方经过谈判精心构筑的权利义务之间的平衡，WTO 裁决机构必须予以尊重，不得抵消或减损成员方根据涵盖协定应当享有的权利，也不得对有效实现涵盖协定的目的造成妨碍。因此，援引 DSU 第 3.2 条作为 WTO 争端解决中不能直接适用非 WTO 国际法规则的法律依据，是不妥当的，属于"适用法律错误"。

DSU 第 7 条规定了专家组的职权范围，其中最重要的是第 7.1 条，该条规定专家组按照争端各方引用涵盖协定的有关规定审查申诉方提交 DSB 的事项，这一条款在明确规定专家组职权的同时，也限定了专家组行使职权时必须适用的法律——"涵盖协定的有关规定"，从而也符合其他国际法庭明确和通常的做法——把可适用的法律限制在它们的具体职权所规定的范围内，因此也就排除了直接适用其他国际法的可能性。第 7.2 条进一步规定专家组应处理争端各方引用的任何涵盖协定的有关规定；其实，这项规定只是要求专家组应处理各方引用的任何涵盖协定的有关规定，立法的原意应该是防止专家组只审查部分各方引用的涵盖协定的有关规定就作出建议或裁决，不能从该款得出除了涵盖协定以外专家组还可适用其他国际法的推论。① 而且这里用的措辞是 "处理（address）"，不是 "适用（apply）"，即使按照此款可处理（或审查）与争端有关的非涵盖协定的规定，也不等于是 "适用"。至于第 7.3 条，其规定的是专家组非标准的职权范围，即特殊职权范围。特殊职权范围应理解为申诉方与被诉方可以对请求专家组审查的具体事项达成一致协议。在 WTO 争端解决中最终具体适用哪些涵盖协定的有关规定，仍由专家组决定，也就是说可直接适用的法律仍然限于涵盖协定。

DSU 第 11 条规定，"专家组应对其审议的事项作出客观评估，包括对该案件事实及有关涵盖协定的适用性和与有关涵盖协定的一致性的客观评估……。"笔者以为，这是专家组可适用法律的范围仅限于 WTO 涵盖协定最重要的一项规定。这里仅提到客观评估 "有关涵盖协定的适用性" 以及 "与有关涵盖协定的一致性"，显然排除了非 WTO 的其他国际法规则的直接适用。至于该条提到的 "作出可协助 DSB 提出建议或提出涵盖协定所规定的裁决的其他调查结果"，也不能理解为默示地授予专家组适用非 WTO 国际法规则的权力。这是因为作出 "其他调查结果（other findings）" 这个用语过于笼统，以致无法优于 DSU 限制专家组和上诉机构于 "涵盖协定" 的更具体的规定。

---

① DSU 第 7.2 条虽然规定专家组应处理争端各方引用的任何涵盖协定的有关规定，但在 WTO 争端解决实践中，专家组经常使用司法经济原则，不审查申诉方的所有主张，以节约司法资源、提高裁决效率。这种司法经济的原则在 WTO 争端解决中已经得到确认。比如，在美国—羊毛衬衫和上衣案中，上诉机构认为，（DSU 第 11 条）或者以往的 GATT 惯例都没有任何规定要求一个专家组必须审查申诉方提出的所有法律主张。See US – Wool Shirts and Blouses, WT/DS33/AB/R, p. 18. 在欧共体—家禽案中，上诉机构认为，专家组只对有必要解决的争论中的问题的那些主张作出调查结果。See EC – Poultry, WT/DS69/AB/R, para. 135. 在美国—铅铋案（二）中，上诉机构认为，司法经济原则允许专家组拒绝对某些主张作出裁决。See US – Lead and Bismuth II, WT/DS138/AB/R, para. 71. 有关司法经济原则，详见本书第四章第四节。

三 判例分析：非 **WTO** 规则只是解释 **WTO** 协定的有用工具

关于 WTO 争端解决中非 WTO 国际法的直接适用与否，学者们除了从法理上"挖掘"理由和从 DSU 的法条"发现"依据以外，还引用 WTO 的判例来"捍卫"他们的立场。经常被引用的主要案例有两个，分别是韩国—采购案和欧共体—家禽案。主张 WTO 裁决机构可适用的法律包括非 WTO 国际法的学者经常引用前者，而主张 WTO 裁决机构只能适用涵盖协定的学者则往往引用后者。

在韩国—采购案中，专家组一般的观点经常被学者们引用："我们注意到，DSU 第 3.2 条要求我们在一个特定争端中寻求按照解释国际公法的习惯规则澄清 WTO 协定的现有规定。然而，WTO 协定与习惯国际法的关系比这更为广泛。习惯国际法普遍适用于 WTO 各成员方之间的经济关系。这种国际法在 WTO 条约的各协定没有"排除"它的范围内适用。换句话说，只要没有冲突或不一致，或在一项涵盖的 WTO 协定中没有不同的暗示，我们就认为，国际法的习惯规则适用于 WTO 条约和 WTO 下条约的形成过程。"[1] 在该案中，专家组采用了"关于条约谈判中的善意和错误的习惯国际法的一般规则"，[2] 特别是维也纳公约第 48 条。[3] 专家组还指出，"其职权范围的目的是，恰当地确定当事方的申诉，并因此确定专家组的审查范围。我们并不认为，主张职权范围是为了在正确地解释一项专家组审议的申诉时，排除参考更广泛的习惯国际法的任何根据。"[4]

在欧共体—家禽案中，上诉机构承认，《油籽协定》并不是"可适用的法律"，因此，不能由 WTO 争端解决机制执行。上诉机

---

[1] Korea – Measures Affecting Government Procurement, WT/DS163/R, para. 7.96.

[2] Korea – Measures Affecting Government Procurement, WT/DS163/R, para. 7.101.

[3] Korea – Measures Affecting Government Procurement, WT/DS163/R, paras. 7.123 – 7.126.

[4] Korea – Measures Affecting Government Procurement, WT/DS163/R, para. 7.101, fn. 755.

构指出："我们认为，没有必要诉诸维也纳公约第 59（1）条或第 30（3）条……。因此，它（欧共体减让表）构成《WTO 协定》下多边义务的一部分。相反，《油籽协定》是欧共体与巴西根据 GATT1947 第 28 条谈判的一个双边协定，并非一项依照 DSU 第 1 条和第 2 条的"涵盖协定"。《油籽协定》也不是按照 1995 年 1 月 1 日生效的《WTO 协定》而被巴西和欧共体接受的多边义务的一部分。《油籽协定》也没有被《WTO 协定》的任何附件引用。虽然按照把 GATT1994 纳入《WTO 协定》的附件 1A 的规定，根据 GATT1947 生效的某些法律文书的规定成为 GATT1994 的一部分，但是《油籽协定》并非这些法律文书之一。① 不是《油籽协定》，而是《第 80 号减让表》（Schedule ⅩⅩⅩ）规定《WTO 协定》下欧共体的有关义务。因此，不是《油籽协定》，而是《第 80 号减让表》构成了这一争端的法律根据，必须根据 DSU 第 3.2 条下"依照解释国际公法的习惯规则"解释。② 按照上诉机构的观点，两个 WTO 成员方即使是根据《WTO 协定》谈判达成的协定，可以作为解释 WTO 涵盖协定的有关规定的有用工具，但其本身不能被任何 WTO 裁决机构执行，除非 WTO 的规定另有明确规定。

应该说，韩国—采购案专家组关于习惯国际法在 WTO 各成员方之间的经济关系中的"适用"这一观点，是值得商榷的。在 WTO 争端解决实践中，专家组和上诉机构经常提到被编纂在维也纳公约中的一些习惯国际法规则，③ 这些习惯国际法规则更多地涉及条约的形成和适用，可为 WTO 法的运作或执行提供解释性指导，这是因为 WTO 法是在国际公法的大背景中创制的，WTO 法不

---

① EC – Measures Concerning Meat and Meat Products (Hormones), WT/DS26/AB/R, WT/DS48/AB/R, para. 79.

② EC – Measures Concerning Meat and Meat Products (Hormones), WT/DS26/AB/R, WT/DS48/AB/R, para. 81.

③ 比如，关于条约不溯及既往的第 28 条、关于先后所订条约的第 30 条、关于条约修改的第 41 条、关于错误（error）的第 48 条、关于因缔结后订条约而终止或停止施行的第 59 条、因违约而终止的第 60 条，以及关于条约终止后果的第 70 条。

可能脱离一般国际法，成为一个自给自足的法律制度，其运作始终离不开国际公法的支持。但是，如前所述，适用于各国行为的法律与 WTO 争端解决中可适用的法律不同，适用于 WTO 各成员方之间经济关系的法律与 WTO 争端解决中可适用的法律也是有区别的。也就是说，适用于 WTO 各成员方之间经济关系的法律并不能当然构成 WTO 争端解决中可适用法律的一部分。其实，这些习惯国际法规则在 WTO 争端解决中起到的是一种作为解释 WTO 协定的补充资料的作用，它们对争端各方在 WTO 涵盖协定下的实体的权利和义务并没有实质上的影响，更不可能产生实质上的影响。韩国—采购案专家组后面这句话："国际法的习惯规则适用于 WTO 条约和 WTO 下条约的形成过程"，更是道出了习惯国际法在 WTO 条约中实际上所起的上述作用。这种作用与适用 WTO 涵盖协定的有关规定，以解决有关实体权利和义务争端的情形不可混为一谈、相提并论。相比之下，在欧共体—家禽案中上诉机构采用的方法无疑更具有说服力，且符合 DSU 的有关规定。在该案中，虽然《油籽协定》与该案有关，但由于它不是 WTO 涵盖协定的一部分，不能作为法律适用，因而只能作为澄清 WTO 义务的有用工具。

那种认为在 WTO 争端解决中，可以适用 WTO 体制之外的实体的非 WTO 国际法规则，作为裁决的法律根据的主张，不仅难以与 DSU 规定的 WTO 裁决机构的职权相符，而且也难以与上诉机构在欧共体—荷尔蒙案中，不确定预防原则是否是习惯国际法一部分的裁决相一致。因为如果专家组和上诉机构的义务是要适用所有的国际法，这一义务当然包括确定一项被主张的国际法规则存在与否的要求。在欧共体—家禽案中，上诉机构断然拒绝适用双边的《油籽协定》，因为它不是一项涵盖协定，进一步证实了这一点。①

---

① Joel P. Trachtman, Book Review of Conflict of Norms in Public International Law: How WTO Law Relates to other Rules of International Law by Joost Pauwelyn, *American Journal of International Law*, Vol. 98, No. 4, 2004, p. 858.

四　小结

在 WTO 争端解决中，直接适用非 WTO 规则缺乏充分的法理依据。具体而言，国内合同法中不完整合同的分析理论无法为直接适用非 WTO 国际法规则提供理论支撑；适用于各国行为的法律不等同于 WTO 争端解决中可适用的法律；没有明确排除适用非 WTO 规则并不意味着必须默示接受其为 WTO 争端解决中可适用的法律；直接适用非 WTO 规则还可能违背 WTO 成员方的意图，并给多边贸易体制增加负担。而且，DSU 的有关条款，比如第 7 条和第 11 条也排除了直接适用非 WTO 国际法的可能性。DSU 第 7 条规定了专家组的职权范围，同时也限定了专家组行使职权时必须适用的实体法——"涵盖协定的有关规定"，那种认为 WTO 争端解决中可以适用非 WTO 规则的主张难以与 DSU 规定的 WTO 裁决机构的职权相符；而 DSU 第 11 条仅提到客观评估"有关涵盖协定的适用性"以及"与有关涵盖协定的一致性"，也没有提到评估非 WTO 规则的"适用性"和"一致性"。此外，不宜对韩国—采购案专家组的观点做过多的解读，适用于 WTO 各成员方之间经济关系的法律并不当然构成 WTO 争端解决中可适用法律的一部分。无论如何，非 WTO 国际法只可以作为解释 WTO 涵盖协定的有用工具，其本身不能被任何 WTO 裁决机构执行，除非 WTO 另有明确规定。

第二节　彼此间修改 WTO 协定无法为引入非 WTO 法提供依据

所谓若干成员方彼此间修改 WTO 协定，是指两个或两个以上 WTO 成员方（而不是在所有 WTO 成员方之间）缔结一个彼此间的协定以修改它们之间的涵盖协定的某些规定的情况。某些 WTO 成员方，通过在它们彼此之间修改某些 WTO 的规定，处理 WTO

法的规则或使WTO法的规则"私有化（privatize）"。① 比如，若干
WTO 成员方彼此间签订的，与根据 WTO 协定要求的自由贸易相反
的某些限制贸易措施的协定。在该彼此间协定中，这些 WTO 成员
方之间相互约定，对于那些它们都认为是合理的贸易限制措施，②
不援引 GATT1994 第 3 条和第 11 条。③ 与修正相反，④ 对于是否允
许这种若干 WTO 成员方彼此间的修改（inter se modifications），
《WTO 协定》并没有作出明确规定。有些学者（比如鲍威林）就
认为《WTO 协定》并没有明确排除关于条约修改的一般国际法规
则。WTO 的成员方可以在大多数情况下，"依赖"于这些一般国际
法规则，在彼此间的关系中修改 WTO 涵盖协定的规定。这就引发
了究竟能否在若干 WTO 成员方彼此间修改 WTO 法的激烈争议。

一 关于彼此间修改多边条约的一般国际法规则

一般国际法中关于多边条约的若干当事国彼此间修改条约的规
则，主要被编纂在维也纳公约第 41 条中，并且这些规则一般已被
认为具有习惯国际法规则的地位。维也纳公约第 41（1）条规定：
"多边条约两个以上当事国得于下列情形下缔结协定仅在彼此间修
改条约：（a）条约内规定有作此种修改之可能者；或（b）有关之
修改非为条约所禁止，且：（一）不影响其他当事国享有条约上之
权利或履行其义务者；（二）不关涉任何如予损抑即与有效实现整
个条约之目的及宗旨不合之规定者。

---

① Sungjoon Cho, Book Review of Conflict of Norms in Public International Law: How WTO Law Relates to other Rules of International Law by Joost Pauwelyn, *World Trade Review*, Vol. 5, Issue 2, 2006, p. 300.
② 即使原则上它们违反 GATT 规则，例如，GATT 第 20 条。
③ 比如，鲍威林认为，事实上，在 WTO 条约中没有任何阻止有限数量的 WTO 成员方缔结彼此间协定的规定，例如，关于它们都认为是合理的某些贸易限制，不援引 GATT1994 第 3 条或第 11 条。See Joost Pauwelyn, The Role of Public International Law in the WTO: How Far Can We Go?, *American Journal of International Law*, Vol. 95, No. 3, 2001, p. 548。
④ 参见《WTO 协定》第 10 条。

按照维也纳公约第41条的上述规定，多边协定的彼此间修改，必须符合以下三个条件：（1）多边条约对此种修改不加禁止，（2）不影响其他当事国享有的条约权利或履行条约义务，以及（3）不损害整个条约的目的及宗旨的有效实现。因此，考虑到多边条约如 WTO 协定的特殊情况，两个或两个以上的 WTO 成员方，而不是在所有 WTO 成员方之间，能否达成仅在彼此间修改 WTO 法的协定，一方面取决于这种彼此间修改是否为《WTO 协定》所禁止；另一方面取决于这种修改是否影响其他 WTO 成员方享有的权利或履行的义务，以及是否损害整个《WTO 协定》的目的和宗旨的有效实现。

有学者认为，这个问题的关键在于，WTO 协定是否已经排除了这些习惯国际法规则的适用。[1] 也有学者认为，WTO 条约是一种正常的国际协定。因此，必须根据一般国际法规则加以评估。这尤其意味着，按照已确立的一般国际法原则，特别是维也纳公约第41条中规定的条约不损害第三方利益原则，彼此间修改 WTO 条约是允许的，除非有证据表明，WTO 成员方已明示或暗示地排除这些规则。[2] 由于没有其他相关的迹象，这种排除一般国际法规则，从 WTO 协定本身一定是可识别的。因为这种排除构成了规则的例外，这种例外的主张者应承担举证责任，提出充分的理由支持其观点。否则，有一种对标准规则的强烈的推定，这意味着根据产生自一般国际法原则的条件，可以对 WTO 法进行修改。[3]

---

[1] Joel P. Trachtman, Book Review of Conflict of Norms in Public International Law: How WTO Law Relates to other Rules of International Law by Joost Pauwelyn, *American Journal of International Law*, Vol. 98, No. 4, 2004, p. 859.

[2] Erich Vranes, Comments on Joost Pauwelyn's Paper: "How to Win a WTO Dispute Based on Non-WTO Law?", in Griller Stefan (ed.), *At the Crossroads: The World Trading System and the Doha Round*, Vienna: Springer, 2008, p. 92.

[3] Erich Vranes, Comments on Joost Pauwelyn's Paper: "How to Win a WTO Dispute Based on Non-WTO Law?", in Griller Stefan (ed.), *At the Crossroads: The World Trading System and the Doha Round*, Vienna: Springer, 2008, p. 93.

还有学者认为,应该区别修正 WTO 条约与修改和接受对其彼此间修改的不同。《WTO 协定》规定修正 WTO 条约的严格条件被错误地援引来作为允许彼此间修改条约的障碍。① 由于这种彼此间修改是"(WTO)条约不禁止的",只有维也纳公约第 41(1)条的两个条件适用:(1)彼此间协定可能不会"影响并未加入该彼此间协定的其他 WTO 成员方享有 WTO 条约下它们的权利或履行它们的义务";(2)该协定也不关涉任何如予损抑即与有效实现整个 WTO 条约的目的及宗旨不合的一项 WTO 规定。② 只要符合上述两个条件,就可以"合法地"彼此间修改 WTO 法了。那么《WTO 协定》是否已经排除了上述这些一般国际法规则的适用呢?

二 彼此间修改 WTO 协定可能影响其他 WTO 成员方的权利和义务

根据一般国际法,若干 WTO 成员方彼此间修改 WTO 条约,只有在不影响其他 WTO 成员方(第三方)享有的权利或履行义务的情况下,这种修改才是可能的,就像维也纳公约第 41(1)(b)(i)条规定的那样。按照 GATT/WTO 关于最惠国待遇的基本原则,可以设想许多情况,其中,两个 WTO 成员方之间缔结的一项双边条约中规定的具体权利或义务,可能有效地减少尚未加入这一双边条约的其他 WTO 成员方的权利或义务。在 WTO 背景下,情况更复杂,因为,如前所述,《WTO 协定》规定了修正的具体规则,但对彼此间的修改却没有作出明确规定。③

有学者认为,通过这些彼此间修改,使非 WTO 的权利和义务

---

① Joost Pauwelyn, The Role of Public International Law in the WTO: How Far Can We Go?, *American Journal of International Law*, Vol. 95, No. 3, 2001, p. 577.

② Joost Pauwelyn, The Role of Public International Law in the WTO: How Far Can We Go?, *American Journal of International Law*, Vol. 95, No. 3, 2001, p. 548.

③ Gabrielle Marceau, Conflicts of Norms and Conflicts of Jurisdictions, The Relationship between the WTO Agreement and MEAs and other Treaties, *Journal of World Trade*, Vol. 35, No. 6, 2001, p. 1104.

渗透进 WTO 制度是一个合乎逻辑的步骤，以拒绝"自给自足的"制度。虽然在若干 WTO 成员方彼此间减损 WTO 规则、限制自由贸易，将可能影响与某些第三方的贸易流动，但这些第三方的 WTO 权利和义务一定而且通常将仍然不受该彼此间协定的影响。否则，该协定将不仅违反维也纳公约第 41 (1) (b) 条中的第一个条件，而且违反条约对第三方无损益（pacta tertiis nec nocent nec prosunt）的原则。① 这种替代的规定并没有修改 WTO 条约，因为 WTO 专家组或上诉机构的裁决或建议只约束争端各方。② WTO 的规定只是在争端各方之间，在其与替代的条约规定冲突的范围内被"暂停"，并不影响其他成员方的权利。因此，两个 WTO 成员方可以修改它们双边的 WTO 权利和义务，而不影响其他 WTO 成员方的权利和义务。比如，两个 WTO 成员方可以要求人权作为贸易的一个条件仅在它们之间得到尊重。而其他 WTO 成员方并不受这种人权条件的约束，不能声称，它们的市场准入权利由于这个双边条件的存在而减少，因此，可能不会启动任何 WTO 争端程序。也就是说，两个 WTO 成员可以"增加或减少"各自的 WTO 权利和义务，如果它们不影响作为第三方的其他 WTO 成员方的贸易机会。

与鲍威林的立场相反，另有其他学者，比如玛索等，对 WTO 成员方修改 WTO 法的能力采取了相当严格的立场。在其看来，符合维也纳公约第 41 条的彼此间修改可能是不容许的，因为对所有 WTO 成员方来说，WTO 义务总是相同的。WTO 权利和义务的这种双边修改事实上不可能不影响到作为第三方的其他 WTO 成员方的权利。③ 玛索的观点也获得赵成俊（Sungjoon Cho）的支持，其

---

① Joost Pauwelyn, The Role of Public International Law in the WTO: How Far Can We Go?, *American Journal of International Law*, Vol. 95, No. 3, 2001, p. 549.

② See Japan – Taxes on Alcoholic Beverages, WT/DS8/AB/R, WT/DS10/AB/R, WT/DS11/AB/R, p. 13.

③ Gabrielle Marceau, Conflicts of Norms and Conflicts of Jurisdictions, The Relationship between the WTO Agreement and MEAs and other Treaties, *Journal of World Trade*, Vol. 35, No. 6, 2001, p. 1105.

认为，鲍威林开出的彼此间修改 WTO 法的条件看起来似乎公平和合理，但实际上它们几乎是不可能得到满足的。这些修改依其定义是"偏离"WTO 义务的，如 GATT 第 3 条（国民待遇）和第 11 条（禁止贸易限制），因此是"明确禁止"的，除非它们是合理的。如果这些修改是被 GATT 第 20 条豁免的，它们既不是偏离的，也不是明确禁止的，因此根本没有任何冲突需要解决。WTO 是一个开放的制度并不一定意味着应通过这种修改的机制，使非 WTO 规则优先于 WTO 规则。"依赖"于解释性参考非 WTO 规则，也有助于 WTO 制度的开放性，而不必依赖于这种彼此间修改。[1]

而且，在高度相互依存的世界里，任何彼此间修改 WTO 协定，都可能这样或那样地影响到第三方。[2]《WTO 协定》重申其目的不仅包括双边经贸关系，还包括提高全球生活水平、就业和需求。如果各国以与这一目的不相符的方式，彼此间同意相互违反 WTO 法，将会对第三方享有的权利产生不利影响。经济分析也表明，一个国家的进口限制可能对第三国产生重要的贸易影响。这类性质的争端的一个例子是，GATT 时期的半导体案。[3] 此外，DSU 第 3.5 条要求，据此提出的事项的任何解决方法，即使协商一致，

---

[1] Sungjoon Cho, Book Review of Conflict of Norms in Public International Law: How WTO Law Relates to other Rules of International Law by Joost Pauwelyn, *World Trade Review*, Vol. 5, Issue 2, 2006, p. 302.

[2] 假设美国和墨西哥签署了一项双边协定，通过进口禁令处罚低廉的劳工标准。如果这一双边协定是一项彼此间的修改，并且这些玩具被认为是在罢工权利没有得到充分保护的条件下制造的，美国可以停止进口墨西哥玩具。然而，如果这些玩具实际上是在韩国投资者建造的墨西哥工厂生产的呢？这种修改将不会影响到其他 WTO 成员方像韩国的权利吗？我们必须看到，全球化是 WTO 权利和义务的"集体的"性质的一个证明。See Sungjoon Cho, Book Review of Conflict of Norms in Public International Law: How WTO Law Relates to other Rules of International Law by Joost Pauwelyn, *World Trade Review*, Vol. 5, Issue 2, 2006, p. 302。

[3] 在该案中，欧共体投诉美国和日本达成的"自愿约束协定"。See Japan – Trade in Semi-Conductors, L/6309, adopted 4 May 1988, BISD 35S/116, p. 116。

也必须符合涵盖协定。上诉机构对欧共体—香蕉案的裁决承认，在其他国家违反它们的义务时，会涉及范围广泛的国家利益。DSU第 3.8 条也同样表达了表面丧失或损害的广泛范围，而不需要申诉方证明违反所造成的损害。①

三　彼此间修改 WTO 协定损害《WTO 协定》目的和宗旨的有效实现

鲍威林认为，很难准确预测哪些 WTO 权利是如此重要，以至彼此间"它们的让位"（不影响第三方的权利）将威胁整个 WTO条约的目的和宗旨的有效实现（如果有任何这种权利存在的话）。②事实上，由于大多数 WTO 权利和义务在理论上可以减少为两个WTO 成员方之间相互的权利和义务，③（WTO 义务，虽然形式上是多边的，但性质上是"互惠的"，而不是"整体的"或者是所有成员方必须承担的普遍义务。）因此，这些义务性质上是双边的。相反，大多数人权和环境义务，是"整体的"，即任何国家所遵守的义务是其对整个社会所负的，而不是对任何一个国家所负的。"互惠的"义务可以双边修改；不必经有关多边协定其他当事国的同意。整体的义务则无法双边修改。因此，随后的人权或环境条约，

---

① Joel P. Trachtman, Book Review of Conflict of Norms in Public International Law: How WTO Law Relates to other Rules of International Law by Joost Pauwelyn, *American Journal of International Law*, Vol. 98, No. 4, 2004, p. 860.

② 按照《WTO 协定》序言的规定，"整个 WTO 条约的目的和宗旨"是："在贸易和经济领域的关系中，以提高生活水平、保证充分就业、保证实际收入和有效需求的大幅稳定增长以及扩大货物和服务的生产和贸易为目的"，"依照可持续发展的目标，考虑对世界资源的最佳利用，寻求既保护和维护环境，又以与它们各自在不同经济发展水平的需要和关注相一致的方式，加强为此采取的措施"，"需要作出积极努力，以保证发展中国家、特别是其中的最不发达国家，在国际贸易增长中获得与其经济发展需要相当的份额"，"通过达成互惠互利安排，实质性削减关税和其他贸易壁垒，消除国际贸易关系中的歧视待遇"。

③ Joost Pauwelyn, The Role of Public International Law in the WTO: How Far Can We Go?, *American Journal of International Law*, Vol. 95, No. 3, 2001, p. 549.

以及其他"整体的"法律，可以修改 WTO 法，且 WTO 法不修改先前的人权条约或环境条约。① 很难看到 WTO 条约本身并未禁止的彼此间修改，却如何可以损害"整个 WTO 条约的目的和宗旨的有效实现"。②

上述观点是站不住脚的。关于 WTO 义务互惠性或整体性的区分更是毫无说服力可言。在笔者看来，WTO 义务的性质，既是互惠（互利）的，更是整体的③——每个 WTO 成员方遵守 WTO 条约，善意履行其在 WTO 下的义务，整个 WTO 条约的目的和宗旨才能得到有效的实现。如果任凭若干 WTO 成员方通过彼此间修改，违背 WTO 规则、限制自由贸易，这些彼此间的修改日积月累，将不断蚕食多边贸易体制的谈判成果，长此以往，其结果必然是 WTO 千疮百孔、支离破碎，WTO 自由贸易法制的统一势必荡然无存，想必过去 GATT 法纪废弛的局面大家还记忆犹新。在这种情况下，整个 WTO 条约的目的和宗旨如何得到有效实现呢？这也是 WTO 协定明确禁止使用灰色区域措施，成员方不得寻求、采取或保留任何自愿出口限制、有序销售安排，及其他任何在出口方面或进口方面的类似措施的原因所在。

鲍威林根据两个条件，即（1）"WTO 条约没有明确禁止"，以及（2）"不影响其他 WTO 成员方的权利"，"放纵"这些彼此间修改 WTO 法，然后又提倡通过一般国际法的冲突规则，比如后法规则或特别法规则作为解决 WTO 规则与非 WTO 规则之间的冲突的一个"切实可行的"方法。不知道他是想"制造混乱"还是"维护秩序"，这看起来好像就是"制造混乱多于维

---

① David Palmeter & Petros C. Mavroidis, *Dispute Settlement in the World Trade Organization: Practice and Procedure*, Cambridge: Cambridge University Press, 2004, pp. 306 – 307.

② Joost Pauwelyn, The Role of Public International Law in the WTO: How Far Can We Go?, *American Journal of International Law*, Vol. 95, No. 3, 2001, p. 549.

③ 关于 WTO 义务的性质，本章第三节有专门的分析。

护秩序"。根本就是制造问题多于解决问题，早知如此，又何必当初？

　　显然，无论如何，彼此间修改 WTO 协定就是对 WTO 协定的一种背离，而背离 WTO 协定本身就是一种违反条约义务的行为，损害整个《WTO 协定》的目的和宗旨的有效实现，除非 WTO 成员方按照《WTO 协定》规定的修改程序对 WTO 协定作出修改，以容许这种背离。鲍威林认为，彼此间修改 WTO 协定是解决 WTO 规则与非 WTO 规则之间冲突的一个代表性形式，从而实现国际公法的统一的构想。① 但是这种构想实际上无异于缘木求鱼、刻舟求剑。只会造成国际公法的"统一大业"尚未完成，就已经"后院起火"了——不断发生的"彼此间修改"可能造成 WTO 法本身"四分五裂"。他提出的 WTO 义务互惠性或整体性的区分，以及认为"很难看到 WTO 条约本身不禁止的彼此间修改，却如何可以损害'整个 WTO 条约的目的和宗旨的有效实现'"，更是给人以一种"只见树木，不见森林"的感觉。

四　彼此间修改 WTO 协定与 DSU 的有关规定相抵触

　　DSU 第 3.2 条和第 19.2 条规定 DSB（的建议和裁决）、专家组和上诉机构（在其调查结果和建议中）"不能增加或减少涵盖协定所规定的权利和义务"。弗拉内什认为，这项规定可以有两种解释。

　　第一，这些规定通常被解读为对解释作出了限制。很难从上述"不能增加或减少"的条款推断出：在行使其职权时，专家组不得考虑 WTO 成员方本身按照国际法合法地提出的修改 WTO 法。换言之，难以证明，WTO 裁决机构的职权已受到 DSU 第 3.2 条和第

---

① Sungjoon Cho, Book Review of Conflict of Norms in Public International Law: How WTO Law Relates to other Rules of International Law by Joost Pauwelyn, *World Trade Review*, Vol. 5, Issue 2, 2006, p. 300.

19.2 的限制。第二种可能的解读是，第三句不仅可以在第 3.2 条的第二句第二部分的上下文（"依照解释国际公法的惯例澄清这些协定的现有规定"）中解读，而且可以在第 3.2 条第二句第一部分的上下文（"各成员认识到该体制适于保护各成员方在涵盖协定项下的权利和义务"）中解读。第一种解释存在的问题是，WTO 裁决机构的管辖权是不是有限的。第二种解释存在的问题是，从"不能增加或减少"条款的上下文是否可得出 WTO 成员方限制了它们自己修改 WTO 法的权限，因此，WTO 裁决机构不得考虑与 WTO 法冲突的彼此间修改。①

弗拉内什还认为应拒绝第二种解释：它意味着 WTO 法将免于条约修改的正常的国际法规则的规范，从而使它成为一种"优越的法"。此外，在某些情况下，与其他国际法的"关键链接"，将会是 GATT 第 20 条类型的条款。这意味着，非经济政策可能在某些情况下，只有通过尽可能最少限制贸易的手段实施。与此相反，必须强调，不只是根据已确立的国际法原则，特别是条约不损害第三国利益、特别法和后法原则，WTO 的成员方被允许修改 WTO 法，在 DSU 的这些技术性规定中，也没有迹象表明，WTO 的成员方意图限制它们彼此间修改的权限。②

上述观点是值得商榷的。DSU 第 3.2 条和第 19.2 条的立法意图应该是要求 DSB、专家组和上诉机构在解释和适用 WTO 涵盖协定的有关规定时，不得增加或减少涵盖协定所规定的权利和义务。允许若干 WTO 成员方彼此间修改 WTO 法，将导致把非 WTO 的权利和义务带入 WTO，从而改变 WTO 涵盖协定规定的权利和义务。

---

① Erich Vranes, Comments on Joost Pauwelyn's Paper: "How to Win a WTO Dispute Based on Non-WTO Law?", in Griller Stefan (ed.), *At the Crossroads: The World Trading System and the Doha Round*, Vienna: Springer, 2008, pp. 94 - 95.

② Erich Vranes, Comments on Joost Pauwelyn's Paper: "How to Win a WTO Dispute Based on Non-WTO Law?", in Griller Stefan (ed.), *At the Crossroads: The World Trading System and the Doha Round*, Vienna: Springer, 2008, p. 95.

如前所述，DSU 第 3.2 条和第 19.2 条的目的是构筑一堵限制 WTO 裁决机构司法能动的"防火墙"，由于 DSU 的其他规定，如第 7.1 条、第 7.2 条、第 11 条和第 19.1 条明确地完全排除了非 WTO 国际法在 WTO 争端解决中的直接适用，① 显然，若干 WTO 成员方彼此间修改 WTO 法是不被允许的。

　　而且，所谓"允许 WTO 法免于条约修改的正常的国际法规则的规范，将使它成为一种优越的法"，这种说法牵强附会。此论调与鲍威林主张的"在 WTO 只可以适用 WTO 规则，将不利于国际法的统一以及条约必须遵守原则"② 的说法差不多，并不合乎逻辑。因为，首先，允许若干 WTO 成员方彼此间修改 WTO 协定，并且这种彼此间协定的规定优于 WTO 规则，要求 WTO 专家组或上诉机构适用非 WTO 的彼此间协定，这种违反 WTO 多边条约义务的行为，似乎更不利于条约必须遵守原则；其次，按照鲍威林的说法，WTO 成员方拥有"契约自由"。③ 据此，也可以认为，只要不违反强行法，这种"契约自由"足以使得 WTO 成员方完全有权排除实体的非 WTO 国际法规则在 WTO 争端解决中的直接适用，使 WTO 法成为一种"优越的法"，这没有什么不可以的。最后，如果允许这种彼此间修改 WTO 协定，则 WTO 裁决机构必将"疲于奔命"审查这些彼此间协定，从而增加 WTO 裁决机构的工作负担和运转效率。

　　事实上，WTO 的成员方并没有打算允许非 WTO 国际法规则（包括若干成员方缔结的"彼此间协定"）作为违反 WTO 义务潜在

---

① 有关论述，详见本章第一节和第四节。

② Joost Pauwelyn, *Conflict of Norms in Public International Law: How WTO Law Relates to other Rules of International Law*, Cambridge: Cambridge University Press, 2003, p. 461; see also Joost Pauwelyn, Bridging Fragmentation and Unity: International Law as a Universe of Inter-Connected Islands, *Michigan Journal of International Law*, Vol. 25, No. 4, 2004, pp. 904 – 905.

③ See Joost Pauwelyn, The Role of Public International Law in the WTO: How Far Can We Go?, *American Journal of International Law*, Vol. 95, No. 3, 2001, p. 545.

的抗辩理由。大多数其他国际法，包括其他条约和习惯国际法，并没有进入 WTO 争端解决可适用法律的范围。这些非 WTO 义务比 WTO 义务本身还要更加宽泛，且往往更加不准确。欧共体——荷尔蒙案中讨论的预防原则就是一个很好的例子，这个不确切的、有争议的原则常常被认为是一项习惯国际法规则，但是，这种主张被上诉机构驳回了。WTO 各成员方建立 WTO 旨在寻求构筑贸易义务的多边平衡，如果正式的争端解决可以适用若干成员缔结的修改 WTO 法的彼此间协定，这些非 WTO 的国际权利和义务势必危及这种精心构筑的多边平衡。因此，若干成员方彼此间修改 WTO 协定不具有可行性。

五　小结

若干 WTO 成员方能否达成仅在彼此间修改 WTO 法的协定，一方面取决于这种彼此间修改是否为《WTO 协定》所禁止；另一方面取决于这种修改是否影响其他 WTO 成员方享有的权利或履行的义务，以及是否损害整个《WTO 协定》的目的和宗旨的有效实现。彼此间修改 WTO 协定的条件看起来似乎公平和合理，但是，实际上它们几乎是不可能得到满足的。事实上，彼此间修改 WTO 协定不可能不影响到作为第三方的其他 WTO 成员方的权利，这些修改依其定义是"偏离"WTO 义务（如 GATT1994 第 3 条和第 11 条）的，因此是不容许的，除非这些修改是被 GATT1994 第 20 条豁免的。WTO 是一个开放的制度并不一定意味着一定要通过这种修改的机制，使非 WTO 协定优先于 WTO 协定。彼此间修改 WTO 协定也与 DSU 第 7.1 条、第 11 条和第 19.1 条的规定相抵触。按照 DSU 的上述规定，在 WTO 争端解决中，WTO 体制以外的非 WTO 协定，包括修改 WTO 法的"彼此间协定"，被排除在 WTO 专家组或上诉机构可适用法律的范围之外。WTO 法"自然地"成为一种"优越的法"。总之，若干成员方彼此间修改 WTO 协定不具有可行性。

第三节　WTO 义务性质的分类并不构成
适用非 WTO 法的理由

鲍威林把 WTO 义务区分为互惠性或整体性，认为大多数 WTO 义务都是互惠的，WTO 义务是由许多双边和互惠的义务堆积起来的总和。他还根据这种互惠性或整体性的区分，得出结论认为两个或两个以上的 WTO 成员方可以彼此间修改 WTO 法。那么，WTO 的义务究竟是属于什么性质，是互惠的还是整体的？对 WTO 义务性质的分类是否构成直接适用非 WTO 国际法的理由？

一　国际公法关于条约义务性质的分类及其影响

国际公法中条约义务性质的分类一般认为是 20 世纪 50 年代杰拉尔德·菲茨莫里斯（Gerald Fitzmaurice）提出来的。菲茨莫里斯根据违反条约产生的结果，把条约分为双边的或多边的，并进一步把多边条约的义务区分为三类：（1）互惠（reciprocal）性质的义务；（2）相互依存（interdependent）性质的义务；（3）整体（integral）性质的义务。①

双边条约只涉及义务的简单交换，任何一方均可以中止或终止，后来与其不一致的条约是有效的。这种情况同样适用于互惠型的多边条约的情形。相比之下，相互依存型的多边条约涉及缔约国之间利益的相互交换，任何一方为各自的权利和义务可以中止或终止。② 其后与之不一致的条约是无效的。

互惠的条约中规定的义务，可以概括为一个双边的国与国的关系。《维也纳外交关系公约》被认为是一个"互惠的"条约的例

---

① Gerald Fitzmaurice, *Yearbook of the International Law Commission* (1958, II), UN Doc. A/CN. 4/SER. A/1958/Add. 1, pp. 27 – 28, 41 – 45.

② Gerald Fitzmaurice, *Yearbook of the International Law Commission* (1958, II), UN Doc. A/CN. 4/115, p. 27.

子。在"相互依存的"这类条约中,义务并非纯粹双边的,而一方的义务的履行取决于所有其他各方。每当一方违反其义务,它一定违反了对所有其他当事方的义务,并且进一步履行义务将没有多大意义。一个"相互依存的"条约的例子是裁军条约。有关"整体的"条约义务的约束性质是独立存在的、固有的和绝对的。这种条约不能概括为国家对国家的义务,也不取决于其他当事方的履行。这类条约不能中止或终止。① 其后与之不一致的条约也是无效的。1948 年《种族灭绝公约》可作为一个"整体的"条约的例子。

上述分类虽然没有被 1969 年维也纳公约采用,但在公约的某些条款中可以找到其踪迹。根据维也纳公约,条约义务性质的分类产生了许多重要影响。修改"相互依存的",特别是"整体的"条约的彼此间协定最有可能影响第三方的权利,并且不符合"整个条约的目的和宗旨的有效实现"。② 相反,修改"互惠的"协定的彼此间协定,则不容易产生这样的效果。这些"相互依存的"或"整体的"条约的彼此间修改可能难以通过维也纳公约第 41 条的测试。③ 因此,如果把 WTO 条约义务归类为双边性质,将导致对国家有权质疑违反义务的资格限制,限制国家报复的权利。另外,如果把 WTO 条约义务归类为整体的或集体的性质,将导致一些相反的结果。④

二 关于 WTO 义务性质互惠—整体区分的观点

关于 WTO 义务的性质,鲍威林提出了一个独特的观点。他主

---

① Gerald Fitzmaurice, Yearbook of the International Law Commission (1958, II), UN Doc. A/CN. 4/115, p. 28.
② 维也纳公约第 41 (1) (b) (ii) 条的规定实际上来自《种族灭绝公约》的保留。
③ Joost Pauwelyn, The Role of Public International Law in the WTO: How Far Can We Go?, *American Journal of International Law*, Vol. 95, No. 3, 2001, p. 549.
④ Chios Carmody, WTO Obligations as Collective, *European Journal of International Law*, Vol. 17, No. 2, 2006, p. 420.

要是以 WTO 义务 "双边的或互惠的" 性质为基础，至少对他来说，该性质起源于国际贸易（双边事件）的重要方面，以及它的目标（双边市场准入），在多边条约中，这种情况是可以预期的。WTO 规则来源于一项多边条约的事实不足以使 WTO 义务成为整体的义务。① 他还依据这种互惠性或整体性的分类得出 WTO 若干成员方彼此间可修改 WTO 法的结论。

　　具体而言，鲍威林认为，大多数的 WTO 义务是双边的、互惠的，而不是整体的。他的主要论点是，WTO 义务的目的是贸易，而贸易是在每两个国家之间产生预期效果的，是一个双边的事件。② 因而是可辨认的、可分开的、可确定的。鲍威林的理由是，贸易减让是通过传统上的双边途径谈判进行的，他强调 WTO 多数争端解决的双边形式，并指出，某些 WTO 规则与维也纳公约关于双边义务的规定 "明显一致"。

　　鲍威林的结论是，WTO 义务是双边义务，尽管他认为一些 WTO 义务，特别是那些管理型的义务具有某些集体（collective）性质。③ 作为一个法律制度，WTO 法是有别于国际公法的其他分支的，如人权条约和国际环境协定，这些其他分支的权利和义务是 "整体的"，因为它们追求 "集体的" 或 "普遍的（universal）" 价值或 "全球共有物（global commons）"。④ 鲍威林认为，不像禁止

---

①　Joost Pauwelyn, *Conflict of Norms in Public International Law : How WTO Law Relates to other Rules of International Law*, Cambridge：Cambridge University Press, 2003, p. 68.

②　Joost Pauwelyn, *Conflict of Norms in Public International Law : How WTO Law Relates to other Rules of International Law*, Cambridge：Cambridge University Press, 2003, p. 71.

③　Joost Pauwelyn, A Typology of Multilateral Treaty Obligation：Are WTO Obligations Bilateral or Collective in Nature?, *European Journal of International Law*, Vol. 14, No. 5, 2003, p. 950.

④　Joost Pauwelyn, *Conflict of Norms in Public International Law : How WTO Law Relates to other Rules of International Law*, Cambridge：Cambridge University Press, 2003, pp. 71, 72 – 73.

种族灭绝、人权保护或环境保护，贸易和贸易自由化不是一个价值。① 违反 WTO 的贸易规则可能会影响到许多成员的权利，但它并不等同于违反所有成员方的集体权利或良知，而违反人权则不然。② 因此，不论其他多边伙伴的意见如何，若干成员方相互之间修改 WTO 条约应该被接受，只要不影响第三方的权利和义务。③ 而"整体的"义务则不得修改。

三　WTO 义务既具有互惠性又具有整体性

不过，鲍威林立场的基本前提是难以接受的。他的基本前提是，相对于国际公法的其他分支，如人权条约和国际环境协定，它们追求普遍的目标，享有权利和义务的"整体的"性质；而 WTO 法则处于相对低级的法律地位。这样的前提设定，自然就容易产生他所设想的国际公法各分支之间的冲突了。这些高级的规范也就可经常渗入低级的 WTO 法，为违反 WTO 法辩解了。④

其实，从防止战争、保护和促进人权的角度看，贸易自由化本身可以要求自己的价值。关贸总协定产生的成因就是由于第二次世界大战加速了两次世界大战之间出现的悲惨的"经济巴尔干化"。同样，"综合的、更可行的、持久的"多边贸易体制本身就是一个"全球共有物"。全球性的"个人福利增加的累积"本身，也足以

①　Joost Pauwelyn, *Conflict of Norms in Public International Law: How WTO Law Relates to other Rules of International Law*, Cambridge: Cambridge University Press, 2003, p. 73.

②　Joost Pauwelyn, *Conflict of Norms in Public International Law: How WTO Law Relates to other Rules of International Law*, Cambridge: Cambridge University Press, 2003, p. 72.

③　Joost Pauwelyn, *Conflict of Norms in Public International Law: How WTO Law Relates to other Rules of International Law*, Cambridge: Cambridge University Press, 2003, p. 74.

④　Sungjoon Cho, Book Review of Conflict of Norms in Public International Law: How WTO Law Relates to other Rules of International Law by Joost Pauwelyn, *World Trade Review*, Vol. 5, Issue 2, 2006, p. 300.

赋予WTO规范集体的、普遍的性质。① 在欧共体—香蕉案中，上诉机构裁定美国可以根据 GATT 提起申诉，即使它并没有生产香蕉，也没有出口香蕉。而且，上诉机构同意该案专家组的下述观点："由于全球经济日益相互依赖……各成员方在执行 WTO 规则时具有比以往更大的利害关系，因偏离经谈判所达成的权利义务平衡，现在比以往任何时候都更可能直接或间接地影响它们的利益。"②

WTO 义务本身不仅关涉贸易，更关涉政府对与贸易有关的行为的预期。这些义务是无法量化的、不可分的，因而性质上基本是统一的。它们不能被视为双边的，而是应被认为是集体性质的。③其理由是，WTO 义务是一个 WTO 成员方对所有其他 WTO 成员方负担的义务。GATT 第 1 条规定了最惠国待遇的义务。基于最惠国待遇，WTO 成员方承诺把它们与贸易有关的利益、优惠、特权或豁免的最优惠待遇立即和无条件地扩展至所有其他 WTO 成员方。根据 DSU 第 19.1 条，如果 WTO 专家组或上诉机构认定一成员方的国内措施与一涵盖协定不一致，则应建议有关成员方使该措施符合该协定。这是基于所有 WTO 成员均负有遵守 WTO 协定，使其国内措施符合 WTO 协定的相同的集体义务。④

至于人权条约或多边环境协定中徒有虚名的"整体的"义务，它们并非总是如此。事实上，并非每一个人权清单中的项目都应该获得普遍义务的光环。大多数人权条约缔约国数目有限，其清单中

---

① Sungjoon Cho, Book Review of Conflict of Norms in Public International Law: How WTO Law Relates to other Rules of International Law by Joost Pauwelyn, *World Trade Review*, Vol. 5, Issue 2, 2006, p. 301.

② See European Communities – Regime for the Importation, Sale and Distribution of Bananas, WT/DS27/AB/R, para. 136.

③ Chios Carmody, WTO Obligations as Collective, *European Journal of International Law*, Vol. 17, No. 2, 2006, p. 419.

④ 《WTO 协定》第 16.4 条规定："每一成员应保证其法律、法规和行政程序与所附各协定对其规定的义务相一致。"

的更多项目是有争议的。同样，许多人权条约还没有得到批准。即使得到批准，排除这些"整体的"义务的保留条款，也比比皆是。①

此外，将实体的非贸易的国际法纳入 WTO 法，可能违背 WTO 成员方的意图，对实现人权和环境的目标，可能适得其反。非贸易的目标并非与 WTO 法的发展毫无关系，因为 WTO 协定的谈判者可能打算以贸易自由化作为一个减少贫困和改善全球福利（尽管它可能对环境产生不利影响）的工具。② 鲍威林倡导的人权义务优先于 WTO 法，把 WTO 以外的问题纳入 WTO 领域，将减损 WTO 法，并使 WTO 成为解决所有国际问题的场所，这与 WTO 只是一个管辖世界贸易的组织所扮演的角色相去甚远。③

四 区分 WTO 义务为互惠性或整体性没有意义

除了强行法，在国际法中，包括条约与习惯之间，都没有固有的规范等级。贸易法与人权法、环境法、海洋法等不同领域之间的规范，并不存在位阶高低的问题，更不存在人权法、环境法规范优于 WTO 法的问题，除非 WTO 条约对其与外部国际法之间的关系作出明确的规定。④ 从条约的当事国必须善意履行条约规定义务的角度来说，所有条约义务都是平等的。⑤ 一个国家不能援引其在另一条约下的义务来对抗其必须履行的条约义务，否则，就必须承担国家责任。因此 WTO 各成员方不得以其必须履行 WTO 体制之外的人权条约或多边环境条约下的义务为由，违反 WTO 协定的规定。在不同条约规范之间区分条约义务的性质为互惠或整体，以决

---

① Martha Minnow, What is the Greatest Evil?, *Harvard Law Review*, Vol. 118, No. 7, 2005, pp. 2134, 2156 – 2157.

② William Thomas Worster, Competition and Comity in the Fragmentation of International Law, *Brooklyn Journal of International Law*, Vol. 34, Issue 1, 2008, pp. 126 – 127.

③ William Thomas Worster, Competition and Comity in the Fragmentation of International Law, *Brooklyn Journal of International Law*, Vol. 34, Issue 1, 2008, p. 130.

④ 比如，《联合国海洋法公约》就明确规定其与其他公约和国际协定的关系。

⑤ 除了《联合国宪章》第 103 条以外。

定哪项规范优先，实属异想天开。以 WTO 义务的互惠性或整体性的区分，作为彼此间修改 WTO 协定的依据，更是不足为凭。

笔者认为，WTO 的义务既是互惠（互利）的，更是整体的。只看到 WTO 义务互惠的一面，而忽视了其整体的一面，是典型的"只见树木，不见森林"或"一叶障目，不见泰山"的一种片面观点。《WTO 协定》序言中规定"期望通过达成互惠互利安排，实质性削减关税和其他贸易壁垒，消除国际贸易关系中的歧视待遇，从而为实现这些目标作出贡献，因此决定建立一个完整的、更可行的、持久的多边贸易体制"，似乎已经高度概括了 WTO 义务的性质。WTO 义务不是一系列双边义务的简单总和，而是一个整体。通过这种"互惠互利的安排"，建立"一个完整的、更可行的、持久的多边贸易体制"。

因此，为了彼此间修改 WTO 法的目的，把 WTO 的义务区分为互惠—整体，是徒劳的、毫无意义的。如前所述，在若干 WTO 成员方彼此间修改 WTO 法损害"整个 WTO 条约的目的和宗旨的有效实现"，是不被允许的。WTO 成员方只有善意履行 WTO 义务，"以提高生活水平、保证充分就业、保证实际收入和有效需求的大幅稳定增长以及扩大货物和服务的生产和贸易为目的"，"同时……寻求既保护和维护环境，又以与它们各自在不同经济发展水平的需要和关注相一致的方式，加强为此采取的措施"。也就是说，追求环境保护、人权保护的价值本身是值得提倡的，但是必须与各国在不同经济发展水平的需要和关注相一致的方式进行，而不是通过贬低贸易价值或把 WTO 法归入"低级的规范"，去追求其他的非贸易价值。

总之，每个 WTO 成员方都负有义务，遵守和履行 WTO 的多边义务，而不是在享受 WTO 多边贸易体制带来的好处同时，却以"WTO 义务的性质是互惠的"为理由或借口，违背 WTO 协定。即使这样做可能是为了追求人权或环境的价值，也是不被允许的，除非经过 WTO 各成员方多边谈判，并达成共识。

五　小结

WTO 义务既具有整体的性质，又具有互惠的性质。由于 WTO 义务是一个 WTO 成员方对所有其他 WTO 成员方负担的义务，它们是无法量化的、不可分的，因而性质上不能被视为双边的，其应被认为是集体性质的。只看到 WTO 互惠的一面，而忽视了其整体的一面，是典型的"只见树木，不见森林"。WTO 成员方不得以 WTO 义务属互惠性质为由，主张 WTO 若干成员方可彼此间修改 WTO 协定，也不得以其必须履行人权条约或多边环境协定下的义务为由，违反 WTO 协定的规定，人权条约或多边环境协定的义务并不优于 WTO 义务。

第四节　DSU 隐含的冲突规则排除非 WTO 规则的直接适用

《WTO 协定》对 WTO 法与其他国际法的关系很少涉及，它没有包含明确规定其与既存的其他国际法之间关系的一般冲突条款。由此产生了一些相应的问题，如果遇到 WTO 规则与其他国际法规则存在冲突的情况，能否适用国际公法中被广泛承认的冲突规则，比如后法规则和特别法规则，以解决可能的规则冲突；WTO 法，尤其是 DSU 中有没有隐含一些处理 WTO 规则与其他国际法规则之间可能的冲突的规则；如果有，哪些 DSU 条款隐含这类冲突规则，以及这些隐含的冲突规则是否排除了其他国际法在 WTO 争端解决中的直接适用，等等。

一　WTO 法中明确规定的冲突规则

冲突规则的作用在于决定哪些国际法规范（除反映强行法的规范）应优先适用。如果规则的冲突缺乏明确的规则指导，将减少法律的确定性，因为冲突不能以可预测的方式得到解决。如果一项条约的规定与另一条约的规定之间存在冲突，关于哪项规定应优先适用，维也纳公约第 30 条规定了一些指导。该条规定涉及同一事项和相同当事国的条约之间冲突的一个主要规则是，条约中专门调整与其他条约冲突的具体规定，即冲突条款必须得到尊重；① 也就说，如果 WTO 法中已经对其与其他国际法之间关系作出了明确的规定，就必须按照此类冲突规则处理。

但是，《WTO 协定》本身对其与其他国际法之间的冲突很少涉及。② 它没有明确规定它优先于先前存在的其他公约或国际协定，或者它不减损先前存在的其他公约或国际协定。③ WTO 法中明确规

---

① 参见《维也纳条约法公约》第 30（2）条。例如，《生物多样性公约》第 22 条规定如下："本公约的规定不得影响任何缔约国在任何现行国际协定下的权利和义务，除非行使这些权利和义务将严重破坏或威胁生物多样性。"《生物安全议定书》在其序言中也提及其他条约的权利："认识到贸易协定与环境协定应相辅相成，以期实现可持续发展，强调不得将本议定书解释为缔约方根据任何现行国际协定所享有的权利和所承担的义务有任何改变，认为上述陈述无意使本议定书附属于其他国际协定。"

② WTO 体制内部的不同规则之间也可能存在冲突。不过，当 WTO 各涵盖协定中的两个规则发生冲突时，WTO 条约有一系列应以何者为准的规定。例如，《WTO 协定》与任何多边贸易协定（如 GATT、GATS、《TRIPS 协定》和 DSU）之间产生抵触时，必须以《WTO 协定》为准（第 16.3 条）。在 GATT1994 与《WTO 协定》附件 1A 中的货物贸易的另一协定之间发生冲突的情况下，以另一附件 1A 的协定为准。解决 WTO 体制内部冲突的规则还有《农业协定》第 13 条和第 21 条；《TBT 协定》第 1.5 条；DSU 第 1.2 条等。

③ 与之相反，《联合国海洋法公约》第 311 条明确规定公约与其他公约和国际协定的关系：

"1. 在各缔约国间，本公约应优于一九五八年四月二十九日日内瓦海洋法公约。

2. 本公约应不改变各缔约国根据与本公约相符合的其他条约而产生的权利和义务，但以不影响其他缔约国根据本公约享有其权利或履行其义务为限。

3. 本公约两个或两个以上缔约国可订立仅在各该国相互关系上适用的、修改或暂停适用本公约的规定的协定，但须这种协定不涉及本公约中某项规定，如对该规定予以减损就与公约的目的及宗旨的有效执行不相符合，而且这种协定不应影响本公约所载各项基本原则的适用，同时这种协定的规定不影响其他缔约国根据本公约享有其权利和履行其义务。

4. 有意订立第 3 款所指任何协定的缔约国，应通过本公约的保管者将其订正协定的意思及该协定所规定对本公约的修改或暂停适用通知其他缔约国。

5. 本条不影响本公约其他条款明示许可或保持的其他国际协定。

6. 缔约国同意对第一三六条所载关于人类共同继承财产的基本原则不应有任何修正，并同意它们不应参加任何减损该原则的协定。"

定 WTO 法与其他国际法之间关系的冲突条款或包含冲突规则的规定大致有：关于维持国际和平与安全的《联合国宪章》的 GATT 第 21.3 条①和关于其他保护知识产权公约的《TRIPS 协定》第 2.2 条,② 某些有关争端解决的规定,③ 区域贸易安排,④ 以及《WTO 与 IMF 关系的宣言》等。⑤

在 WTO 争端解决判例中，阿根廷—纺织品和服装案是一个可以用来说明 WTO 法与其他国际法之间关系的明确的冲突规则的例子。在阿根廷—纺织品和服装案中，上诉机构审查了专家组认定的违反了 GATT1994 第 8 条的一项 3% 的统计税，是否可以借助于阿根廷与国际货币基金组织（IMF）签订的谅解备忘录，对阿根廷实行的据称冲突的义务予以免除。该备忘录规定，阿根廷将采取的财政措施包括 "在进口税中增加的包括一项临时的百分之三的进口附加费"。⑥ 上诉机构评估了 IMF 备忘录是否与 GATT 规则冲突，并审查在发生冲突的情况下这两个规则中哪个应优先。上诉机构的审查不只限于 WTO 涵盖协定，还审查了 IMF 规则和《WTO 与 IMF 关系的宣言》。该宣言包含一个以 GATT 规则为准的明确的冲突条款。上诉机构认为，阿根廷并没有证明其与 IMF

---

① GATT 第 21.3 条规定："本协定的任何规定不得解释为：……三、阻止任一缔约方为履行其在《联合国宪章》项下的维护国际和平与安全的义务而采取的任何行动。"

② 《TRIPS 协定》第 2.2 条规定："本协定第一部分至第四部分的任何规定不得背离各成员可能在《巴黎公约》、《伯尔尼公约》、《罗马公约》和《关于集成电路的知识产权条约》项下相互承担的现有义务。"

③ 《SPS 协定》第 11.3 条规定："本协定中的任何内容不得损害各成员在其他国际协定项下的权利，包括援用其他国际组织或根据任何国际协定设立的斡旋或争端解决机制的权利。"

④ GATT 第 25 条；GATS 第 5 条。

⑤ 该宣言 1993 年 12 月 15 日由贸易谈判委员会（the Trade Negotiations Committee）通过。其规定，GATT1994 的规则优先于 IMF 规则，除非 GATT1994 本身另有规定。

⑥ See Argentina – Measures Affecting Imports of Footwear, Textiles, Apparel and Other Items, WT/DS56/AB/R, paras. 65, 69.

的谅解备忘录的规定与 GATT1994 之间存在不可调和的冲突。① 即使有冲突，上诉机构认为，"《IMF 与 WTO 之间的协定》，《WTO 与 IMF 关系的宣言》或者《关于一致性的宣言》（Declaration on Coherence）中都没有规定……可证明一个成员方对 IMF 的义务应优先于 GATT 1994 第 8 条下的义务的结论。② 上诉机构还认为，仅《WTO 与 IMF 关系的宣言》——构成了《WTO 最后文件》（WTO Final Act）一部分的一个部长级会议的决定，而不构成 WTO 涵盖协定的一部分——规定了 WTO 与 IMF 之间的法律关系。该宣言指出，在本质上，关于货物贸易，WTO 与 IMF 规则之间的关系应继续由 GATT1947 的规定管辖，这意味着，只有在这些与 IMF 有关的措施条款中规定的例外可用于为违反 GATT 辩解。以这个冲突规则为根据，上诉机构认为，由于在 GATT1994 本身中，GATT1994 第 8 条下找不到与 IMF 有关的例外。独立的 IMF 规则如争论中的备忘录，不能证明阿根廷违反 GATT1994 第 8 条是合理的。③

总之，WTO 法中如果有对其与其他国际法之间的关系做了明确规定的，在 WTO 裁决机构遇到这类冲突问题时，即可做到"有法可依"，按照冲突规则的指引适用法律，使冲突得到及时解决。但是，实际上，WTO 法中这类明确规定其与其他国际法之间关系的条款为数很少。

二　国际公法中处理规则冲突的规则

维也纳公约第 30 条规定涉及同一事项和相同当事国的条约

---

① See Argentina – Measures Affecting Imports of Footwear, Textiles, Apparel and Other Items, WT/DS56/AB/R, para. 69.

② See Argentina – Measures Affecting Imports of Footwear, Textiles, Apparel and Other Items, WT/DS56/AB/R, para. 70.

③ See Argentina – Measures Affecting Imports of Footwear, Textiles, Apparel and Other Items, WT/DS56/AB/R, para. 74.

之间冲突的另一个主要规则是：一般情况下，时间上较后的条约应优先于先前关于同一事项的条约，即后法规则。① 不过，维也纳公约第 30 条没有提到与条约之间的冲突有关的另一项规则，即特别法规则。② 虽然这一规则并没有出现在维也纳公约中，但在许多案件中，国际法院已经承认并适用特别法规则，③ 而且理论上特别法规则也是被学者们公认的。④ 那么，在处理 WTO 法与其他国际法之间关系上，国际公法的这些冲突规则是否有其适用空间？

(一) 后法规则

后法规则（lex posterior rule）到底是否适用于多边条约，是一个颇有争议的问题。根据维也纳公约第 30（3）条，如果后来的所有当事国也是先前条约的当事国，而先前条约并未中止或终止，则仅在其规定符合后来条约规定的范围内适用。因此，当两个争端的国家是涉及同一事项的两项条约的当事国时，应努力调和这两项条约的适用：这两项条约仍然有效，且累积适用，但是应给予后订条约的规定一些优先。如果两项条约存在冲突，而且各当事国显然希望或从两个条约看来当事国显然意图终止先订条约，那么第 59

---

① 参见《维也纳条约法公约》第 30（3）、30（4）和 59 条。

② Gabrielle Marceau, Conflicts of Norms and Conflicts of Jurisdictions, The Relationship between the WTO Agreement and MEAs and other Treaties, *Journal of World Trade*, Vol. 35, No. 6, 2001, p. 1090.

③ See Mavrommatis Palestine Concessions, PCIJ (ser. A), No. 2, p. 30 – 31; Chorzow Factory, PCIJ (ser. A), No. 9, p. 30; European Commission of the Danube, PCIJ (ser. B), No. 14, p. 23; Rights of Passage Case [1960] ICJ Rep., p. 6.

④ See B. Cheng, *General Principles of Law as Applied by International Courts and Tribunals*, Cambridge: Grotius Publications Limited, 1987, pp. 25 – 26; Gerald Fitzmaurice, The Law and Procedure of the International Court of Justice 1951 – 1954: Treaty Interpretation and Other Treaty Points, *British Yearbook of International Law*, Vol. 33, 1957, p. 236; Arnold Duncan McNair, *The Law of Treaties*, Oxford: Clarendon Press, 1961, p. 219; R. Jennings and A. Watts (eds.), *Oppenheim's International Law*, London: Longman, Vol. 1, 1992, p. 1280; D. P. O'Connell, *International Law*, London: Stevens & Sons, 1970, pp. 12 – 13.

(1) 条允许第一项条约终止。否则，这两个条约一般继续适用，并且以在后的规定为准，而先前的规定则暂停适用。

对于能否适用后法规则以避免WTO法与其他国际法之间的冲突，有学者认为，在两个国家之间，涉及同一事项的两项条约的当事国，除非当事国的意图显然另有规定（该意图可能是反映在有关条约性质或条约起草中），这两个条约继续适用至最大可能的范围，尽管对于这两个国家，以前的或更一般的条约的一部分可能会被暂停，即强调累积和同时适用所有条约的规定，但其也认为，如果没有尊重作为第三国的该被取代的多边条约的当事国的权利和义务，修改两个国家之间的权利和义务，导致一个较早或更一般的条约暂停或被废除，这类修改不得为之。这将成为WTO协定与其他条约之间关系的最重要的方面。该学者还认为后法和特别法是"国际法的适用规则"，WTO专家组在解释条约（如《WTO协定》）时，必须考虑后法规则。后法不仅在条约的规定冲突的情况下使用，而且还在解释条约时，作为规则适用于任何条约的解释，以避免产生冲突的解释。①

也有学者强调后法规则在处理WTO法与其他国际法之间关系上的作用。认为，鉴于WTO条约本身没有规定明确的冲突规则，关于如何解决规则冲突的规则，必须在一般国际法中寻找，例如，正如体现在维也纳公约第30条中的一般国际法。就大多数冲突而言，WTO条约并没有排除这些国际公法的冲突规则；因此，它们也必须适用于WTO规则。如果无法最终确定各当事方的意图，则条约规则之间的冲突必须首先诉诸第30条的后法规则。对于其他冲突（如条约与习惯之间的冲突），这条规则同样适用，因此，任何后来的规则优于先前相抵触的规则。他们虽然也承认，当涉及

---

① Gabrielle Marceau, Conflicts of Norms and Conflicts of Jurisdictions, The Relationship between the WTO Agreement and MEAs and other Treaties, *Journal of World Trade*, Vol. 35, No. 6, 2001, p. 1095.

"棘手案件"时,① 第 30 条本身几乎没有提供任何解决方法，但仍然认为，国家是它们自己的立法者，拥有"改变主意"的契约自由。这同样适用于条约与随后的彼此间协定之间的冲突，在原先的条约与该彼此间协定的各国之间，根据第 30 (4) (a) 条，以后来的规则为准。在受原先条约和彼此间协定约束的一个国家与仅受原先条约约束的另一国家之间，根据第 30 (4) (b) 条，只适用原先的条约，而彼此间协定不适用。② 在发生实际法律冲突的情况下，一个规定在 WTO 条约、非 WTO 条约或一般国际法中的合适的冲突规则必须就如何解决冲突提供解决方法。除了禁止偏离强行法，这种解决方法首先必须是源自于两个条约的各当事国的共同意图。但是，在这方面 WTO 条约本身很少提供指导，以致一般国际法的冲突规则（特别是维也纳公约第 30 条和第 41 条，以及与特别法有关的内容）在证明这个方法时通常是决定性的。③

上述学者的观点是值得商榷的。在处理 WTO 法与其他国际法之间冲突方面，后法规则没有其适用的空间。首先，DSU 第 3.2 条没有直接提到维也纳公约第 30 条，因为维也纳公约第 30 条不是规定国际条约的解释，而是规定它们的适用规则。在一些争端解决报

①　"棘手案件"是指多边条约的规则之间存在冲突的案件。多边条约缔结的时间与各国表示同意的时间相一致是很难的或不合理的。许多构成一个规管架构或法律体系的多边条约规则是在一个时间点创立的，但是，它们继续存在，且长期发展。现代多边条约的大多数规则都属于这一类型（包括 WTO 规则、许多环境公约、人权条约和海洋法公约）。它们只是不断确认、实施、修改、扩大的框架或制度的其中一部分，例如，通过司法裁决、解释、新的规则，以及新的缔约国的加入。这种类型的条约可称为"持续的条约（continuing treaties）"，它们并不反映各国同意的一次过的、所有的表示。因此，当这样一个条约规则与其他条约规则，尤其是另一持续的条约规则冲突时，以缔结时间为准的"一刀切"方法（以时间在后者为准）可能没有意义，并可能导致任意的解决方法。See Joost Pauwelyn, The Role of Public International Law in the WTO: How Far Can We Go?, *American Journal of International Law*, Vol. 95, No. 3, 2001, pp. 545 – 546。

②　Joost Pauwelyn, The Role of Public International Law in the WTO: How Far Can We Go?, *American Journal of International Law*, Vol. 95, No. 3, 2001, p. 545.

③　Joost Pauwelyn, The Role of Public International Law in the WTO: How Far Can We Go?, *American Journal of International Law*, Vol. 95, No. 3, 2001, p. 552.

告中，专家组和上诉机构提到了维也纳公约第 30 条，但它们并没有适用它。① 比如，在欧共体—家禽案中，专家组认为，"虽然我们注意到，维也纳公约的这些条款（涉及后法废除前法的法律格言）是依照 DSU 第 3.2 条的国际公法解释的习惯规则的编纂，但是我们也注意到，过去的专家组一直对后法规则适用于关税减让表小心谨慎。"② 上诉机构也指出，没有必要诉诸维也纳公约第 59（1）条或者第 30（3）条，因为在该案中，《WTO 协定》的文本和关于从 GATT1947 过渡到 WTO 的法律安排解决了《第 80 号减让表》与《油籽协定》之间关系的问题。③ 按照维也纳公约第 30 条，后法优于先法只是在当事国相同的范围内适用。在一个 WTO 成员方与另一 WTO 成员方之间的关系上，只有 WTO 规则是可适用的；而根据维也纳公约第 30（4）（b）条，在一个 WTO 成员方与一个非 WTO 成员方之间的关系上，这两个国家只有义务适用它们都受其约束的其他国际法规则。

其次，维也纳公约第 30 条并没有解决如果一个 WTO 成员方在履行对第三国义务或者在行使其他国际条约授予的权利而被迫偏离 WTO 法时，应适用哪些法律的问题。在 WTO 范围内，WTO 的法律权利或义务不可能让位于源自先订的国际条约的义务或权利；在 WTO 争端解决中，不得以行使非 WTO 法中包含的特权或履行非 WTO 法中包含的义务，作为违反 WTO 法的辩解理由。专家组和上诉机构只具有有限的职权，只有在 WTO 法中有提到或纳入的情况下，它们才被允许适用非 WTO 法。在 WTO 争端解决中，绝不能

---

① See United States – Section 110 (5) of the U. S. Copyright Act, WT/DS160/R, para. 6.41; Japan – Measures Affecting Consumer Photographic Film and Paper, WT/DS44/R, para. 10.65; EC – Measures Affecting the Importation of Certain Poultry Products, WT/DS69/AB/R, para. 79.

② See EC – Measures Affecting the Importation of Certain Poultry Products, WT/DS69/R, para. 206.

③ See EC – Measures Affecting the Importation of Certain Poultry Products, WT/DS69/AB/R, para. 79.

执行非 WTO 法产生的权利或义务,① 因为这将导致减少或增加 WTO 涵盖协定中规定的权利和义务, 从而违反 DSU 第 3.2 条和第 7.2 条。至于 WTO 规则提到或纳入的非 WTO 法, 由于该被提到或纳入的非 WTO 法与 WTO 法在同一时间生效, 因此也没有第 30 条适用的空间。②

再次, 维也纳公约第 30 条也不宜适用于《WTO 协定》与《WTO 协定》之后生效的其他条约的关系, 其理由有二: 其一, 第 30 (4) 条由于第 30 (5) 条而可能不适用, 因为彼此间修改 WTO 协定可以被认为是影响其他 WTO 成员方的权利, 而且, 根据维也纳公约第 41 (1) 条, 这种彼此间修改不符合《WTO 协定》的目的和宗旨, 因为它是一揽子交易。其二, 第 30 条的适用可能会导致不同的结果, 一方面, 取决于加入 WTO 的日期; 另一方面, 取决于时间在后的条约的生效或通过的日期。③ 那种认为时间在后的条约将仅在争端各方之间改变 WTO 协定, 而不影响到其他方权利的观点是没有说服力的。如果若干 WTO 成员方签订的后来协定可以在这些当事国之间改变 WTO 协定, WTO 法的连贯性和一致性将会丧失殆尽, 这将有悖于 WTO 法作为一揽子承诺的观念。因此, 随着《WTO 协定》的生效, WTO 各成员方限制了它们缔结改变 WTO 条约义务的后来的条约的权限。它们只有按照《WTO 协定》第 10 条规定的程序才可以这样做。④

---

① See EC – Measures Concerning Meat and Meat Products (Hormones), WT/DS26/ARB, para. 50.

② Wolfgang Weiss, Security and Predictability under WTO Law, *World Trade Review*, Vol. 2, Issue 2, 2003, pp. 213 –214.

③ 例如, A 国在 1999 年签署了《卡塔赫纳生物安全议定书》, 随后加入了世贸组织, 以 WTO 规则为准; 而对 B 国来说, 作为 WTO 创始成员方, 却以该议定书为准? 或者反过来, 比如, 对 C 国来说, 一个只在 1997 年加入了《气候变化公约》的 WTO 成员方, 该公约优先于 WTO 规则; 而对 D 国而言, 一个在《气候变化公约》1992 年缔结时同意它的 WTO 成员方, 以 WTO 规则为准吗? 这岂不是荒谬的结论? See Joost Pauwelyn, The Role of Public International Law in the WTO: How Far Can We Go?, *American Journal of International Law*, Vol. 95, No. 3, 2001, p. 546。

④ Wolfgang Weiss, Security and Predictability under WTO Law, *World Trade Review*, Vol. 2, Issue 2, 2003, p. 215.

最后，那种认为 WTO 义务是纯粹的互惠性质，应让位给后来的具有整体性质的非 WTO 义务的观点，[1] 将很容易使当事国之间减损 WTO 法。WTO 义务本身不仅关涉贸易，更关涉政府对与贸易有关的行为的预期。这些义务是无法量化的、不可分的，因而性质上基本是统一的。它们不能被视为双边的，而应被认为是集体性质的。[2] WTO 义务是一个 WTO 成员方对所有其他 WTO 成员方负担的义务。根据 DSU 第 19.1 条，如果 WTO 专家组或上诉机构认定一 WTO 成员方的国内措施与一涵盖协定不一致，则应建议有关成员方使该措施符合该协定。这是基于所有 WTO 成员均负有遵守 WTO 协定，使其国内措施符合 WTO 协定的相同的集体义务。这意味着至少对于那些减损 WTO 法的后来的协定来说，维也纳公约第 30 条和第 41 条是不可适用的。在 WTO 法与非 WTO 国际条约之间的关系上，不存在后续的关系，也不存在后法优先的问题。如前所述，非 WTO 国际条约只有被 WTO 协定提到或纳入，在 WTO 争端解决中才可以作为法律得以适用。因此，即使是在发生冲突的情况下，专家组和上诉机构不能也不得适用非 WTO 国际法。[3]

---

① 鲍威林认为，大多数 WTO 义务具有互惠的性质，因此，若干 WTO 成员方可以彼此间修改 WTO 协定，See Joost Pauwelyn, *Conflict of Norms in Public International Law: How WTO Law Relates to other Rules of International Law*, Cambridge: Cambridge University Press, 2003, pp. 52 – 88。

② Chios Carmody, WTO Obligations as Collective, *European Journal of International Law*, Vol. 17, No. 2, 2006, p. 419.

③ 这种情况与欧洲联盟的情况是部分一致的。欧盟成员国在彼此相互关系中也不能诉诸在欧共体条约生效之前或生效之后的国际条约，从而偏离欧共体法律。欧共体成员国早于欧共体条约所缔结的条约，只有就其与第三国的关系而言得到尊重。在这方面，欧共体条约第 307 条导致的结果，即如果一个欧盟成员国必须偏离欧盟法律，以履行其先前与第三国缔结的条约义务，该欧盟成员国可以这样做。因此，尽管欧盟成员国可以在欧洲法院（ECJ）成功主张其对第三国所承担的较早的国际义务以背离欧盟法律，但 WTO 成员方在专家组和上诉机构将找不到同情的考虑。See Wolfgang Weiss, Security and Predictability under WTO Law, *World Trade Review*, Vol. 2, Issue 2, 2003, pp. 212 – 216。

综上所述，在国际法中，关于先后规则之间的冲突，后法规则的适用是有限度的。例如，当后来条约的当事国与先前条约的当事国并非完全一致时，则不能当然适用。在这类情况下，如维也纳公约第 30（4）条所规定的，当事国不一致的两个条约的当事国在与其他当事国的关系上分别受两个条约的约束。如果它无法同时履行两个条约的义务，则必须对违反其中之一而负有责任。在涉及那些属于有机构性联系或试图促进同样目标的条约（即形成同一制度的一部分）的冲突和重叠的规定方面，后法规则的作用最大。当不同制度的条约之间出现冲突或重叠时，哪一个在时间上靠后的问题不能用来表明它们之间固有的优先顺序。① 而且，从《WTO 协定》规定的形式或性质，或规定所反映的 WTO 成员方的意图，无法推断出 WTO 成员方有意允许后来的其他国际法优先于 WTO 的规定。当从条款的性质或相关文书，或从其目的和宗旨推断当事国另有意图时，后法假设不得适用。② 总之，不能机械地适用维也纳公约第 30 条，在处理 WTO 法与非WTO 国际法之间的规则冲突方面，根本不存在后法规则适用的空间。

（二）特别法规则

特别法的格言起源于罗马法，并深深扎根于国内法。特别法是一个公认的法律解释格言和解决规则冲突的技术。③ 尽管很难把特

---

① See Conclusions of the Work of the Study Group on the Fragmentation of International Law: Difficulties Arising from the Diversification and Expansion of International Law, Adopted by the International Law Commission at its Fifty-eighth session, A/CN. 4/ L. 702, 18 July 2006, paras. 25 – 26.

② See Conclusions of the Work of the Study Group on the Fragmentation of International Law: Difficulties Arising from the Diversification and Expansion of International Law, Adopted by the International Law Commission at its Fifty-eighth session, A/CN. 4/ L. 702, 18 July 2006, para. 27.

③ See M. Koskenniemi, The ILC Report, Study on the Function and Scope of the Lex Specialis Rule and the Question of "Self-Contained Regimes", ILC, 7 May 2004, ILC (LVI) SG/FIL/CRD. 1 (2004), para. 21.

别法称为一个具有具体内容的规则,^① 但是,该规则背后的理由是明确的:适用最具体的规则是为了落实各当事方的意图,并考虑案件的特殊性。从这个意义上讲,它是一种同意的表示,并且在具有强烈的共识基础的国际法律体系中可以很容易被接受。^② 因此,特别法的适用把注意力指向各当事方的同意和意图,尤其适合于解决条约冲突。^③ 适用特别法,可以有效地减损一般规则,这已被国际法院证实了。^④

在 WTO 争端解决中,专家组和上诉机构偶尔也借助特别法规则解释 WTO 协定。^⑤ 在特别强调制度统一的 WTO 的规范环境中,

---

① 例如,施瓦曾伯格认为,这些格言只是表达了通过条约解释的逻辑技术的方法得出的准规则的结论的形式。See G. Schwarzenberger, *International Law*, London: Stevens & Sons, Vol. 1, 1957, p. 473. 阿库斯特认为,特别法规则只不过是一个解释的规则。See Michael Akehurst, The Hierarchy of the Sources of International Law, *British Yearbook of International Law*, Vol. 47, 1974 – 1975, p. 273。

② See Nancy Kontou, *The Termination of Treaties in Light of New Customary Law*, Oxford: Clarendon Press, 1994, p. 142; Michael Akehurst, The Hierarchy of the Sources of International Law, *British Yearbook of International Law*, Vol. 47, 1974 – 1975, p. 273; Han Aufricht, Supersession of Law-Making Treaties, *Cornell Law Review*, Vol. 37, 1951 – 1952, p. 698.

③ See Paul Reuter, *Introduction to the Law of Treaties*, London: Kegan Paul International, 1995, pp. 132 – 133; Ian Sinclair, *The Vienna Convention on the Law of Treaties*, Manchester: Manchester University Press, 1984, pp. 114 – 115.

④ 在北海大陆架案 (1969 年) 中,国际法院认为,"在实践中,在特定情况下或特定当事方之间,可以通过协定减损 (一般) 国际法的规则。" See North Sea Continental Shelf cases (Federal Republic of Germany v. Denmark and Federal Republic of Germany v. Netherlands), 20 February, ICJ Reports 1969, para. 472. 在大陆架 (突尼斯/阿拉伯利比亚民众国) 案 (1982 年) 中,国际法院指出,"在特别协定中,各当事方确定海洋法某些具体发展,无疑是可能的。在特定情况下,在它们的双边关系中,这些规则应作为特别法具有约束力。" See Case concerning the Continental Shelf (Tunisia v. Libyan Arab Jamahiriya), 24 February 1982, ICJ Reports 1982, para. 24。

⑤ See Brazil – Export Financing Programme for Aircraft, WT/DS46/R, para. 7. 40; Turkey – Restrictions on Imports of Textile and Clothing Products, WT/DS34/R, para. 9. 92 and Indonesia – Certain Measures Affecting the Automobile Industry, WT/DS54/, WT/DS55/R, WT/DS59/R, WT/DS64/R, paras. 14. 28 – 14. 34.

专家组和上诉机构仅在 WTO 体制内适用特别法规则,① 即, 在涵盖协定的范围内, 在两个单独的协定之间或在一项协定的文书内。由于专家组和上诉机构多次使用"推定为不冲突"这个一般国际法承认的解释方法,② WTO 体制内部的冲突主要通过条约解释得到解决, 特别法只是作为 WTO 争端解决中解决 WTO 体制内部冲突的一个有限的、辅助的解释工具和最后手段。但是, 对于跨 WTO 体制的规则冲突, 即 WTO 法与其他国际法之间的冲突, 比如, 贸易法与环境法、人权法、海洋法等之间的冲突, 特别法的适用是令人怀疑的, 尽管有学者主张特别法规则可适用于 WTO 条约与非 WTO 国际条约之间的关系。例如, 他们认为, 如果 WTO 条约与作为特别法的其他国际条约, 比如多边环境协定发生冲突, 该多边环境协定应优先适用。因为它们构成一项特别法, 即使它们在时间上先于有关 WTO 协定。否则, 专家组和上诉机构将永远无法适用多边环境协定, 如果这意味着增加涵盖协定下的义务或减少权利的话。专家组和上诉机构本来可以适用这些协定中的法律, 如果它们与争端的事项是有关的。③

---

① 在欧共体—香蕉案 (三) 中, 上诉机构指出, 专家组应在审查一般规定之前审查特别规定。See European Communities – Regime for the Importation, Sale and Distribution of Bananas, WT/DS27/AB/R, para. 204. 美国—反倾销法 (日本投诉) 案的专家组认为, 欧共体—香蕉案的上诉机构适用了特别法规则。See United States – Anti-Dumping Act of 1916 – Complaint By Japan, WT/DS162/R, para. 6. 269. 印度尼西亚—汽车案专家组曾详细讨论过特别法规则, 但专家组报告并没有依赖于特别法规则, 因为该专家组认为两项有关的规定之间没有冲突。See Indonesia – Certain Measures Affecting the Automobile Industry, WT/DS54/R, WT/DS55/R, WT/DS59/R, WT/DS64/R and Corr. 1 and 2, adopted 23 July 1998, and Corr. 3 and 4, DSR 1998: VI, 2201。

② See e. g., Canada – Certain Measures Concerning Periodicals, WT/DS31/AB/R, p. 19; European Communities – Regime for the Importation, Sale and Distribution of Bananas, WT/DS27/R, paras. 219 – 222; Indonesia – Certain Measures Affecting the Automobile Industry, WT/DS54/, WT/DS55/R, WT/DS59/R, WT/DS64/R, para. 14. 28. See also India – Qualitative Restrictions on Imports of Agricultural, Textile and Industrial Products, WT/DS90/R, para. 4. 20.

③ Lorand Bartels, Applicable Law in WTO Dispute Settlement Proceedings, *Journal of World Trade*, Vol. 35, No3, 2001, p. 500.

也有学者认为，在适用特别法规则时，第三方（是 GATT/
WTO 的缔约方或成员方，而不是环境协定的当事国）将不能主张
违反了 GATT/WTO 规则，以质疑环境协定的贸易措施。① 环境协
定在其有关事项方面显然比关贸总协定更具体。根据特别法规则，
通常是假设两项协定中更具体的协定意味着优先，即使更一般的协
定时间在后……，按照这种规定，每当 GATT 缔约方政府签署了一
项国际环境协定授权其他缔约方对其实施贸易限制时，GATT 就应
该让位。签署这样的协定的 GATT 成员，可以很合理地被视为放弃
反对这种贸易限制的 GATT 的法律权利。②

　　还有学者认为，WTO 成员方可以缔结可能对 WTO 条约有影响
的新条约。这些新的条约可能只是补充或确认原先的规则，但它们
也可能终止或暂停 WTO 规则，或者与 WTO 规则相抵触。如果它
们与现有 WTO 规则冲突，新的条约规则可以优于相抵触的 WTO
规则，或者可能相反，新的条约规则必须让位给 WTO 规则。一切
将取决于一般国际法中规定的冲突规则。当然，只有同意新条约的
WTO 成员方才受到它的约束。不是新条约缔约国的 WTO 成员方的
权利和义务不得受到影响（条约对第三方无损益）。由于 WTO 条
约没有规定排除关于彼此间修改的一般国际法规则，比如特别法。
因此，在大多数情况下，必须"依赖于"这些一般国际法规则。
彼此间减损 WTO 规则（比如说，一个在两个 WTO 成员方之间限
制贸易的协定，在 WTO 规则禁止这种限制的情况下）将可能影响
与某些第三方的贸易流动，这些第三方的 WTO 权利和义务一定并

① R. Housman & D. M. Goldberg, Legal Principles in Resolving Conflicts Between
Multilateral Environmental Agreements and the GATT/WTO, in R. Housman et al.
(eds.), *The Use of Trade Measures in Select Multilateral Environmental Agreements*,
Washington: Centre for International Environmental Law, 1995, p. 312.

② R. Hudec, GATT Legal Restraints on the Use of Trade Measures against Foreign
Environmental Practices, in J. Bhagwati & R. Hudec (eds.), *Fair Trade and
Harmonization: Prerequisites for Free Trade?*, Cambridge, Massachusetts: MIT Press,
1996, p. 121.

且通常将仍然不受该彼此间协定的影响。也很难准确预测，WTO的权利是如此重要，以至相互间"让位"（不影响第三方的权利）将威胁整个 WTO 条约的目的和宗旨的有效实现。事实上，由于大多数 WTO 权利和义务在理论上可以减少为两个 WTO 成员方之间互惠的权利和义务，很难看到 WTO 条约本身并不禁止的彼此间修改，却如何可以损害"整个 WTO 条约的目的和宗旨的有效实现"。总之，如果环境规则与 WTO 规则（例如，GATT 第 3 条和第 20条）之间相冲突，则适用一般国际法的有关冲突规则解决；如果可适用的冲突规则（例如特别法）确定环境规则优先，上诉机构则有责任不适用相冲突的 WTO 规则。①

然而，在规范关系往往不明确的国际法律制度中，以与国内法类似的方式适用特别法，几乎是不可能的。这是因为在国际法中，一项条约明确规定其与所有先前的、当前的和将来的条约之间的关系是比较少见的，确定其与其他国际法的关系，更为罕见。虽然特别法规则非常适合于一个单一的条约内或具有相互关系的条约之间的规则冲突的解决，处理属于同一制度的一部分的条约规则之间的冲突，特别法规则同样是有用的，例如由欧洲人权公约及其议定书或 WTO 管辖的条约制度，在这类条约制度中，一个单一的制度包含了众多的协定。在一个条约内或同一制度内的若干协定，特别法的适用是合适的，因为在两个规则之间存在逻辑关系：一个为一般的规则，另一个是具体的规则。② 但是，特别法规则不适于解决这些彼此独立的规范秩序之间的冲突，如贸易法、海洋法、人权法、环境法等相互之间可能存在的"危险的冲突"。这是因为，特别法的适用也是有限度的，尤其是，特别法并不是一项实体的国际法规则，可能无助于确定相对于更一般的规则哪项规则是特别的。它几

---

① Joost Pauwelyn, The Role of Public International Law in the WTO: How Far Can We Go?, *American Journal of International Law*, Vol. 95, No. 3, 2001, pp. 549–550.

② Anja Lindroos, Addressing Norm Conflicts in a Fragmented Legal System: The Doctrine of Lex Specialis, *Nordic Journal of International Law*, Vol. 74, 2005, p. 41.

乎没有独立的"规范力量",没有提供任何标准以决定一个法律领域是否比另一法律领域更重要或更特别。[1] 在不同法律领域,比如在贸易法与人权法、环境法或海洋法之间建立一个优先顺序仍然是非常困难的。

此外,它没有确定两项规则之间的关系。例如,如果它们发生冲突的话,[2] 它目前依然无法把人权视为比环境问题更特别,或反之亦然,与建立在预先确定的规范关系之上的国内法律制度不同,在国际法律制度中,国际法规范和渊源之间没有固有的等级高低(除了强行法以外),不同的规范和渊源之间的关系往往是不确定的。在社会中哪些规范应给予优先,是一个高度政治的与价值有关的问题。在确定相对于一般法什么是更特别的规则时,它本身无法通过一个司法技术提供任何指导。最终,这些问题必须在其他地方解决,特别法规则的适用成为不可能。[3] 因此,在确定来自不同法律领域,如环境规则与贸易规则之间的关系上,特别法难以发挥其作用。这个问题已经在欧共体—荷尔蒙案中被提出了,在该案中,WTO 上诉机构认为,预防原则(precautionary principle)并没有凌驾于有关条约的明确规定,而且其对 WTO 也不具有约束力,不论这一原则在国际环境法中处于什么地位。[4]

不仅如此,在 WTO 争端解决中,适用特别法规则存在与适用后法规则相同的一些问题。根据维也纳公约第 41(1)条,若干成员方彼此间修改 WTO 协定,很可能影响其他 WTO 成员方享有条约上之权利或履行其义务,也不符合《WTO 协定》的目的和宗旨,

---

[1]　Anja Lindroos, Addressing Norm Conflicts in a Fragmented Legal System: The Doctrine of Lex Specialis, *Nordic Journal of International Law*, Vol. 74, 2005, p. 66.

[2]　Anja Lindroos, Addressing Norm Conflicts in a Fragmented Legal System: The Doctrine of Lex Specialis, *Nordic Journal of International Law*, Vol. 74, 2005, p. 66.

[3]　Anja Lindroos, Addressing Norm Conflicts in a Fragmented Legal System: The Doctrine of Lex Specialis, *Nordic Journal of International Law*, Vol. 74, 2005, p. 66.

[4]　See European Communities – Measures Concerning Meat and Meat Products (Hormones), WT/DS26/AB/R, WT/DS48/AB/R, paras. 123 – 125.

因为它是一个一揽子交易。这种没有尊重作为第三方的 WTO 权利和义务的修改,将导致 WTO 权利和义务的暂停或废止,不得为之。这将成为 WTO 协定与其他条约之间关系的最重要的方面。[①]如何确定 WTO 法与人权法、环境法或海洋法等其他国际法领域之间的关系,目前还没有任何明确的解决方法。

总之,在 WTO 争端解决中,特别法规则在解决 WTO 体制内部的规则冲突中只具有有限的作用,而在处理 WTO 法与其他国际法之间的规则冲突方面,特别法规则难以发挥其作用,因为这种跨体制的冲突本身关系复杂且混乱,难以用特别法确定哪些规则是特别的,哪些规则是一般的;即使能够确定这种规范关系,这些"特别的"非 WTO 国际法规则的适用也将损害《WTO 协定》的目的和宗旨、损害第三方受益者的利益,WTO 涵盖协定建立的权利和义务平衡也将受其不利的影响。

三 DSU 相关条款中隐含的冲突规则

在 WTO 法与非 WTO 国际法发生冲突的场合,哪个规则优先,也就是说,两个规则中哪一个最终必须适用?当有明确的冲突规则存在时,比如,《联合国宪章》第 103 条、[②] NAFTA 第 103 条,[③]这个问题最容易回答。但是,如前所述,在 WTO 法中这类明确的冲突规则为数不多。不过,在 DSU 中还可找到一些处理 WTO 法与非 WTO 国际法之间关系的暗含的或间接的"冲突规则",而且,这些冲突规则适用的结果排除了实体的非 WTO 国际法规则在 WTO 争端解决程序中的适用。

---

① Gabrielle Marceau, Conflicts of Norms and Conflicts of Jurisdictions, The Relationship between the WTO Agreement and MEAs and other Treaties, *Journal of World Trade*, Vol. 35, No. 6, 2001, pp. 1091 –1092.

② 《联合国宪章》第 103 条规定:"联合国会员国在本宪章下之义务与其依任何其他国际协定所负之义务有冲突时,其在本宪章下之义务应居优先。"

③ NAFTA 第 103 条规定:"……2. 如果本协定与其他协定不一致,本协定优先,除非另有规定。"

（一）　DSU 第 3.2 条和第 19.2 条并非冲突规则

DSU 并没有对 WTO 涵盖协定与非 WTO 国际法之间的关系作出明确的、直接的规定，但一些学者还是从 DSU 中"抽丝剥茧"，试图从一些相关的规定中"挖掘"出有用的冲突规则，比如，DSU 第 3.2 条规定："……DSB 的建议和裁决不能增加或减少涵盖协定所规定的权利和义务；"以及第 19.2 条（重复规定类似的内容）："专家组和上诉机构在其调查结果和建议中，不能增加或减少涵盖协定所规定的权利和义务。"也就是说，DSB、专家组和上诉机构的"建议、裁决或调查结果不能增加或减少涵盖协定所规定的权利和义务"。上述规定被一些学者认为是一条限制 WTO 裁决机构适用法律的冲突规则。

有学者主张，在潜在的可适用的法律之间存在冲突的情况下，该规则还有另一个功能，就是确保在涵盖协定的规定与任何其他可适用的法律之间冲突的情况下，应以涵盖协定为准。其结果与《联合国海洋法公约》第 293（1）条的适用将是相同的，该条规定国际海洋法法庭适用"与本公约不抵触的其他国际法规则"。他们还认为，把 DSU 第 3.2 条和第 19.2 条的规定称为"冲突规则"似乎没有什么不妥当，不过也认为这一规定并不是一条正常的冲突规则。理由是，第一，它并非旨在调整实体的 WTO 涵盖协定与其他协定之间的冲突。[①]第 3.2 条和第 19.2 条的规定仅分别限制了 DSB、专家组和上诉机构的权力。第二，尽管这一规则以这种间接的方式起作用，而不是直接确定 WTO 争端解决中可适用的实体法，但是，它达到了实际的冲突规则确保某些协定规定的"法律"优先地位的目的。第三，用来确定何时争端解决程序中"其他"国际法的使用将"增加或减少"（或者"改变"）涵盖协定的权利

[①]　在 WTO 范围内，这些规则是规定在附件 1A 的《一般解释性说明》中的，其明文规定附件 1A 的协定与 GATT1994 之间的冲突，以及《WTO 协定》第 16.3 条，该条调整《WTO 协定》与列入附件 1、附件 2 和附件 3 的各 WTO 协定以及相关法律文件之间的冲突。

和义务的原则，与用来确定何时不同条约的规定之间存在冲突的更传统的原则大概也有相似之处。因此，使用"冲突规则"这一简短的用语来形容第 3.2 条和第 19.2 条规定的规则似乎没有什么不妥当的。该学者还指出，第 3.2 条和第 19.2 条规定的"冲突规则"至今已在 WTO 的许多案件中适用了，尽管还没有提到其在这些规定中的来源。例如，该冲突规则可用来处理涵盖协定与习惯国际法之间的潜在冲突。[①] 而且，这个"冲突规则"还可被用来处理涵盖协定与其他国际协定之间的冲突。一旦一项明确的 WTO 义务已被确定，第 3.2 条和第 19.2 条中的冲突规则将起到排除非 WTO 的权利和义务适用的作用。此外，基于第 3.2 条和第 19.2 条中的这条"冲突规则"的存在，甚至都不必援引维也纳公约第 30 条了。事实上，如果在 WTO 范围内接受了条约冲突的适用规则已规定在第 3.2 条和第 19.2 条中的这个主张，[②] 欧共体—荷尔蒙（第 22.6 条仲裁）案[③]的仲裁员就没有必要援引第 30 条。

---

① 在欧共体—荷尔蒙案中，欧共体主张，预防原则是一项习惯国际法规则，该成员方可以此为由禁止进口牛肉。上诉机构驳回了这一主张，认为，"预防原则并不优先于《SPS 协定》第 5.1 和 5.2 条的规定"。See EC – Measures Concerning Meat and Meat Products (Hormones), WT/DS26/AB/R, WT/DS48/AB/R, para. 125. 同样，在危地马拉—反倾销案中，被诉方认为，即使已违反了《反倾销协定》第 5.5 条的通知要求，此类通知的任何拖延并没有对申诉人的权利造成不利影响，从而构成了国际公法的习惯规则下的一个"无害的过错 (harmless error)"。专家组拒绝了这个主张，因为 DSU 第 3.8 条规定了一项救济权利的推定。专家组指出，在 WTO 范围内，该法律渊源（被申诉方主张的国际公法习惯规则下的一个"无害的过错"）是非法的。See Guatemala – Anti-Dumping Investigation Regarding Portland Cement from Mexico, WT/DS60/R, paras. 7.40 – 7.41。

② See Lorand Bartels, Applicable Law in WTO Dispute Settlement Proceedings, *Journal of World Trade*, Vol. 35, No3, 2001, pp. 507 – 509.

③ 该案的仲裁员认为，根据维也纳公约第 30 条（关于条约冲突），双边协定已被减让表取代了。See EC – Measures Concerning Meat and Meat Products (Hormones), Original Complaint by the United States – Recourse to Arbitration by the European Communities under Article 22.6 of the DSU, Decision by the Arbitrators, WT/DS26/ARB, para. 51。

不过，对于 DSU 第 3.2 条和第 19.2 条，另有学者做了不同的解读。认为，DSU 第 3.2 条和第 19.2 条的目的并不在于限制专家组可适用的法律，也不在于处理 WTO 涵盖协定与所有过去和未来的法律之间的关系。相反，它们处理 WTO 专家组在解释 WTO 涵盖协定时必须遵守的固有的限制。在行使这项解释的司法功能时，WTO 专家组可以澄清 WTO 涵盖协定的规定，但它们不能"增加或减少涵盖协定规定的权利和义务"。换一种说法，作为司法机关，WTO 专家组不可以创设新的权利和义务；它们必须适用 WTO 成员方同意的法律。而且，关于 WTO 专家组职能的这个限制是为格外谨慎起见而作出的。即使没有这项规定，WTO 专家组仍将受到一般国际法规定的司法职能固有的限制。一个国际法的法院不可以一般和事先排除考虑除了那些被请求执行的法律以外的国际法规则。在 1994 年以前或以后，其他的法律与 WTO 规则之间发生冲突的情况下，不必始终以 WTO 规则为准。DSU 第 3.2 条和第 19.2 条的这些规定不应该被解释为 WTO 专家组、上诉机构和争端解决机构在适用非 WTO 的其他国际法时，始终都不能增加或减少 WTO 涵盖协定明确规定的权利和义务。① 规定司法机构怎样对待法律与规定立法机关（即 WTO 成员方）怎样对待法律相去甚远。第 3.2 条规定，WTO 司法机构，像任何其他司法机构一样，不能"改变"WTO 条约。但是，这并不限制 WTO 成员可以缔结的或已经缔结的影响它们相互的 WTO 权利和义务的其他条约的范围。②

笔者认为，在第 3.2 条和第 19.2 条中的这项规定，连一条"不正常的冲突规则"都谈不上。它根本就不是一条冲突规则，它只是起到限制 WTO 裁决机构司法能动的一堵"防火墙"的作用而

① Joost Pauwelyn, The Role of Public International Law in the WTO: How Far Can We Go?, *American Journal of International Law*, Vol. 95, No. 3, 2001, p. 564.

② Joost Pauwelyn, How to Win a World Trade Organization Dispute Based on Non-World Trade Organization Law? Questions of Jurisdictions and Merits, *Journal of World Trade*, Vol. 37, No. 6, 2003, p. 1003.

已，而非一项处理 WTO 法与非 WTO 国际法之间冲突的规则。实际上，"增加或减少涵盖协定所规定的权利和义务"的禁止应被解读为限制 WTO 裁决机构澄清涵盖协定规定的权利和义务时不得逾越职权的一个说明，或者说，DSU 第 3.2 条应被认为是作为对涵盖协定的过于宽泛解释的一种制约或限制。在 WTO 争端解决中适用和解释涵盖协定的现有规定时，第 3.2 条和第 19.2 条可用来防止 WTO 裁决机构解释法律时逾越了边际，减少或增加了 WTO 各成员方在涵盖协定中规定的权利和义务，使 WTO 各成员方精心构筑的权利义务平衡受到破坏。况且，在 WTO 争端解决中根本没有实体的非 WTO 国际法规则适用的空间，在争端解决的必要范围内审查和解释有关国际法规则并不等于适用它们，因此，把第 3.2 条和第 19.2 条中的这项规定"上升"到拒绝适用其他国际法规则的冲突规则的"高度"，实乃牵强附会。此外，一方面认为，DSU 第 3.2 条和第 19.2 条中的规定应被解释为在澄清 WTO 涵盖协定的现有规定时，专家组、上诉机构和 DSB 不能增加或减少 WTO 涵盖协定规定的权利和义务；另一方面又认为，WTO 裁决机构可以适用非 WTO 国际法，这些非 WTO 国际法规则可以优先于 WTO 规则，从而改变 WTO 成员方在涵盖协定下的权利和义务。这显然自相矛盾、难以自圆其说。无论如何，第 3.2 条和第 19.2 条中的规定不应被解读为一条排除非 WTO 国际法适用的冲突规则。

（二）DSU 第 7.1 条、第 7.2 条、第 11 条和第 19.1 条是冲突规则

有学者认为，WTO 争端解决中可适用的法律不只包括 WTO 涵盖协定，[①] 解决 WTO 法与其他国际法之间冲突的冲突规则来源也很广泛。即在发生规则冲突的情况下，非 WTO 条约必须让位给 WTO 规则，或者相反，优先于 WTO 规则，这取决于可适用的冲突

---

① Joost Pauwelyn, The Role of Public International Law in the WTO: How Far Can We Go?, *American Journal of International Law*, Vol. 95, No. 3, 2001, p. 565.

规则。这些冲突规则可在三个不同的地方找到：非 WTO 条约、①
WTO 条约本身，以及一般国际法。② DSU 不能被解读为排除援引
WTO 涵盖协定以外的国际法，也不能被解读为包括一个始终以
WTO 涵盖协定为准的一般和自动的冲突条款。③ WTO 条约的起草
者们本来可以插入一个类似于《联合国宪章》第 103 条的冲突条款，
规定 WTO 条约优于所有过去和未来的国际法。WTO 成员方的契约
自由将允许它们这样做（在强行法和条约对第三方的原则限制的范
围内）。但是，如果起草者希望 WTO 条约发挥一个居第二位的《联
合国宪章》的角色，优于所有其他法律，它们不会这样做吗？例如，
它们不会在《WTO 协定》本身中设置一个"不减损条款"，反而在
技术文书 DSU 中作出规定吗？④ 而且，DSU 或任何其他 WTO 规则都
没有规定排除专家组处理并视情况而定适用其他国际法规则，以裁
决提交给它们的 WTO 申诉。WTO 条约和 DSU 不需要明确提到或确
认所有其他可能适用的有关国际法规则，无论它们是在 1994 年以前
或以后。基于 DSU 是在更广泛的国际法背景下创制和继续存在的这
个简单事实的结果，这种引用或确认自动发生。因此，除非 DSU 或
任何其他 WTO 规则已排除了它们，⑤ 其他国际法规则自动适用。

---

① 比如，《联合国宪章》第 103 条、《联合国海洋法公约》第 311 条、《生物多样
性公约》第 22.1 条、《北美环境合作协定》第 40 条、《欧洲能源宪章条约》第
4 条，以及《卡塔赫纳生物安全议定书》序言。

② Joost Pauwelyn, The Role of Public International Law in the WTO: How Far Can We
Go?, *American Journal of International Law*, Vol. 95, No. 3, 2001, p. 544.

③ Joost Pauwelyn, The Role of Public International Law in the WTO: How Far Can We
Go?, *American Journal of International Law*, Vol. 95, No. 3, 2001, p. 565.

④ Joost Pauwelyn, The Role of Public International Law in the WTO: How Far Can We
Go?, *American Journal of International Law*, Vol. 95, No. 3, 2001, p. 561.

⑤ Joost Pauwelyn, The Role of Public International Law in the WTO: How Far Can We
Go?, *American Journal of International Law*, Vol. 95, No. 3, 2001, pp. 561 – 562. 鲍
威林还引用专家组在韩国—政府采购案中的观点："在恰当地解释提交给专家组
的申诉中，我们看不到任何（DSU 第 7.1 条中的）职权范围是意味着排除参考国
际习惯法的更广泛规则的根据"。See Korea - Procurement, WT/DS163/R,
para. 7.101, fn. 755. 不过，这里专家组只是提到"参考"习惯国际法，而不是
"适用"习惯国际法。

有趣的是鲍威林对 DSU 第 7 条和第 11 条等条款作出了截然相反的解读，他认为，从 DSU 第 7 条第 1 款和第 2 款明确提到一些法律（即 WTO 涵盖协定）推断，所有其他法律因而被暗示地排除，是错误的。相反，第 7.1 条和第 11 条暗示在审查 WTO 申诉时，专家组可能被要求援引和适用其他国际法规则。同样的推理适用于 DSU 中提到的诉诸 WTO 涵盖协定。这些援引不能被理解为排除其他法律。① 与鲍威林持同样观点的学者有巴特尔斯、帕米特和马弗鲁第斯等。② 不过，也有一些学者持相反立场，如玛索和特拉希曼等，玛索并不那么直截了当地下结论说，"因此，看来，在 DSU 下并非所有的法律都可以由 WTO 裁决机构适用和执行。"③ 特拉希曼也认为，"这一规定将是荒谬的，④ 如果 DSB 可以适用其他国际法产生的权利和义务"，而且"这么多具体提到涵盖协定作为 WTO 争端解决中可适用的法律，如果成员方还希望非 WTO 法是可适用的，将是异常的"。⑤

笔者并不赞同鲍威林的上述观点。处理 WTO 法与非 WTO 法之间潜在冲突的冲突规则可以在 WTO 法中找到，而不必"劳驾"一般

---

① Joost Pauwelyn, The Role of Public International Law in the WTO: How Far Can We Go?, *American Journal of International Law*, Vol. 95, No. 3, 2001, p. 562. 在突尼斯—利比亚大陆架案中，国际法院确认，经争端双方同意，可以增加第 38 条规定的可适用的法律（在本案中，海洋法"新的公认的趋势"）。See Continental Shelf (Tunis. v. Libya), 1982 ICJ REP. 18, 37, 38 (Feb. 24)。

② Lorand Bartels, Applicable Law in WTO Dispute Settlement Proceedings, *Journal of World Trade*, Vol. 35, No. 3, 2001, pp. 499 – 519; David Palmeter & Petros C. Mavroidis, The WTO Legal System: Sources of Law, *American Journal of International Law*, Vol. 92, No. 3, 1998, p. 399.

③ Gabrielle Marceau, A Call for Coherence in International Law – Praises for the Prohibition Against "Clinical Isolation" in WTO Dispute Settlement, *Journal of World Trade*, Vol. 33, No. 5, 1999, pp. 87, 110.

④ 即 DSU 第 3.2 条的规定（"各成员认识到该体制适于保护各成员在涵盖协定项下的权利和义务，及依照解释国际公法的惯例澄清这些协定的现有规定。DSB 的建议和裁决不能增加或减少涵盖协定所规定的权利和义务。"）。

⑤ Joel P. Trachtman, The Domain of WTO Dispute Resolution, *Harvard International Law Journal*, Vol. 40, No. 2, 1999, p. 342.

国际法中的冲突规则。除了前述提到的 WTO 法中为数不多的明确规定以外，在 DSU 中还隐含着冲突规则。它们散落在 DSU 第 7.1 条、第 7.2 条、第 11 条和第 19.1 条等规定中。DSU 与《联合国海洋法公约》①《国际法院规约》② 和《北美自由贸易区协定》③ 不同，DSU 并没有对 WTO 争端解决中"可适用的法律"作出明确的规定。不过，DSU 第 7.1 条规定了专家组的职权范围，并指示其"按照"争端各方引用的涵盖协定的"有关规定"审查提交给它们的事项。第 7.2 条规定专家组有义务"处理争端各方引用的任何涵盖协定的有关规定"。第 11 条更是明确规定专家组"应对其审议的事项作出客观评估，包括……有关涵盖协定的适用性和与有关涵盖协定的一致性的客观评估"，该条可谓"白纸黑字"，只提到"有关涵盖协定的适用性"和"与有关涵盖协定的一致性的客观评估"，因此，可将其理解为完全排除"客观评估"非 WTO 国际法规则的适用性和一致性。第 19.1 条也明确规定，如专家组或上诉机构"认定一措施与一涵盖协定不一致"，则应建议有关成员方使该措施符合该协定，这里指向的仍然是"一涵盖协定"，而非其他国际法。上述这些规定从"按照争端各方引用的涵盖协定的'有关规定'审查"，到"客观评估有关涵盖协定的适用性"，最后落到"认定与有关（或一）涵盖协定的一致性（或不一致）"上，这样，一个相对封闭的 WTO 争端解决法律适用系统就形成了。④

---

① 参见《联合国海洋法公约》第 291 条。

② 参见《国际法院规约》第 38 条。

③ NAFTA 第 1131 条"管辖的法律"规定，仲裁庭应根据本协定（即所有 NAFTA 条款）和国际法的可适用规则裁决争端事项，以审查那些 NAFTA 所列举的申诉的有效性。

④ 也有学者从不同的视角看这个问题，认为，尽管 WTO 绝不是孤立于国际法运作的"自给自足的制度"，但是，在适用超出自由贸易范围的实体规则时，WTO 已被证明完全沉默。因此，它回避国际法不同制度的实体规范之间冲突的解决。See Anja Lindroos & Michael Mehling, Dispelling the Chimera of "Self-Contained Regimes" International Law and the WTO, *European Journal of International Law*, Vol. 16, No. 5, 2005, p. 877。

而这个法律适用系统主要是由上述隐含的冲突规则构建起来的。

总之，DSU 第 7 条、第 11 条和第 19 条的上述规定应该被解读为是避免 WTO 法与非 WTO 法之间潜在冲突的隐含的冲突规则。在法律适用问题上，它们明确地完全排除了来自国际法其他领域的实体规则在 WTO 争端解决中的适用，也就是说，在 WTO 争端解决中唯一可直接适用的实体法是 WTO 涵盖协定的规定。

四　小结

冲突规则的作用在于决定哪些国际法规范应优先适用。但是，《WTO 协定》本身没有包含处理 WTO 法与非 WTO 法之间关系的一般冲突条款。在 WTO 法与非 WTO 国际条约之间的关系上，不存在后续的关系，也不存在后法优先的问题。即使是在发生冲突的情况下，WTO 专家组和上诉机构也不能适用非 WTO 法。对于 WTO 法与非 WTO 法之间的冲突，特别法规则的适用也几乎是不可能的。特别法规则不适于解决彼此独立的规范秩序之间可能存在的"危险冲突"。也就是说，在处理 WTO 法与非 WTO 法之间的冲突方面，难以有国际公法的冲突规则适用的空间。在 WTO 法中，用于处理 WTO 法与非 WTO 法之间关系的，除了明确规定的冲突条款以外，在 DSU 中也可找到一些隐含的"冲突规则"。不过，DSU 第 3.2 条和第 19.2 条并不是一条冲突规则，它只是起到限制 WTO 裁决机构司法能动的作用而已。处理 WTO 法与非 WTO 法之间关系的冲突规则隐含在 DSU 第 7.1 条、第 7.2 条、第 11 条和第 19.1 条的规定中。从上述规定可以推断，WTO 形成一个相对封闭的争端解决法律适用系统，而这个法律适用系统主要是由上述冲突规则构建起来的。

第四章

WTO 争端解决中
非 WTO 法的价值与运用

关于 WTO 制度在何种程度上应被纳入更广泛的国际法体系，大致存在三种不同的观点。一种观点认为，WTO 及其争端解决制度基本上是独立于国际公法的规则和原则的一个封闭制度；另一种观点则认为，除了那些具体规定在 WTO 协定中的法律权利和义务以外，WTO 的争端解决制度在本质上是一个可以执行各种法律权利和义务的"普遍管辖权"的法院；还有一种折衷观点是，虽然在解释和适用 WTO 规定时，可以使用非 WTO 国际法，但 WTO 裁决机构不被允许执行国际公法所包含的独立的权利和义务，[①] 即非 WTO 国际法的权利和义务。这些理论争议涉及的核心问题是 WTO 体制之外的非 WTO 法与 WTO 法怎样联系，非 WTO 法在 WTO 争端解决中具有什么价值或者说能起到什么作用，以及在争端解决中如何具体运用非 WTO 法。

第一节　开放抑或封闭：非 WTO 法与 WTO 法的联系

关于 WTO 法与非 WTO 国际法怎样联系的问题，有传言说，

---

① Gabrielle Marceau, A Call for Coherence in International Law – Praises for the Prohibition Against "Clinical Isolation" in WTO Dispute Settlement, *Journal of World Trade*, Vol. 33, No. 5, 1999, p. 107.

世界贸易制度的谈判者在起草 WTO 条约时甚至没有"想到国际公法"。① 与凯帕尔（Kuijper）的观点相反，② 鲍威林认为，WTO 法仅仅是国际公法的一个"分支"③ 或"子系统"。④ 作为一个分支或子系统，WTO 必然与国际公法的其他分支或子系统，比如人权条约和国际环境协定存在相互影响。WTO 既不是一个"封闭的法律线路（closed legal circuit）"，也不是"自给自足的"制度。⑤

  自第二次世界大战结束和联合国成立以来，通过专门的机构框架和合作的形式，国际法扩展了，产生了十分具体的议题领域，以

---

① Joost Pauwelyn, The Role of Public International Law in the WTO: How Far Can We Go?, *American Journal of International Law*, Vol. 95, No. 3, 2001, p. 538; Robert Howse, From Politics to Technocracy – and Back Again: The Fate of the Multilateral Trade Regime, *American Journal of International Law*, Vol. 96, No. 1, 2002, p. 98.

② 凯帕尔认为，当涉及国家责任时，WTO 制度是自给自足的。See Pieter-Jan Kuijper, The Law of GATT as a Special Field of International Law: Ignorance, Further Refinement or Self-Contained Regime of International Law, *Netherlands Year Book of International Law*, Vol. 24, 1994, p. 227。

③ Joost Pauwelyn, *Conflict Norms in Public International Law: How WTO Law Relates to other Rules of International Law*, Cambridge: Cambridge University Press, 2003, pp. 25–26.

④ Joost Pauwelyn, *Conflict Norms in Public International Law: How WTO Law Relates to other Rules of International Law*, Cambridge: Cambridge University Press, 2003, p. 9.

⑤ Joost Pauwelyn, *Conflict Norms in Public International Law: How WTO Law Relates to other Rules of International Law*, Cambridge: Cambridge University Press, 2003, p. 35. "自给自足的制度"这一用语是由常设国际法院在温布尔登案中创造的。在该案中，法院面临通常涉及德国水道的《凡尔赛条约》（Treaty of Versailles）的规定，是否也适用于德国基尔运河的问题。法院适用了自给自足的概念，以解决涉及两种主要的国际义务之间关系的条约解释问题。法院指出，该条约的起草者为基尔运河规定了实质上不同于其他有关水道的规则的专门章节。因此，《凡尔赛条约》中有关基尔运河的规定是自给自足的；如果它们必须参考前面章节中的德国内陆通航水道的规定加以补充和解释，它们将失去其"存在的理由"……See S. S. Wimbledon, PCIJ, Ser. A, No. 1, (1923), p. 24. 国际法院在德黑兰人质案的判决中也声称，《维也纳外交关系公约》规定了具体法律后果的制度，相对于国家责任的习惯国际法，是自给自足的。因此，在违反该公约的情况下，一般国际法并没有规定任何可采取的救济，因为"外交法本身对外交或领事使团成员的非法活动规定了防卫和制裁的任何必要手段"。法院得出结论：外交法的规则构成一个自给自足的制度。See United States Diplomatic and Consular Staff in Tehran, ICJ Reports (1980), pp. 38, 40。

及具有自己的规范、概念和程序的制度。例如，国际法院明确承认，联合国组织体系以专业化原则（principle of specialisation）为基础运作。① 某些专门的、具体的制度，也被称为"自给自足"，因此在一定程度上独立于一般国际法。作为"超国家的法（supranational law）"，欧洲联盟法的不断发展，被认为是一个特别明显的例子。国际法变得更加专业化和多层次，特别的制度和分制度已经出现。

　　每一个特别的制度，如环境法、人权法、海洋法或贸易法，都在它自己的规范环境中运行，具有明显的特殊性，并且往往是以不同的制度和法律的原理为基础。因此，在一定程度上，这些法律秩序似乎存在于一个"规范丛林"里，其中每个制度可能产生的解决方法与另一个制度的解决方法完全相反，并且一般国际法还可以用不同的方式解释和适用。但与此同时，这些自治的制度是更广泛的国际法框架的一部分，它们在国际法的框架内运作，并不同程度地依赖该框架。② 因为社会制度不能在与世隔绝的环境中存在。脱离国际法的其余大部分而存在的法律子系统，是不可想象的。至少在解释的层面，它们总是会有某种程度的互动。③

　　几乎没有任何学者质疑，WTO 规则是广泛意义的国际公法内容的一部分。④ 像国际环境法和人权法，WTO 法只是国际公法的一

---

① See Legality of the Use by a State of Nuclear Weapons in Armed Conflict, 8 July 1996, ICJ, Advisory Opinion, Preliminary Objections, I. C. J. Reports 1996, para. 26.

② Anja Lindroos, Addressing Norm Conflicts in a Fragmented Legal System: The Doctrine of Lex Specialis, *Nordic Journal of International Law*, Vol. 74, 2005, pp. 30 – 31.

③ Bruno Simma and Dirk Pulkowski, Of Planets and the Universe: Self-Contained Regimes in International Law, *European Journal of International Law*, Vol. 17, No. 3, 2006, p. 492.

④ John H. Jackson, *The World Trading System: Law and Policy of International Economic Relations*, Cambridge and London: the MIT Press, 1997, p. 25; Donald M. McRae, The WTO in International Law: Tradition Continued or New Frontier?, *Journal of International Economic Law*, Vol. 3, Issue 1, 2000, p. 27; Ernst-Ulrich Petersmann, Dispute Settlement in International Economic Law – Lessons for Strengthening International Dispute Settlement in Non-Economic Areas, *Journal of International Economic Law*, Vol. 2, Issue 2, 1999, p. 189.

个分支。WTO 规则被认为创制了属于国际公法一部分的国际法律义务。① 在起草 WTO 条约时，WTO 条约的许多谈判者没有想到国际公法的事实，并不是一个有效的法律主张。它最多相当于 WTO 条约没有更明确处理 WTO 规则与其他国际法规则之间关系的一个借口。② 应当指出，除了少数例外（如强行法），各当事方可以明确排除国际法规则。③ 在理论上，国家可以排除一个或更多的，或所有的一般国际法规则（强行法除外），但它们不能排除国际法体系。④

约翰·H. 杰克逊也认为，WTO 体制从来都不是一个封闭的制度，有相当充分的证据证明那些观点（即主张 WTO 体制是一个封闭的制度）是错误的。即使是晚期关贸总协定的判例也都提到了维也纳公约和习惯国际法规则。后来的专家组报告也提到国际法原则。甚至 WTO 的第一起案子汽油案，也明确提到国际法——特别包括维也纳公约第 31 条——作为专家组和上诉机构的指引。⑤ 上诉机构承认，GATT 仍然稳固地植根于一般国际法，该协定（GATT）"是不应在与国际公法临床隔离中解读的"。⑥ 因此，建立

---

① Joost Pauwelyn, Enforcement and Countermeasures in the WTO: Rules Are Rules – Toward a More Collective Approach, *American Journal of International Law*, Vol. 94, No. 2, 2000, pp. 335, 336.

② Joost Pauwelyn, The Role of Public International Law in the WTO: How Far Can We Go?, *American Journal of International Law*, Vol. 95, No. 3, 2001, p. 538.

③ 比如，一项具有不同内容的条约规则可以取代原先的习惯法规则。在北海大陆架案中，国际法院认为："在实践中，在特定情况下或两个特定当事方之间，可以通过协定减损国际法规则。" See North Sea Continental Shelf Case [1969] ICJ Rep 4, p. 42, para. 472.

④ Joost Pauwelyn, The Role of Public International Law in the WTO: How Far Can We Go?, *American Journal of International Law*, Vol. 95, No. 3, 2001, p. 539.

⑤ John H. Jackson, Fragmentation or Unification among International Institutions: International Law and Politics, *Journal of International Law and Politics*, Vol. 31, No. 4, 1999, pp. 828 – 829.

⑥ United States – Standards for Reformulated and Conventional Gasoline, WT/DS2/AB/R, p. 17; see also US – Import Prohibition of Certain Shrimp and Shrimp Products, WT/DS58/AB/R, paras. 154 – 157.

一个"封闭紧密的法律子系统"，就 WTO 而言，显得没有必要。①

在普遍排除一般国际法适用的意义上，没有任何现有的条约制度是自给自足的。②"自足制度"这一用词是不当用语。任何法律制度都不可能脱离一般国际法，甚至此种脱离是否可能发生都令人怀疑。③ 每一种特别制度都可以在下列三方面与一般国际法挂钩：（1）特别制度的效力，包括其建立方面的效力条件，根据一般国际法的各项原则决定。（2）由于特别制度是"特别的"，它不能提供其运作的所有条件，一般法为此目的提供资源。这不是将一般法纳入特别制度的问题，而是源于一般法的"普遍性"，换言之，源于国际法的系统性质（systemic nature）的问题。（3）一般国际法规定了特别制度"失败"的后果。然而，通常不可能由某一特别制度本身来决定该制度在什么时候是"失败"的。无法对失败做出权威性确定或许正是此类失败——例如，当特别的解决争端制度不起作用时——的一个方面。④ 具体到 WTO 制度，至少在上述（1）和（2）方面 WTO 法是与一般国际法存在联系的。

没有条约在"规范的真空"中适用，而是转而参考许多有关其生效、解释和适用的一般的、往往是不成文的习惯法原则。⑤ WTO 制度没有规定包含有关解释、审查的标准、举证责任的任何具体规则，在这些领域，WTO 制度不得不参考一般国际法的规则和原则，因此，WTO 不是一个自给自足的制度。WTO 必须是开放

---

① Yuval Shany, *The Competing Jurisdictions of International Courts and Tribunals*, Oxford: Oxford University Press, 2003, pp. 185 – 186.

② Report of the Study Group on Fragmentation of International Law, UN Doc. A/CN. 4/L. 628 (2002), para. 153.

③ Report of the Study Group on Fragmentation of International Law, UN Doc. A/CN. 4/L. 628 (2002), para. 193.

④ Report of the Study Group of the ILC, Fragmentation of International Law: Difficulties Arising from the Diversification and Expansion of International Law, Finalized by Martti Koskenniemi, A/CN. 4/L. 682, 13 April 2006 (Analytical Study), para. 194.

⑤ 即使是欧洲法院也声称，一般国际法原则剩余地适用于欧共体范围内。See Opinion 1/91, EEA I, 14 Dec. 1991, [1991] ECR, I – 6079, paras. 39, 40。

的，与其他法律领域交流，如果它仍然是一个可维持下去的组织。不存在像孤岛那样的制度，① 在这个高度一体化、相互依存的世界（全球化），尤其是这样。② 上诉机构在认为"总协定不得在与国际公法临床隔离中解读"时，确认了该制度的开放性。③ 如果将WTO 视为一个自给自足的制度，并把国际公法领域视为"画地为牢"的分裂制度，将使 WTO 只关注经济福利；而没有关注其他条约中可能表达的同等的其他价值。④ 因此，WTO 确实考虑到国际法的其他规范。WTO 是十分清楚其他规范的制度存在以及它不是在国际领域中单独行事的事实。⑤ 现在很少人否认，WTO 具有重要的政治、道德、伦理和社会影响。WTO 不仅仅是解决贸易问题的单纯的技术制度，而是在许多方面与国际法互动，其适用依赖于一般国际法的规则和原则、判例法，甚至法律推理。凭借自己争端解决的方式，WTO 承认它不是完全脱离国际法运作的一个自给自足的制度，不再脱离一般国际法看待自由贸易的规则。⑥

作为一个真正的国际组织，WTO 包括一个完整的、独特的法律秩序。但是，这种完整的法律制度不是"临床隔离的"，因此，

---

① 鲍威林创设了一个比喻："相互联系的岛屿（inter-connected islands）"。See Joost Pauwelyn, Bridging Fragmentation and Unity: International Law as a Universe of Inter-Connected Islands, *Michigan Journal of International Law*, Vol. 25, No. 4, 2004, p. 903。

② Sungjoon Cho, Book Review of Conflict of Norms in Public International Law: How WTO Law Relates to other Rules of International Law by Joost Pauwelyn, *World Trade Review*, Vol. 5, Issue 2, 2006, p. 307.

③ United States – Standards for Reformulated and Conventional Gasoline, WT/DS2/AB/R, p. 17.

④ Joost Pauwelyn, How to Win a World Trade Organization Dispute Based on Non-World Trade Organization Law? Questions of Jurisdictions and Merits, *Journal of World Trade*, Vol. 37, No. 6, 2003, pp. 1028 – 1029.

⑤ Pascal Lamy, The Place of the WTO and its Law in the International Legal Order, *European Journal of International Law*, Vol. 17, No. 5, 2006, p. 981.

⑥ Anja Lindroos & Michael Mehling, Dispelling the Chimera of "Self-Contained Regimes" International Law and the WTO, *European Journal of International Law*, Vol. 16, No. 5, 2005, p. 875.

必须在符合国际法原则的基础上协调地加以解释。WTO 尊重一般国际法，而同时使之适应国际贸易的现实。[1] 坚持使用维也纳公约是 WTO 被视为充分融入国际法律秩序一个明确的证实。[2] 根据 DSU 第 3.2 条的要求，应当按照解释国际公法的习惯规则解释 WTO 协定。在解释和适用 WTO 协定过程中，特别是通过维也纳公约第 31（3）（c）条的指引，在更广泛的国际法体系背景中解释条约，是一种重要的避免冲突的工具。正如《国际法委员会的分析研究报告》指出，第 31（3）（c）条"像开启国际法这座大厦的一把'万能钥匙'那样运转"。[3] 而且，这种援引非 WTO 国际法规则的事实是不能被否认的。WTO 融入国际法律秩序的另外一个特点是，它为在其他场所制定的国际标准和规范规定法律价值和地位。例如，《SPS 协定》规定，各成员方以食品法典委员会（Codex Alimentarius）、国际兽疫局（International Office of Epizootics）和《国际植物保护公约》（International Plant Protection Convention）的标准为根据制定的措施，被推定为符合 WTO。[4]

　　总之，WTO 绝不是孤立于非 WTO 国际法运作的"自给自足的制度"，WTO 协定不是存在于一个不受一般国际法影响的制度中。WTO 法是在国际公法的大背景中创制的，WTO 规则构成更广泛的国际公法内容的一部分，它丰富和发展了国际公法理论和实践；反过来，国际公法理论和实践的发展和变迁，也将对 WTO 法产生并保持重要影响。在一定程度上，WTO 法在某些方面是"自我封闭"

---

[1]　Pascal Lamy, The Place of the WTO and its Law in the International Legal Order, *European Journal of International Law*, Vol. 17, No. 5, 2006, p. 972.

[2]　Pascal Lamy, The Place of the WTO and its Law in the International Legal Order, *European Journal of International Law*, Vol. 17, No. 5, 2006, p. 979.

[3]　Report of the Study Group of the ILC, Fragmentation of International Law: Difficulties Arising from the Diversification and Expansion of International Law, Finalized by Martti Koskenniemi, A/CN. 4/L. 682, 13 April 2006 (Analytical Study), para. 420.

[4]　Pascal Lamy, The Place of the WTO and its Law in the International Legal Order, *European Journal of International Law*, Vol. 17, No. 5, 2006, p. 979.

的,尤其是国家责任方面的制度以及 WTO 争端解决中的法律适用
方面,但这应被视为仍然属于国际公法理论和实践的一个重要发
展。"自给自足制度"在国际法中没有法律依据,尽管对它的幻想
仍然是一个"幽灵",在法理辩论中持续出现,但是,这个概念最
好仅限于神话和寓言的世界。①

第二节 作为解释工具的非 WTO 规则与 作为非 WTO 规则的解释规则

并非所有约束 WTO 各成员方的法律,尤其是实体的非 WTO
国际法规则,都当然地适用于 WTO 争端解决。WTO 裁决机构只是
在有必要时使用非 WTO 国际法作为解释的补充资料,或者说,在
适用和解释 WTO 协定时,非 WTO 规则可以作为解释的有用工具。
这就提出了哪些非 WTO 国际规则是与某一 WTO 争端有关的,以
及是否允许扩及审查其他所有条约义务的问题。而且,如果在争端
解决中非 WTO 规则与 WTO 规则之间存在冲突,还必须使用一些
国际法的条约解释规则,比如推定为不冲突和演变的解释等,对非
WTO 规则和 WTO 规则进行协调一致的解释。这种协调一致的解
释,不但有利于 WTO 争端的有效解决,而且,能够促进 WTO 法
的一致性。在性质上,这些被广泛使用的国际法中的条约解释规则
也属于"非 WTO 规则"。

一 作为解释工具的非 WTO 规则

在 WTO 争端解决中只能适用 WTO 涵盖协定的规定,非 WTO
国际法规则至多只能用来作为解释 WTO 协定的补充资料,或者是

---

① Anja Lindroos & Michael Mehling, Dispelling the Chimera of "Self-Contained Regimes" International Law and the WTO, *European Journal of International Law*, Vol. 16, No. 5, 2005, p. 877.

用来作为解释 WTO 义务的工具。DSU 第 3.2 条规定专家组和上诉机构必须使用"解释国际公法的习惯规则"以解释 WTO 涵盖协定的现有规定。在美国—汽油案中，上诉机构认为，"解释国际公法的习惯规则"包括维也纳公约第 31 条，其"已取得习惯或一般国际法规则的地位"。① 在随后的案件中，包括日本—酒精饮料案、欧共体—家禽案和欧共体—计算机设备案，上诉机构确认，在解释 WTO 协定时，维也纳公约第 31 条（以及第 32 条）是有关的，② 特别重要的是第 31（3）（c）条，该条要求在解释条约用语的通常意义时，解释者也应考虑"适用于当事国间关系的任何有关国际法规则"，那么，这项规定是否允许 WTO 裁决机构在解释 WTO 协定时扩及对其他所有国际法的审查？

（一）考虑任何与争端有关的国际法规则的目的

在 WTO 争端解决中，WTO 裁决机构只能适用涵盖协定，并不意味着 WTO 专家组和上诉机构应脱离其他国际法而解释和适用涵盖协定的规定。上诉机构在美国—汽油案的报告中指出，不能与国际公法"临床隔离"解释 WTO 协定。③ 避免"临床隔离"解释的一个有效的方法是援引 DSU 第 3.2 条，进而借助维也纳公约第 31（3）（c）条把一些有关的非 WTO 国际权利和义务引入任何 WTO 规定的解释性分析之中。可以说，在解释具体的条约规定（如 WTO 的规定）而必须考虑与争端有关的非 WTO 国际法规则时，维也纳公约第 31（3）（c）条是一个"工具箱"。事实上，维也纳公

---

① United States – Standards for Reformulated and Conventional Gasoline, WT/DS2/AB/R, p. 17.

② See Japan – Taxes on Alcoholic Beverages, WT/DS8/AB/R, WT/DS10/AB/R, WT/DS11/AB/R, pp. 11 – 12; European Communities – Measures Affecting the Importation of Certain Poultry Products, WT/DS69/AB/R, para. 26; EC – Computer Equipment, WT/DS62/AB/R, WT/DS67/AB/R, WT/DS68/AB/R, para. 84.

③ Gabrielle Marceau & Anastasios Tomazos, Comment on Joost Pauwelyn's Paper: "How to Win a WTO Dispute Based on Non-WTO Law?", in Griller Stefan (ed.), *At the Crossroads: The World Trading System and the Doha Round*, Vienna: Springer, 2008, p. 70.

约第 31（3）（c）条可被视为解释者有义务"知道"及应考虑的 WTO 争端各方之间其他国际义务的重要考量因素。因此，在解释条约义务，比如那些与《WTO 协定》相互影响的各种条约规定的义务时，维也纳公约第 31（3）（c）条是特别有关的。① 因此，就像解释任何其他条约一样，应以考虑其他有关国际法规则的方式解释 WTO 协定。

事实上，在 WTO 争端解决中，专家组和上诉机构已经使用了这些依据解释 WTO 协定，但它们并不总是明确说明它们正在援引的是哪些。② 例如，在一些争端报告中，上诉机构只是笼统地提到维也纳公约第 31 条，但没有提到任何具体的款项。不过，无论如何，第 31（3）（c）条是有关的。在某些情况下，按照维也纳公约第 31（3）（c）条，甚至一项双边协定也可能被视为"适用于当事国间关系的任何有关国际法规则"。上诉机构在欧共体—鸡块案

---

① Gabrielle Marceau, Conflicts of Norms and Conflicts of Jurisdictions, The Relationship between the WTO Agreement and MEAs and other Treaties, *Journal of World Trade*, Vol. 35, No. 6, 2001, p. 1085.

② 例如，在欧共体—计算机设备案，美国声称，欧洲共同体无权提高对某些计算机项目的约束，违反其关税约束和先前的惯例。上诉机构责备专家组没有审查并非 WTO 涵盖协定的《统一商品名称及编码系统国际公约》（International Convention on the Harmonized Commodity Description and Coding System）及其《解释性说明》："我们对事实感到困惑的是，该专家组在努力解释《第 80 号减让表》的条款时，没有考虑《统一系统》及其《解释性说明》。我们注意到，在乌拉圭回合谈判期间，欧洲共同体和美国都是《统一系统》的当事方……在专家组，无论是欧洲共同体，还是美国都不认为《统一系统》及其《解释性说明》与《第 80 号减让表》的条款的解释有关。然而，我们认为，《第 80 号减让表》正确的解释本来应包括审查《统一制度》及其《解释性说明》。" See European Communities – Measures Classification of Certain Computer Equipment, EC – Computer Equipment, WT/DS62/AB/R, WT/DS67/AB/R, WT/DS68/AB/R, para. 89. 在欧共体—家禽案中，上诉机构不得不考虑的一个非 WTO 协定的相关性，即争端中的两个 WTO 成员方之间根据 GATT 第 28 条缔结的，并且构成争论中的关税约束依据的一项协定。上诉机构维持了专家组的裁决，适用 WTO 关税约束下巴西的义务，而不是规定在双边《油籽协定》中的那些义务。不过，该《油籽协定》被用来作为解释 WTO 规定的补充资料。See EC – Poultry, WT/DS69/AB/R, para. 79。

的报告中认为，如果第 31（3）（c）条的标准得到满足，《统一商品名称及编码系统国际公约》（简称"《统一系统》"或"HS 条约"）可视为"适用于当事国间关系的有关国际法规则"。[①] 在该案中，HS 条约被承认是《WTO 协定》的法律背景。

必须强调的是，维也纳公约第 31（3）（c）条仅是指有关"解释"的法律渊源，所以，它不会直接引入实体原则——它们只是被作为解释的问题加以考虑。[②] 这种"考虑"非 WTO 规则的义务的目的不是要实施、适用或执行这些非 WTO 协定规定的权利和义务。相反，其目的是在解释 WTO 协定规定的权利和义务时考虑它们，以确保 WTO 法律制度与国际法的其他法律制度协调一致地发展。[③] 也就是说，一个解释者在使用非 WTO 国际法规则（比如一些 WTO 成员方之间缔结的一项非 WTO 条约）时，其目的是用来解释 WTO 的规定，而不是要执行该非 WTO 条约的规定，或者是要修改《WTO 协定》。比如，两个 WTO 成员方之间在发生争端的情况下，一个解释者可能把它们都是当事国的另一条约的规定视为与争端有关。而且，在 WTO 争端解决中，使用一项双边条约，以协助解释争端的两个 WTO 成员方的义务，这似乎已被上诉机构所接受。如前所述，在欧共体—计算机设备案中，上诉机构曾批评专家组没有审查美国和欧洲共同体都是缔约方的《统一系统》的规定。[④]

总之，维也纳公约第 31（3）（c）条旨在促进国际法的一致性，该条要求专家组和上诉机构必须考虑任何与争端有关的其他国

---

① See EC – Chicken Cuts, WT/DS269/AB/R, WT/DS286/AB/R, para. 195.

② Michael Lennar, Navigating by the Stars: Interpreting the WTO Agreements, *Journal of International Economic Law*, Vol. 5, Issue 1, 2002, p. 17.

③ Gabrielle Marceau, A Call for Coherence in International Law – Praises for the Prohibition Against "Clinical Isolation" in WTO Dispute Settlement, *Journal of World Trade*, Vol. 33, No. 5, 1999, p. 128.

④ See European Communities – Measures Classification of Certain Computer Equipment, WT/DS62/AB/R, WT/DS67/AB/R, WT/DS68/AB/R, para. 89.

际法规则，这将确保以促进国际法一致性的方式澄清 WTO 义务，从而以与其他条约相互支持并避免冲突的方式，对被解释的条约和其他有关国际法规则进行解释。① 这也是符合国际法不存在冲突这一推定的。

（二）可考虑的与争端有关的国际法规则的范围

维也纳公约第 31（3）（c）条规定："应与上下文一并考虑者尚有：……适用于当事国间关系的任何有关国际法规则。"此处的"任何有关国际法规则"似乎规定了一个审查国际公法广泛的任务。② 即在解释 WTO 的规定时，专家组和上诉机构有义务"考虑"范围广泛的有关国际法规则，包括条约、习惯法规则和一般法律原则等，甚至包括《国际法院规约》第 38 条规定的所有国际法。因此，有必要分析在多大范围内 WTO 裁决机构可以解释和审查一项非 WTO 规则。严格来说，在 WTO 争端解决中，可考虑的、与争端有关的国际法规则的范围取决于这些规则中哪些可"适用于当事国③间关系（applicable in the relations between the parties）"。不过，关于"当事国（parties）"这个用语，至少有三种可能的解释。

其一，"当事国"狭义的解释可分两种情况：第一种情况是把"当事国（parties）"明确地解释为指"所有的 WTO 成员"。换句话说，一个被用来解释 WTO 义务的非 WTO 条约，必须与《WTO 协定》具有相同的成员。第二种情况是当其他国际法规则反映了所有 WTO 成员方暗示的或默许的共同意图时，上诉机构在解释

---

① See Gabrielle Marceau & Anastasios Tomazos, Comment on Joost Pauwelyn's Paper："How to Win a WTO Dispute Based on Non-WTO Law?", in Griller Stefan（ed.）, *At the Crossroads：The World Trading System and the Doha Round*. Vienna：Springer, 2008, pp. 70 – 71.

② 在美国—虾案中，上诉机构已经表示，它的任务是"解释序言的规定，并酌情从国际法的一般原则寻求更多的解释性指导"。See US – Shrimp, WT/DS58/AB/R, para. 158。

③ 在 WTO 的语境中，"当事国"是指"WTO 成员方"。

WTO 协定时可以引用该规则。① 狭义解释的方法似乎为美国—金枪鱼（欧洲经济共同体）案的专家组作出排除任何考虑《濒危物种贸易公约》的裁决提供了依据，因为它是一项只有一些 GATT 缔约方签署的多边协定。②

其二，"当事国"广义的解释有三种主张。第一种主张是指争端的当事各方（parties to a dispute），也就是说，只要争端的当事各方都是条约的当事国，WTO 裁决机构就可以使用这样的条约。帕米特和马弗鲁第斯持这种主张："当事国"是指争端的当事各方，而不是 WTO 各成员方（parties to the WTO）。③ 维斯也认为，对于不被 WTO 法提到或纳入的非 WTO 条约，如果它们对有关案件的所有争端方都具有约束力，在解释 WTO 法时必须对之加以考虑。④ 因此，如果争端的当事各方也是一项多边环境协定的当事国，就此事项而言，该协定就足以说是有关的，而无需所有 WTO 成员方都是该多边环境协定的当事国，以满足这一标准。比如，在美国—虾案中，争端的所有各方也都是《濒危物种贸易公约》的当事国。⑤ 无疑，这一立场强化了第 31（3）（c）条可以用于条约有不同的成员的观点。第二种主张是加布里埃·玛索提出的。她承认帕米特和马弗鲁第斯关于"当事国"含义的观点，但她提出

① Joost Pauwelyn, The Role of Public International Law in the WTO: How Far Can We Go?, *American Journal of International Law*, Vol. 95, No. 3, 2001, p. 575.

② GATT 专家组指出："首先要确定在何种程度上这些条约与《总协定》（General Agreement）文本的解释是有关的。"专家组的结论是，它们是不相关的。专家组指出："争端的各方引用的协定是双边或诸边（plurilateral）协定，并不是在总协定的缔约方之间缔结的，而且它们不适用于《总协定》的解释或其规定的适用。"See United States - Restrictions on Imports of Tuna, DS29/R, June 16, 1994, para. 5. 19。

③ David Palmeter & Petros C. Mavroidis, The WTO Legal System: Sources of Law, *American Journal of International Law*, Vol. 92, No. 3, 1998, p. 411.

④ Wolfgang Weiss, Security and Predictability under WTO Law, *World Trade Review*, Vol. 2, Issue 2, 2003, pp. 210 - 211.

⑤ See United States - Import Prohibition of Certain Shrimp and Shrimp Products, WT/DS58/R, para. 7. 57.

"一个更好的办法": "当事国" 这个用语是指 "被解释条约的全部当事国的一个子集 (subset)", 即按照有关条约, 其关系被审查的特定国家。玛索认为, 在某些情况下, 也可以按照第 31 (3) (c) 条考虑一项双边协定。她还认为, 参考 "任何有关国际法规则" 似乎提供了一个广泛审查国际公法的任务, 而且, 可以认为专家组和上诉机构必须考虑《国际法院规约》第 38 条中提到的所有国际法。① 第三种主张认为至少 WTO 争端各方也必须是被援引的非 WTO 条约的当事国。一项国际法规则仅在对国家有法律约束力时方可对该国适用。这个理解为维也纳公约第 2 (1) (g) 条所确认, 该款为 "当事国" 这个用语下了这样的定义: "同意承受条约拘束及约对其有效的国家"。这意味着在 WTO 争端的案例中, 至少 WTO 争端各方也必须是该条约的当事国。但是, 除了那些作为 WTO 争端各方的成员方之外, 国际法规则应在法律上约束多少 WTO 成员方, 仍然是一个未决问题。②

其三, 对 "当事国" 的更宽泛的解释是, 只要有一个以上的 WTO 成员方 (但少于所有 WTO 成员方) 是其当事国, 就可以使用该非 WTO 条约解释 WTO 义务。主张这种解释的学者是从整个第 31 条中的 "当事国" 这个用语的不同用法中寻找依据的。其中, 第 31 (2) (a) 条提到 "全体当事国间 (between all the parties) 所订与条约有关的任何协定", 以及第 31 (2) (b) 条提到 "一个以上当事国 (one or more parties)" 和 "经其他当事国接受 (accepted by the other parties)" 的一项文书。因此, 可以认为, 由于在 "当事国" 之前没有使用 "全体" 或 "一个以上" 加以修

---

① Gabrielle Marceau, A Call for Coherence in International Law – Praises for the Prohibition Against "Clinical Isolation" in WTO Dispute Settlement, *Journal of World Trade*, Vol. 33, No. 5, 1999, pp. 119, 123, 125.

② Joshua Meltzer, Interpreting the WTO Agreements – A Commentary on Professor Pauwelyn's Approach, *Michigan Journal of International Law*, Vol. 25, No. 4, 2004, pp. 917 – 918.

饰，第 31（3）（b）和（c）条中"当事国（the parties）"的使用可理解为允许考虑由少于所有 WTO 成员方，但不止一个成员方签署的条约。不过，这种更宽泛的解释存在的问题是，只有争端的其中一个当事方签署的条约是否可被视为"适用于当事国间关系的有关国际法规则"？而争端他方并非该条约当事国的事实，在解释WTO 义务时是否影响对该条约的使用？

（三）有关国际法规则的范围对解释工具的影响

对"当事国"这个用语的狭义解释方法虽然提供了一项概念明确的规则，但它也具有一定的局限性。这种解释方法将导致 WTO 专家组和上诉机构在解释和适用 WTO 协定时按照第 31（3）（c）条可以使用的解释工具或需要审查的有关国际法规则大为减少。尽管有些国际条约可能有更广泛的成员，但很少国际条约具有相同的成员。假如维也纳公约第 31（3）（c）条被理解为只是指这些对所有 WTO成员方具有法律约束力的非 WTO 国际法规则，这将有效地阻止专家组和上诉机构在解释 WTO 义务时考虑大多数国际法规则。而且，要求这种非 WTO 条约至少具有 WTO 的成员方将产生一种不合乎逻辑的情况，并导致矛盾的结果。随着 WTO 成员数量的不断增长，与它的成员相一致的国际条约将越来越少，也就是说，具有相同成员的国际条约的数量与 WTO 成员数量的增长成反比。在理论上，随着其成员方的日益增加，WTO 将越来越孤立于其他国际法律制度，直到有一天，当它的成员数量达到最大值时，WTO 可能就变成真正的"孤家寡人"了。因此，这种解释还可能导致的一个结果是，WTO法将明显地较少受到国际公法变化的影响，相反，其将必须转而依赖成员方通过 WTO 协定的解释以反映其他国际法的变化。[1] 此外，

---

[1] 而根据《WTO 协定》第 9.2 条的规定，除非有四分之三多数，否则 WTO 成员方不能通过 WTO 协定的解释。因此，在实践中，通过正式的解释程序解释 WTO 协定的门槛是很高的，WTO 成员方解释 WTO 协定的能力是有限的。See Joshua Meltzer, Interpreting the WTO Agreements – A Commentary on Professor Pauwelyn's Approach, *Michigan Journal of International Law*, Vol. 25, No. 4, 2004, p. 919。

在一项成员较少的国际条约中的某项规定也可能已获得普遍接受而上升为对所有国家（即使是该条约的非缔约国）都具有约束力的一项习惯国际法规则。

后两种解释至少是曲解的。实际上，被提到的"当事国"一般是指《WTO 协定》的成员方，而不是指争端的当事各方或那些正在被审查的（当事国间）关系的其他一些子集。"当事国"这个用语，维也纳公约第 2 (1) (g) 条中的定义是指"同意承受条约拘束及条约对其有效的国家"，而且，在使用复数形式时，也明确地作为该定义适用。显然，维也纳公约一贯使用的用语是"当事国 (party or parties)"的方式，不仅限于这些参与争端的当事国（争端各方），而是包含更广泛的国家。在提到"争端方 (disputant)"时，维也纳公约使用"争端的当事各方 (parties to a dispute)"或"该争端的当事各方 (parties to the dispute)"。[1] 因此，第 31 (3) (c) 条是指该条约当事国，而不是该条约下某一争端的当事国。[2]

玛索把"当事国"解释为是指"被解释的条约的所有当事国的一个子集"，即，按照有关条约，其关系被审查的特定国家"，[3] 但是，除了争端各方的"子集"以及可能的第三方参与者，在一个上诉机构的报告中，很难看到怎么会有被审查的 WTO 成员方的关系的"子集"。维也纳公约第 31 条的规则适用于规范条约的解释，不论是否存在任何争端。如果没有争端，这些规定仍然有意义和有效性。无论一个组织的特定成员，比如 WTO 的成员方，是否是某一特定的时间点某一问题的争端方，都只能把"当事国"解释

---

① Michael Lennar, Navigating by the Stars: Interpreting the WTO Agreements, *Journal of International Economic Law*, Vol. 5, Issue 1, 2002, p. 17.

② Joost Pauwelyn, The Role of Public International Law in the WTO: How Far Can We Go?, *American Journal of International Law*, Vol. 95, No. 3, 2001, p. 575.

③ Gabrielle Marceau, A Call for Coherence in International Law – Praises for the Prohibition Against "Clinical Isolation" in WTO Dispute Settlement, *Journal of World Trade*, Vol. 33, No. 5, 1999, p. 125.

为是指该条约的当事国。国际法委员会的评注也不支持在这种情况下给予"当事国"这一用语任何更狭隘的意义，并且指出，没有明确提到全体当事国并不意味着被提及的是一个更小的数目。[1]因此，"当事国"是指任何 WTO 成员方的"子集"，这种理解也不符合立法原意，而且有点模模糊糊，倒像是"雾里看花"。

　　后两种方法也可能给 WTO 法带来一些不确定性。这两种方法可能允许诉诸更广泛的国际法体系以解释 WTO 义务，使用具有不同成员的条约可能会导致被用来解释不同国家之间的争端中 WTO 义务的解释工具不同。在解释 GATT 第 20 条时，一组当事方之间的一项争端和另一组当事方之间的一项争端涉及相同事项，但在争端解决中却可能涉及诉诸不同的"有关"国际法规则。例如，在欧共体—家禽案中，上诉机构提到争端各方之间的双边《油籽协定》，尽管这项协定在涉及另一 WTO 成员方的相同事项的一项争端中将是不可使用的，即使欧共体的关税承诺对所有 WTO 成员方是相同的。当然也有认为，在实践中，使用不同的解释工具将不成问题。在 WTO 法律制度中，基于若干原因这些可能会被容忍。这是因为，首先，DSU 没有规定"遵循先例"的原则，WTO 裁决机构的报告只对争端当事方具有约束力。[2] 对所有 WTO 成员方具有约束力的正式解释通过总理事会（《WTO 协定》第 9 条）专门保留给全体成员方；专家组和上诉机构作出的解释不具有普遍适用性。其次，WTO 争端解决机制是为了解决特定当事方之间的争端。[3] 最后，如果由于有关国际条约的当事国并非 WTO 的所有成员方，导致 WTO 不能审查与争端有关的国际条约，可能会造成 WTO 裁决机构无法

---

[1]　International Law Commission Commentary on the Draft Vienna Convention, *Yearbook of the International Law Commission*, 1966, Vol. II (ILC Commentary), p. 222.

[2]　See Japan – Taxes on Alcoholie Beverages, WT/DS8/AB/R, WT/DS10/AB/R, WT/DS11/AB/R, p. 12.

[3]　Gabrielle Marceau, A Call for Coherence in International Law – Praises for the Prohibition Against "Clinical Isolation" in WTO Dispute Settlement, *Journal of World Trade*, Vol. 33, No. 5, 1999, pp. 126 – 127.

调查清楚整个争端的法律背景并作出正确裁决。

至于只有争端的其中一个当事国签署的条约是否可被视为"适用于当事国间关系的有关国际法规则"的问题，应该说，由一个当事国接受的一项非 WTO 条约仍可以在解释 WTO 义务中提供一些协助，尽管其价值比较有限。① 也就是说，虽然不受该条约下具体的法律义务的约束，但该条约仍可被视为"适用于当事国间关系"，因为一个非当事国将仍然受其直接影响。不过，尽管这种做法可提供所涉及的更广泛来源的解释资料，以鼓励条约解释的一致性，但是，可以认为这种做法不适当地使非当事国的权利受到一项非 WTO 条约的限制。② 根据《国际法委员会的分析研究报告》，"一个更好的解决办法是，允许参照另一个条约，只要争端的当事方也是另一条约的缔约方"。③

总之，对维也纳公约第 31（3）（c）条规定的不同理解，会产生这样的局限性或那样的不确定性，而有关国际法规则范围的大小将对可用来澄清 WTO 义务的解释工具产生影响。实际上，1969 年维也纳公约已经走过风风雨雨 40 多年，国际法也走过了漫长的道路，因此，就如何处理 WTO 多边贸易体制与其他国际法规则之间大量的协调，维也纳公约关于条约解释的条款已无法再提供适当的指导。④

---

① 在欧共体—计算机设备案中，上诉机构指出，"只有一个当事方的先前惯例可能是相关的，但它的价值比所有当事方的惯例显然更为有限。"See European Communities – Customs Classification of Certain Computer Equipment, WT/DS62/AB/R, WT/DS67/AB/R, WT/DS68/AB/R, para. 93。

② Gabrielle Marceau, A Call for Coherence in International Law – Praises for the Prohibition Against "Clinical Isolation" in WTO Dispute Settlement, *Journal of World Trade*, Vol. 33, No. 5, 1999, pp. 125 –126.

③ Report of the Study Group of the ILC, Fragmentation of International Law: Difficulties Arising from the Diversification and Expansion of International Law, Finalized by Martti Koskenniemi, A/CN. 4/L. 682, 13 April 2006 (Analytical Study), para. 472.

④ Joshua Meltzer, Interpreting the WTO Agreements – A Commentary on Professor Pauwelyn's Approach, *Michigan Journal of International Law*, Vol. 25, No. 4, 2004, p. 923.

（四）非 WTO 国际法规则是否"有关"的确定

如前所述，维也纳公约第 31（3）（c）条中的所谓"任何有关国际法规则"似乎规定了一个审查国际法的广泛任务，因此，习惯国际法规则或各国接受的一般法律原则等都必须考虑进去，有些条约也必须加以考虑。① 比如，上诉机构在美国—虾案中就使用了各种非 WTO 国际法规则，以协助其解释 WTO 的规定。② 这一条款的作用就像开启国际法这座大厦的一把"万能钥匙"。假如两个或两个以上的规则之间存在不一致、冲突、重叠等——而且没有其他任何解释手段能提供解决办法，那么就可能始终必须诉诸该条，以便以一种经缜密分析的方法来处理问题。③

使用非 WTO 国际法规则（如多边环境协定的规定）解释 WTO 义务也可能需要专家组和上诉机构解释该规则本身，即使只是要确定被援引的非 WTO 规则是否与争端有关。而且，它们有权解释其他法律规则的相关性，以履行其解释 WTO 规定的权利和义

---

① Gabrielle Marceau, Conflicts of Norms and Conflicts of Jurisdictions, The Relationship between the WTO Agreement and MEAs and other Treaties, *Journal of World Trade*, Vol. 35, No. 6, 2001, p. 1089.

② 在该案中，上诉机构审查了《联合国海洋法公约》《生物多样性公约》《21 世纪议程》《养护野生动物的游动种群的公约》等公约及其他国际法律文书中使用的"自然资源（natural resources）"一词；在同一案件中，在解释《WTO 协定》序言中所提到的"可持续发展"时，它提到《里约环境与发展宣言》和《21 世纪议程》等国际法律文书；在评估美国的措施是否以相当于不合理的歧视的方式适用，特别是根据其他国际公约，已进行了的以及应进行的协商的方式时，上诉机构还参考了国际（和区域）条约，比如《保护和养护海龟美洲公约》。在这方面，值得一提的是，上诉机构承认，条约的解释会受到以后国际法发展的影响，大概包括新的习惯、一般法律原则和条约。See United States – Import Prohibition of Certain Shrimp and Shrimp Products, WT/DS58/AB/R, paras. 130, 154, 166 – 176。

③ See Report of the Study Group of the ILC, Fragmentation of International Law: Difficulties Arising from the Diversification and Expansion of International Law, Finalized by Martti Koskenniemi, A/CN. 4/L. 682, 13 April 2006 (Analytical Study), para. 420.

务的职责。也就是说，专家组和上诉机构除了可能必须解释该非 WTO 规则以外，还可能需要审查非 WTO 规则，以确定其他国际法规则是否与争端有关。在欧共体—香蕉案（三）中，上诉机构考虑到专家组的陈述，它们"别无选择，只能审查"非 WTO 协定的"规定"——《洛美公约》，只要对解释 WTO 规则是有必要的。①

显然，作为争端解决机构，专家组和上诉机构的职权仅限于在处理问题的必要范围内解释和审查非 WTO 规则。而且，在 WTO 争端解决中，任何此种规则的使用都应符合"适用于当事国间关系"的要求，例如有关的 WTO 成员方都必须成为被用来解释 WTO 协定的非 WTO 国际条约（如多边环境协定）的当事国。不过，由于缺乏具体的指导，确定什么样的规则是"有关的"需要通过审查标准，如争端的事项和被审查的规则内容等，逐案确定。例如，一个由数目有限的国家签署的条约，比如，控制只存在于这些国家的特定的疾病，将与在控制这种疾病的背景下采取的贸易措施是"有关的"。② 又如，在涉及一项必需的、被允许实施的多边环境协定措施的情况下，专家组至少可以作出有关多边环境协定的事实方面的决定。换言之，专家组可以审查该多边环境协定，以确定该多边环境协定是否包含争端各当事方，以及该多边环境协定是否包含适用于当事国间关系的有关国际法规则。

此外，尽管维也纳公约第 31（3）（c）条要求解释者在解释 WTO 协定时考虑和使用范围广泛的非 WTO 国际法规则，但是它并没有规定必须赋予这些规则一定的重要性和价值。不过，当被解释

---

① Europem Communities – Regime for the Importation, Sale and Distribution of Bananas, WT/DS27/AB/R, para. 162.

② Gabrielle Marceau, A Call for Coherence in International Law – Praises for the Prohibition Against "Clinical Isolation" in WTO Dispute Settlement, *Journal of World Trade*, Vol. 33, No. 5, 1999, p. 123.

条约的缔约方也是其他条约的缔约方、当条约规则已经形成或反映习惯国际法，或者当其表明了缔约方对于被解释条约的宗旨和目的或特定用语含义的共同理解时，这类其他规则尤其重要。① 然而，这些非 WTO 国际法规则只有在其与某一 WTO 争端有关的情况下，它们才被赋予重要性和价值。无论如何，在 WTO 争端解决中，专家组和上诉机构将保持灵活性，在逐案基础上确定哪些非 WTO 规则是有关的，并且使用它们作为澄清 WTO 协定的解释工具。在美国—虾案中，使用许多并非所有的争端方都参加的多边环境协定解释 GATT 第 20（g）条中的"可用竭的自然资源"一词，似乎已是上诉机构的方法。②

（五）小结

在 WTO 争端解决中，专家组和上诉机构不能脱离非 WTO 国际法而解释和适用 WTO 协定的规定，而避免"临床隔离"解释 WTO 协定的一个有效的方法是借助维也纳公约第 31（3）（c）条。与争端有关的非 WTO 国际法规则可作为解释 WTO 义务的工具，在争端解决中考虑有关国际法规则的目的是解释 WTO 协定的规定，而不是要适用或执行这些国际法规则所规定的权利和义务。不过，这些可考虑的、与争端有关的国际法规则应符合"适用于当事国间关系"的要求。使用有关国际法规则解释 WTO 义务也可能需要专家组和上诉机构审查非 WTO 国际法规则，以确定它们是否与争端有关。由于缺乏具体的指导，确定什么样的规则是"有关的"需要逐案确定。

二　作为非 **WTO** 规则的解释规则

WTO 不是应对所有挑战的"灵丹妙药"，在很多情况下它可

---

① Report of the Study Group of the ILC, Fragmentation of International Law: Difficulties Arising from the Diversification and Expansion of International Law, A/CN. 4/L. 702, para. 14 (21).

② See US – Shrimp, WT/DS58/AB/R, fn. 111.

能是无效的，除非其根植于一个起支撑作用的经济、社会和政治
背景以及多方面协调一致的政策框架。自由贸易所产生的利益分
配的挑战、可持续发展环境的需要、公众道德的尊重等，这些政
策都是与 WTO 成员方的其他条约义务交织在一起的。因此，进一
步加强与其他领域的国际协调，将有助于发挥 WTO 的最大功
效。① 由于没有一个统一的中央立法机关，在国际法律制度中，
各个不同领域的规则之间不存在固有的等级关系（强行法除外），
各个领域的国际法规则的制订和发展更是缺乏一致性。也就是说，
WTO 规则在等级上不高于或低于任何其他规则，各国必须设法以
一致的方式协调所有这些规则。另外，国际法庭在适用法律解决
争端的时候也需要解释法律，尤其是对可能存在冲突的各种国际
法规则进行协调一致的解释，这种协调一致的解释，不但有利于
争端的有效解决，而且有利于国际法的统一。在 WTO 争端解决中
也需要协调一致的解释，以促进 WTO 法的一致性。在这种协调一
致的解释中，WTO 专家组和上诉机构使用了本身作为非 WTO 规
则的国际法中的条约解释规则，比如推定为不冲突和演变的解释
等。

（一）推定为不冲突

不论是在国内法，还是国际法中，任何争端解决都不可避免地
需要适用法律，而适用法律又离不开解释法律。按照英美的说法，
解释是指确定合同、法规或条约中用语的含义。② 以协调一致的方
式解释条约的规定以避免冲突的做法，通常是国际公法所固有的。
比如常设国际法院曾使用关于条约整体解释的方法，③ 被后来的国

---

① Pascal Lamy, The Place of the WTO and Its Law in the International Legal Order,
  European Journal of International Law, Vol. 17, No. 5, 2006, p. 982.

② Joel P. Trachtman, The Domain of WTO Dispute Resolution, *Harvard International
  Law Journal*, Vol. 40, No. 2, 1999, p. 339.

③ See Permanent Court of International Justice, PCIJ (1922), Series B, Nos. 2 and 3,
  p. 23: Competence of the I. L. O. to Regulate Agricultural Labour.

际法院所遵循。①

维也纳公约第 31（3）（c）条旨在通过条约解释促进条约义务的"一致性"，因此，按照维也纳公约第 30 条的上下文，在国际法中把有关的条约义务推定为不冲突，从而解释被解释的条约和其他有关国际法规则，达到避免规则冲突的目的。这种解释规则的前提是，国家应被推定为善意履行其条约义务。善意原则意味着，各国被推定善意地谈判其所有的条约，也意味着考虑到所有其他国际法律义务，比如，国际习惯、条约义务和一般法律原则。从这个意义上讲，国家的义务是累积的，因此，应一并解释。在此背景下，解释《WTO 协定》和任何其他条约，都应考虑到相同当事国之间其他有关的、可适用的规则，以期避免与适用于相同国家之间关系的其他有关国际法规则冲突。② 也就是说，不仅是同一条约中的不同规则，对不同条约的善意解释，意味着各国对所有条约的谈判，都被推定为已考虑到它们的其他国际义务。③

在 WTO 争端解决中，专家组和上诉机构在解释 WTO 的规定或义务，尤其是累积的 WTO 义务时，试图采用一种国际法推定为

---

① See ICJ Rep. 1951, p. 15: Reservations to the Convention on the Prevention and Punishment of the Crime of Genocide; ICJ Rep. 1952, pp. 196 – 199: Case Concerning Rights of United States Nationals in Morocco; ICJ Rep. 1953, p. 10: Ambatielos Case. See also Ian Brownlie, *Principles of Public International Law*, Oxford: Clarendon Press, 1998, p. 634; Gerald Fitzmaurice, The Law and Procedure of the International Court of Justice 1951 – 1954: Treaty Interpretation and other Treaty Points, *British Yearbook of International Law*, Vol. 33, 1957, p. 220; Arnold Duncan McNair, *The Law of Treaties*, Oxford: Clarendon Press, 1961, pp. 381 – 382; Ian Sinclair, *The Vienna Convention on the Law of Treaties*, Manchester: Manchester University Press, 1984, pp. 127 – 129.

② Gabrielle Marceau, Conflicts of Norms and Conflicts of Jurisdictions, The Relationship between the WTO Agreement and MEAs and other Treaties, *Journal of World Trade*, Vol. 35, No. 6, 2001, p. 1089.

③ Gabrielle Marceau, Conflicts of Norms and Conflicts of Jurisdictions, The Relationship between the WTO Agreement and MEAs and other Treaties, *Journal of World Trade*, Vol. 35, No. 6, 2001, p. 1089.

不冲突（international law presumption against conflict）的解释规则以避免冲突。① 这一假设不仅适用于不同的 WTO 协定之间的关系，而且也适用于《TRIPS 协定》与《伯尔尼公约》和世界知识产权组织版权条约（WCT）之间的关系，即 WTO 法之外的条约。② 虽然在《TRIPS 协定》中提到《伯尔尼公约》，但是 WCT 与《TRIPS 协定》之间并没有直接的联系。然而，在解释《TRIPS 协定》时，专家组仍然在 WCT 中寻求上下文的指导。③

协调一致的解释不仅适用于累积的 WTO 义务以及 WTO 规则提到或纳入的其他协定，而且还适用于按照国际公法解释 WTO 规则。在 WTO 争端解决中，如果只是适用 WTO 协定，就根本不会发生 WTO 规则与非 WTO 规则之间真实的冲突。在这种情况下，非 WTO 规则仅与 WTO 协定的解释是有关的，非 WTO 规则既不适用，也不能强制实施，它们只是被审查和解释的对象。基于这个原因，在争端解决程序中，只有当被 WTO 规则明确提到或纳入，非 WTO 规则成为可适用的法律，规则冲突才可能发生。在这种情况下，可

---

① 《WTO 协定》是一个"一揽子承诺（Single Undertaking）"，现在是公认的。因此，所有 WTO 义务一般是累积的，各成员方必须同时遵守所有这些义务，除非它们之间有正式的"冲突"。但是，在没有冲突的情况下，仍然存在如解释《WTO 协定》如此广泛的条约的各项规定难以调和的难题。See Korea - Definitive Safeguard Measure on Imports of Certain Diary Products，WT/DS98/R，para. 7. 38, fn. 422. 在土耳其—纺织品案中，专家组也有类似的论述，See Turkey - Restrictions on Imports of Textile and Clothing Products，WT/DS34/R，para. 6. 66. 在其他案件中，比如，加拿大—期刊案、欧共体—香蕉案（三）、印度尼西亚—汽车案等，国际法推定为不冲突的解释规则也被专家组和上诉机构用来处理 WTO 各项规定之间出现的冲突。See Canada - Certain Measures Concerning Periodicals，WT/DS31/AB/R，p. 19；European Communities - Regime for the Importation，Sale and Distribution of Bananas，WT/DS27/AB/R，paras. 219 - 222；Indonesia - Certain Measures Affecting the Automobile Industry，WT/DS54/R，WT/DS55/R，WT/DS59/R，WT/DS64/R，para. 14. 28。

② See US - Section 110（5）of the US Copyright Act，WT/DS160/R，paras. 6. 66，6. 70.

③ Wolfgang Weiss，Security and Predictability under WTO Law，*World Trade Review*，Vol. 2，Issue 2，2003，p. 206.

适用国际法推定为不冲突的解释规则解决冲突。也就是说，WTO
规则与 WTO 法之外的其他国际条约或一般国际法规则之间的冲
突，将可通过协调一致的解释而得以化解或避免。事实上，WTO
协定的规定中经常使用一般的、广泛的条款，为解释留下了余地，
使 WTO 裁决机构得以考虑到非 WTO 国际法中包含的其他国际义
务。

　　协调一致的解释也是维也纳公约第 31 (3) (c) 条所表达的
"体系整合 (systemic integration)" 的一个方式。① 该条处理与条约
解释有关的条约以外重要渊源的情况，并规定了一个维也纳公约框
架内的方法。② 第 31 (3) (c) 条要求条约的解释者考虑 "适用于
当事国间关系的任何有关国际法规则"，这可包括其他条约、习惯
法规则或一般法律原则。③ 例如，GATT1994 第 20 条允许 WTO 成
员方尊重卫生的、植物检疫的、环境的或野生动物保护的义务，至
少只要它们与该条列举的保护人类健康、保护可用竭的自然资源以
及其他政策目标有关。因此，GATT1994 第 20 条的要求可通过诉

---

① 体系整合的基本含义是通过参照国际义务的规范环境（"体系"）解释该国际
　义务。所有国际法存在于与其他法律体系的关系之中，尽管一个法庭可能只对
　某一文书拥有管辖权，但是法庭必须始终联系该文书的规范环境——就是说
　"别的" 国际法——解释并适用该文书。采用体系整合这样一种原则的根本理
　由是，所有条约规定的效力和有效性均来自一般法，其创设与其他条约规定和
　习惯国际法规则确立的权利和义务并存的权利和义务。相对于其他权利和义
　务，此类权利或义务并不拥有任何固有的优先。它们的关系问题只能通过一种
　使它们似乎成为某个连贯一致而有意义的整体的推理过程加以处理。正如
　A. D. 麦克奈尔 (A. D. McNair) 所指出的，这就是它们也必须参照国际法一
　般原则的背景加以适用和解释的原因。See Report of the Study Group of the ILC,
　Fragmentation of International Law: Difficulties Arising from the Diversification and
　Expansion of International Law, Finalized by Martti Koskenniemi, A/CN. 4/L. 682,
　13 April 2006, paras. 413, 414, 423。
② 在许多情况下，解释的问题能够在条约本身的框架内解决。
③ See Conclusions of the Work of the Study Group on the Fragmentation of International
　Law: Difficulties Arising from the Diversification and Expansion of International Law,
　Adopted by the International Law Commission at Its Fifty-eighth Session, A/CN. 4/
　L. 702, 18 July 2006, paras. 17 - 18.

诸非 WTO 国际条约予以澄清。在这种情况下，考虑到例如 GATT1994 第 20 条，非 WTO 规则支持的动物或植物保护显得很重要。在这个框架内，WTO 专家组和上诉机构才有资格参考和审查其他实体的非 WTO 规则。①

如前所述，有些多边环境协定规定了某些贸易措施，而当这些协定的当事国也都是 WTO 成员方的情况下，就存在该多边环境协定的义务与 WTO 义务（例如禁止进口的禁令）之间冲突的可能性。在这种情况下，应使用不冲突的推定解释 GATT 第 20 条。这项推定表明，按照约束争端双方的多边环境协定而采取的行动应被解释为表面符合 GATT 第 20 条，以解决潜在的规则冲突。换言之，可以说，一项多边环境协定规定的贸易措施将被"推定"为满足 GATT 第 20 条的要求。的确，可以这样说，第 31（3）（c）条规定的考虑"适用于当事国间关系的任何有关国际法规则"的义务承认，与其他条约的这种冲突应该在解释被审查的条约中加以避免。②

也就是说，维也纳公约第 31（3）（c）条也要求解释者考虑其他非 WTO 条约的规定，从而得出一致的含义。虽然有人认为，是否只有一个争端的当事方或所有 WTO 的成员方都受非 WTO 法的约束是无关紧要的，③ 但是，如前所述，当被解释条约的当事国也是其他条约的当事国、当条约规则已经形成或反映习惯国际法规则，或者当其表明了当事国对于被解释条约目的和宗旨或某一用语含义的共同理解时，这类其他规则尤为重

① Wolfgang Weiss, Security and Predictability under WTO Law, *World Trade Review*, Vol. 2, Issue 2, 2003, pp. 211 – 212.

② Gabrielle Marceau, A Call for Coherence in International Law – Praises for the Prohibition Against "Clinical Isolation" in WTO Dispute Settlement, *Journal of World Trade*, Vol. 33, No. 5, 1999, pp. 130 – 131.

③ Gabrielle Marceau, Conflicts of Norms and Conflicts of Jurisdictions, The Relationship between the WTO Agreement and MEAs and other Treaties, *Journal of World Trade*, Vol. 35, No. 6, 2001, p. 1099.

要。①

总之，在解释 WTO 的规定时，如果 WTO 专家组和上诉机构认为需要考虑范围广泛的国际法规则，似乎在这一任务的必要范围内，它们将不得不解释和审查这些非 WTO 的其他国际法规则。②通过善意的解释，WTO 法和其他国际法的规定通常可以协调一致，不应低估 WTO 法与其他国际法律制度之间存在一致的可能性。③不过，专家组和上诉机构除了在必要范围内解释和审查非 WTO 规则以外，不能适用和执行非 WTO 规则。

（二）演变的解释

维也纳公约第 31(3)(c)条还包含了"演变的解释(evolutionary interpretation)"规则。演变的解释，也被称为"动态的解释(dynamic interpretation)"，国际法的演变和发展可对条约中的措辞被赋予的意义产生决定性影响，特别是如果这些措辞本身意味着其是相对的或演变的概念，如"公共政策"或"道德的保护"。④ 演变的解释使 WTO 协定中的概念或用语包含其后发展和演变的意义，是一个颇有争议的问题。

演变的解释是发展法律的含义的一种重要的方法和解释规则。基于这个原因，在一定程度上，对条约的规定采用演变的解释，是

---

① Conclusions of the Work of the Study Group on the Fragmentation of International Law: Difficulties Arising from the Diversification and Expansion of International Law, Adopted by the International Law Commission at Its Fifty-eighth Session, A/CN. 4/ L. 702, 18 July 2006, para. 21.

② Gabrielle Marceau, A Call for Coherence in International Law – Praises for the Prohibition against "Clinical Isolation" in WTO Dispute Settlement, *Journal of World Trade*, Vol. 33, No. 5, 1999, p. 134.

③ Gabrielle Marceau & Anastasios Tomazos, Comment on Joost Pauwelyn's Paper: "How to Win a WTO Dispute Based on Non-WTO Law?", in Griller Stefan (ed.), *At the Crossroads: The World Trading System and the Doha Round*, Vienna: Springer, 2008, p. 57.

④ Ian Sinclair, *The Vienna Convention on the Law of Treaties*, Manchester: Manchester University Press, 1984, p. 139. See also Taslim O. Elias, The Doctrine of Intertemporal Law, *American Journal of International Law*, Vol. 74, No. 2, 1980, p. 292.

必要的、可以接受的，只要解释者并没有取代立法者的作用。演变
的解释这个方法，已被包括国际法院在内的多数国际裁决机构广泛
接受和采用，① 其原因是，在必要的范围内，这种动态的解释能使
得国际法规则适应变化发展中的国际法律秩序。②

　　当然，从法律确定性的视角，如果一个概念的适用没有明确的
指南，演变解释的方法可能会引起争议。上诉机构指出，WTO 规
则的解释并非如此僵硬或没有弹性，以致它不能考虑变化了的情
况。面对现实世界实际情况的不断变化，有必要对 WTO 规则进行

---

① 国际法院在某些案件中使用了"演变解释"的解释规则，包括加布奇科沃—大
毛罗斯工程项目（匈牙利/斯洛伐克）案，在该案中，国际法院指出："……
（该）条约不是静态的，而是开放的，以适应新出现的国际法规范。"See Case
Concerning the Gabcíkovo-Nagymaros Project（Hungary/Slovakia），（1997）ICJ
Reports, p. 7, para. 112. 同样的，国际法院在爱琴海大陆架（希腊诉土耳其）
案中指出："对本纠纷，法院已考虑到发生在关于沿海国勘探和开发大陆架权
利的国际法规则的演变。"See Case of the Aegean Sea Continental Shelf（Greece v.
Turkey）ICJ（1978），p. 4, paras. 78 - 80. 欧洲法院（ECJ）也使用了这样的规
则："共同体法的每一项规定都必须放在其上下文中，并根据整个共同体法解
释，顾及共同体法的目的，以及在适用有关规定时其演变的状态。"See CILFIT
v. Ministry of Health,［1982］ECR 3415（ECJ），para. 16 of p. 3430. 在北美自由
贸易区方面，仲裁小组得出的结论是，"GATT"这一用语的使用，必须被解释
为意味着 GATT 已发展成为《WTO 协定》。See Arbitral Panel Established
Pursuant to Article 2008 of the North-American Free Trade Agreement, Final Report:
In the Matter of Tariffs Applied by Canada to Certain US - Origin Agricultural Products
（2 December 1996）。

② 马尔蒂·科斯肯涅米指出："在国际法的背后，没有一个单一的立法意愿。条
约和习惯的出现是由于冲突的动机和目标——它们是'讨价还价'和'一揽子
交易'，往往是由于环境中对事件的自发反应。"See Report of the Study Group of
International Law Commission, *Fragmentation of International Law: Difficulties Arising
from the Diversification and Expansion of International Law*, U. N. Doc. A/CN. 4/
L. 682（Apr. 13, 2006）（finalized by Martti Koskenniemi），para. 34. 尽管如此，他
总结说："国际法是一个法律体系……［规则］之间存在有意义的关系……并
且，一个普遍接受的原则是，当若干规则涉及一个单一的问题时，应该尽可能
地加以解释，从而产生单一的、一致的义务。"See Report of the Study Group of
International Law Commission, *Fragmentation of International Law: Difficulties Arising
from the Diversification and Expansion of International Law*, U. N. Doc. A/CN. 4/
L. 702（July 18, 2006）（finalized by Martti Koskenniemi），para. 14。

理性判断和演变解释。这个方法将有助于多边贸易体制，如果对WTO 规则的解释考虑到这一点的话。① 这样，WTO 成员方通过建立争端解决机制追求的多边贸易体制的"可靠性和可预测性"才不至于成为一句空话。

因此，WTO 规则的弹性为演变的解释留下了余地。在美国—虾案中，上诉机构指出，"体现在《WTO 协定》序言中的观点……（GATT）第 20（g）条中的通用术语'自然资源'，其内容或范围不是'静态的'，而是依其定义演变的。"上诉机构援引国际法院在纳米比亚（法律后果）的咨询意见和爱琴海大陆架案中的观点：在一项条约中包含的概念"明显是演变的"，它们的"解释不能不受到法律随后发展的影响，……此外，一项国际文书必须在其被解释时有效的整个法律制度的框架内解释和适用"。② 考虑到这一点，上诉机构在解释 WTO 协定的规定时认为有必要求助于有关自然资源保护的现代国际公约和宣言。③

不过，严格来说，演变的解释可能是不符合 DSU 第 3.2 条和第 19.2 条的，上述条款规定 WTO 争端解决机构、专家组和上诉机构，不能增加或减少涵盖协定规定的权利和义务。但是在演变的解释与一项条约规定的改变之间做出区分往往是困难的。有学者担心这种方法把"欧洲法院型的灵活性和制定规则的权力"赋予专家组和上诉机构。④ 然而，在建立 WTO 时，各 WTO 成员方都承认包含在《WTO 协定》序言中的不同目的之间的冲突——扩大生产和

---

① Japan – Taxes on Alcoholic Beverages, WT/DS8/AB/R, WT/DS10/AB/R, WT/DS11/AB/R, p. 31; US – Sections 301 –310 of the Trade Act of 1974, WT/DS152/R, fn. 663.

② See Namibia (Legal Consequences) Advisory Opinion (1971) I. C. J. Rep. , p. 31. See also Aegean Sea Continental Shelf Case, (1978) I. C. J. Rep. , p. 3.

③ United States – Import Prohibition of Certain Shrimp and Shrimp Products, WT/DS58/AB/R, para. 130.

④ Michael Lennar, Navigating by the Stars: Interpreting the WTO Agreements, *Journal of International Economic Law*, Vol. 5, Issue 1, 2002, p. 17.

贸易、优化利用资源、可持续发展和保护环境，更不用说贸易与社会标准或贸易与人权的问题。新的争端解决机制产生于这些相互冲突的不同领域，并且其结构代表了精心平衡的结果。而且，专家组或上诉机构作出的解释并不是一种具有约束力的法律的权威解释。在这种情况下，并且在这些限度内，动态的解释并不构成问题。①

演变的解释可以使条约的规定随着情况的发展容纳各种新的含义，为《WTO 协定》附属的协定的解释"添加颜色、质地和底纹（colour, texture and shading）"。② 在 WTO 争端解决中，上诉机构已经同意，在条约解释时，从一项条约明显可看出，一个条约的用语含有演变的意义，带有一些内在的"弹性"，就可以考虑适用演变解释的方法。但是，如上所述，如果不谨慎适用，这个解释规则可能构成变相的目的分析，把欧洲法院型的灵活性和制定规则的权力赋予专家组和上诉机构。然而，如果能够正确使用，这仅仅是对条约谈判者意图在条约规定中纳入"成长和调整的空间"的一种承认。③

国际法是一个动态的法律制度。④ 在争端解决中，解释者在适用维也纳公约第 31（3）（c）条时，究竟应援用缔约时有效的国际法规则，还是也可兼顾法律的后来演变，一般取决于有关条约规定的含义。此外，条约某一项规定的含义也可受后来发展情况的影响，特别是当后来发展情况已反映在习惯法和一般法律原则之中时。特别是条约所使用的概念本身是未定的或演变的，则可考虑被解释的条约自其产生以后出现的国际法规则。在下述情况下尤其如

---

① Wolfgang Weiss, Security and Predictability under WTO Law, *World Trade Review*, Vol. 2, Issue 2, 2003, pp. 188 – 189.

② United States – Import Prohibition of Certain Shrimp and Shrimp Products, WT/DS58/AB/R, para. 153.

③ Michael Lennar, Navigating by the Stars: Interpreting the WTO Agreements, *Journal of International Economic Law*, Vol. 5, Issue 1, 2002, p. 17.

④ Conclusions of the Work of the Study Group on the Fragmentation of International Law: Difficulties Arising from the Diversification and Expansion of International Law, Adopted by the International Law Commission at Its Fifty-eighth Session, UN. Doc. A/CN. 4/L. 702, 18 July 2006, para. 22.

此：（1）该概念暗示须考虑后来的技术、经济或法律发展情况；
（2）该概念为当事国规定了进一步逐渐发展的义务；或者（3）该
概念具有非常一般的性质，或者是以必须考虑情况变化的那类一般
性用语表述的。① 具体到 WTO 方面，至少是符合上述第三种情况
的。GATT/WTO 体制已经发展了半个多世纪，许多规定，特别是
GATT 的规定必须回应国际贸易和国际经济法随后的发展情况，
"与时俱进"，适当地容纳一些概念最新发展的含义，才能使 WTO
法生机勃勃、充满活力，否则将导致"机体老化"。

　　当然，为了消除演变解释可能导致"司法造法"问题的"后
顾之忧"，可以采用正确的方法，首先适用条约谈判时候的国际法
的含义，确定其"最初的现实"，② 然后遵循正常的条约解释规则，
确定使用的用语是否具有美国—虾案上诉机构的报告所提到的
"演变的"特征，③ 以及在发生争端时其法律上的含义又是什么。
无论如何，在 WTO 争端解决中，在解决争端的必要范围内，允许
专家组和上诉机构使用"演变的解释"这个解释规则，也是因应
国际贸易中的"情势变迁"的一个可行的选择。

（三）小结

　　国际法中还没有找到任何明确的解决方法以确定贸易法与人权
法、环境法或海洋法等领域之间的关系。不过，WTO 规则与其他
国际法之间跨体制的规则冲突仍可通过协调一致的解释加以避免，
这是因为 WTO 的规定中经常使用一般的、广泛的条款，为解释留
下了余地，使 WTO 裁决机构得以考虑到其他国际义务。在解释

---

① Conclusions of the Work of the Study Group on the Fragmentation of International Law：
Difficulties Arising from the Diversification and Expansion of International Law，
Adopted by the International Law Commission at its Fifty-eighth session，UN. Doc. A/
CN. 4/L. 702，18 July 2006，para. 23.

② Ian Sinclair，*The Vienna Convention on the Law of Treaties*，Manchester：Manchester
University Press，1984，p. 139.

③ United States – Import Prohibition of Certain Shrimp and Shrimp Products，WT/DS58/
AB/R，para. 130.

WTO 的规定时，可采用国际法推定为不冲突的方法避免冲突；在明显可看出一个 WTO 协定的用语具有演变的意义、带有一些内在"弹性"时，还可以考虑使用演变解释的方法。

第三节　非 WTO 法在 WTO 争端
解决中的作用

在 WTO 争端解决中，关于非 WTO 法，或者更宽泛地说，国际公法的作用，分歧很大。虽然有一些学者，如鲍威林认为，非 WTO 国际法可以作为法律适用于 WTO 争端解决，[①] 但另一些学者的看法是，鲍威林的观点走得太远，把国际公法在 WTO 争端解决中的作用推至极致。大多数学者认为，在 WTO 争端解决中，非 WTO 法是"有关的"，但是，它们并不是作为法律适用，而是作为解释 WTO 协定的方法[②]或解释 WTO 规则的工具。也就是说，在解释 WTO 规定的必要范围内，专家组和上诉机构有权使用和考虑其

---

① See Joost Pauwelyn, *Conflict of Norms in Public International Law*: *How WTO Law Relates to other Rules of International Law*, Cambridge: Cambridge University Press, 2003, pp. 465 – 473.

② 例如，特拉希曼认为："鲍威林主张的核心部分是难以让人信服的"。See Joel P. Trachtman, Book Review of Conflict of Norms in Public International Law: How WTO Law Relates to other Rules of International Law by Joost Pauwelyn, *American Journal of International Law*, Vol. 98, No. 4, 2004, p. 855. 特拉希曼还认为，WTO 的裁决机构不能适用非 WTO 国际法。对于解释《WTO 协定》时国际公法的相关性，他采用一种更"自由的"的态度。See Joel P. Trachtman, Book Review of Conflict of Norms in Public International Law: How WTO Law Relates to other Rules of International Law by Joost Pauwelyn, *American Journal of International Law*, Vol. 98, No. 4, 2004, p. 855; see also Joel P. Trachtman, The Domain of WTO Dispute Resolution, *Harvard International Law Journal*, Vol. 40, No. 2, 1999, p. 333. 罗伯特·豪斯（Robert Howse）警告与其他国际公法临床隔离解释《WTO 协定》，并因而把它解释为一项几乎与今天的问题和关注无关的协定的危险。See Robert Howse, The Appellate Body Rulings in the Shrimp/Turtle Case: A New Legal Baseline for the Trade and Environmental Debate, *Columbia Journal of Environmental Law*, Vol. 27, No. 2, 2002, p. 491。

他各种条约、习惯和一般法律原则等非 WTO 国际法。[①] 这是因为，即便是发展完善的制度（比如 WTO 法），国际公法作为一般法也至少可发挥两种功能。第一，一般法提供规范背景，有助于其未做出具体规定的某些方面的运作。例如，在 WTO 争端解决制度中的某一争端当事国解体的情况下，可采用国家继承的一般规则来裁决该解体国家提出的，或针对该解体国家提出的任何申诉。第二，在特别制度无法适当运作的情况下，一般法规则便可发挥作用。此种失败可能是实体的，也可能是程序性的，维也纳公约本身至少规定了在这类情况下当事国可以采用的一些途径。[②]

一 作为适用 WTO 规则中被考虑的事实

在确立一个争议的有关事实，并适用 WTO 规则于这些事实中时，非 WTO 条约可构成没有违反 WTO 规则的某些事实情况存在的证明。比如，一个多边环境公约，要求实施某些贸易限制以保护环境。即使该公约并不约束所有 WTO 成员方，或在特定情况下没有约束争端各方（尤其是申诉方），例如，包括一般 WTO 成员方在内的 60 个国家批准了该公约的事实，仍可构成 GATT 第 20（b）条的重要证据，即被告的措施确实是"为保护人类健康必要的"。[③] 在 WTO 争端解决中，一项多边环境协定本身的存在，可以作为争端背景事实的一部分。WTO 成员方参加一项多边环境协定不遵守（或争端）机制还可作为确立该成员方已通过谈判解决办法，避免

---

① Gabrielle Marceau, Conflicts of Norms and Conflicts of Jurisdictions, The Relationship between the WTO Agreement and MEAs and other Treaties, *Journal of World Trade*, Vol. 35, No. 6, 2001, p. 1103.

② Report of the Study Group of the ILC, Fragmentation of International Law: Difficulties Arising from the Diversification and Expansion of International Law, Finalized by Martti Koskenniemi, A/CN. 4/L. 682, 13 April 2006 (Analytical Study), para. 192.

③ Gabrielle Marceau, A Call for Coherence in International Law – Praises for the Prohibition Against "Clinical Isolation" in WTO Dispute Settlement, *Journal of World Trade*, Vol. 33, No. 5, 1999, p. 131.

争端的善意努力的因素之一。①

非 WTO 条约作为"事实"所起的作用也因此在抗辩环境公约中对非缔约国规定的贸易限制方面特别重要。即使这些非缔约国（WTO 成员方）在法律上不受该公约的约束，并且因此 WTO 专家组不能适用该非 WTO 条约的规定，公约还是可以构成对被诉方主张的、按照 GATT 第 20（b）条有关的贸易限制措施"必要"的大力支持。但是，被援引的非 WTO 规则并不是作为法律的一种权利或义务施加影响，而是作为被指控的事实的证明（"保护健康的必要"）。申诉方可以否定或反驳反映在非 WTO 规则中的事实证据的真实性。②

非 WTO 国际法也可用来作为一个当事方遵守其涵盖协定下义务的证据。比如，一项多边环境协定的存在，可以作为审查 WTO 争端的事实分析的一部分，以及为什么一个成员方采取某一贸易措施，并且为什么它以那样的方式适用它。例如，参考或遵守一项多边环境协定可以用来作为一种方法，以确立为第 20 条需要的目的，在实施该措施中的歧视不应被定性为"不合理的"，或它的适用不构成"对国际贸易的变相限制"。这个问题将是多边环境协定的内容是否已被广泛接受，以致提供足够的证据表明，该受到质疑的 WTO 成员方是以合理的方式行事。③ 例如，在美国—虾案中，上诉机构的确提到美国在其他条约（《美洲公约》）下的"行为"，并得出结论：其对印度、泰国、巴基斯坦和马来西亚的行为已构成不合理的歧视。④ 在该案中，上诉机构把海龟列入可用竭的自然资

① Gabrielle Marceau, Conflicts of Norms and Conflicts of Jurisdictions, The Relationship between the WTO Agreement and MEAs and other Treaties, *Journal of World Trade*, Vol. 35, No. 6, 2001, p. 1126.

② Joost Pauwelyn, The Role of Public International Law in the WTO: How Far Can We Go?, *American Journal of International Law*, Vol. 95, No. 3, 2001, p. 535.

③ Gabrielle Marceau, A Call for Coherence in International Law – Praises for the Prohibition Against "Clinical Isolation" in WTO Dispute Settlement, *Journal of World Trade*, Vol. 33, No. 5, 1999, p. 133.

④ See United States – Import Prohibition of Certain Shrimp and Shrimp Products, WT/DS58/AB/R, paras. 169 – 176.

源，也是诉诸《濒危物种贸易公约》附件一（所列物种是濒临灭绝的），作为这些动物濒危状况的证据。① 在欧共体—计算机设备案中，上诉机构认为，条约解释的目的是确立条约各当事方的共同意图。为了确立这一意图，仅其中一个当事方先前的惯例可能是有关的，但与所有各方的惯例相比，它显然具有更为有限的价值。在解释《减让表》中的具体关税减让情形时，事实上，进口成员方的分类惯例，可能是非常重要的。但是，专家组认为美国的分类惯例是不相关的，这是错误的。② 因此，遵守非 WTO 条约的情况也可以被看做国家实践的证据，参考其他国际条约可能有助于解释一项措施的政策或其实施方式、实施情况。

二　为 WTO 法正常运行提供解释性指导

如前所述，WTO 法不是一个自给自足的制度，WTO 法是在国际公法的大背景中创制的。作为一个特别的制度，WTO 法无法提供其运作的所有条件，其运作始终离不开国际公法的支持。作为一般法，国际公法可为此目的提供资源，为 WTO 法的运行或执行提供解释性指导。WTO 争端解决实践经常提到维也纳公约的一些规定，③ 如关于条约不溯及既往的第 28 条、④ 关于先后所订条约的第 30 条、⑤ 关于条约修改的第 41 条、⑥ 关于错误（error）的第

---

① Joel P. Trachtman, The Domain of WTO Dispute Resolution, *Harvard International Law Journal*, Vol. 40, No. 2, 1999, p. 361.

② EC – Computer Equipment, WT/DS62/AB/R, WT/DS67/AB/R, WT/DS68/AB/R, para. 93.

③ 严格来说，除了上述维也纳公约第 31 条和第 32 条反映的条约解释的习惯规则，DSU 第 3.2 条的措辞并没有包括维也纳公约的其他规定。

④ See Canada – Terms of Patent Protection, WT/DS170/AB/R, paras. 71 – 74.

⑤ See European Communities – Measures Affecting the Importation of Certain Poultry Products, WT/DS69/AB/R, para. 79; Japan – Measures Affecting Consumer Photographic, WT/DS44/R, para. 10. 65; European Communities – Measures Concerning Meat and Meat Products (Hormones), WT/DS26/AB/R, WT/DS48/AB/R, para. 51.

⑥ See Turkey – Restrictions on Imports of Textile and Clothing Products, WT/DS34/R, para. 9. 181.

48 条、① 关于因缔结后订条约而终止或停止施行的第 59 条、② 因违约而终止的第 60 条，以及关于条约终止后果的第 70 条。③ 所有这些更多地涉及条约的形成和适用。

上诉机构在加拿大—专利期限案中提到了维也纳公约第 28 条，以支持其对《TRIPS 协定》第 70 条的解释；该条确立了条约无追溯力的推定：维也纳公约第 28 条不仅包括任何"行为"，而且包括不复存在的"事实"或"情势"。该条规定，在有相反意图的情况下，在条约对缔约国生效之前，条约的规定并不适用于"任何不复存在的情况"。从逻辑上讲，在上诉机构看来，第 28 条也必然意味着，如果没有相反的意图，条约义务适用于一直没有停止存在的任何"情况"——也就是说，过去出现的任何情况，在新条约下仍继续存在。事实上，"情况（situation）"这个用语本身的使用表明随着时间的推移还存在和继续的事物；因此，它将包括"现有的、被保护的事项"，如在本争端中有关《旧法》的专利，即使这些专利以及这些专利所赋予的权利在《TRIPS 协定》对加拿大适用的日期之前产生自"发生了的行为"。④

韩国—采购案专家组讨论过有关错误的维也纳公约第 48 条，并强调其习惯法地位："条约的错误是通过常设国际法院和国际法院的判例法在习惯国际法中发展的一个概念。虽然这些案件主要是涉及在何种情况下错误不能作为条约无效的理由的问题，但是，错误可能是条约（部分）无效的理由，已被含蓄地承认。上述判例法形成的原理已被国际法委员会编纂在 1969 年维也纳公约中。……毫无疑问，它目前反映了习惯国际法，我们将把它适用于

① See Korea – Measures Affecting Government Procurement, WT/DS163/R, paras. 7. 123 – 7. 126.
② See European Communities – Measures Affecting the Importation of Certain Poultry Products, WT/DS69/AB/R, para. 79.
③ See Brazil – Export Financing Programme of Aircraft, WT/DS46/ARB, para. 3. 10.
④ Canada – Terms of Patent Protection, WT/DS170/AB/R, para. 72.

本案的事实。"① 专家组还考虑了处理条约必须遵守原则的维也纳
公约第 26 条，并指出："我们认为，这是条约必须遵守原则在
GATT1947 第 23 (1) (b) 条及在其下产生的争端，以及随后在
WTO 协定中特别是 DSU 第 26 条范围内的进一步发展。条约必须
遵守的原则以如下方式规定在维也纳公约第 26 条中：'凡有效之
条约对其各当事国有拘束力，必须由各该国善意履行'。"②

在巴西—航空器案中，仲裁员适用了维也纳公约第 60 条和第
70 条：③ "我们注意到，根据维也纳公约第 60 条的规定，作为对另
一方'重大违反'的反应，一方可'终止'条约。但维也纳公约
第 70 条规定，条约的终止不影响各当事方在该条约终止之前通过
实施条约产生的任何权利、义务或法律情势。我们的结论是，即使
《双边协定》已在 2000 年 7 月 14 日被巴西终止，在《SCM 协定》
第 4.10 条下，加拿大在按照该《双边协定》的条款范围内提出的
要求，仍不受到终止的影响。"④

WTO 争端解决的判例已清楚地表明，维也纳公约的规定，比
如第 26、28、30、41、60 条和第 70 条已被 WTO 不同的专家组、
上诉机构和仲裁员使用，但除了善意外，已很少使用它们。虽然专
家组在韩国—采购案中建议，可以使用任何国际公法规则，只要它
们不与《TRIPS 协定》的规定不一致，⑤ 但是它们还没有发展成为
解释 WTO 规定的基本原则。⑥ 尽管如此，维也纳公约的许多条款都
具有习惯法的效力，可为 WTO 法的运作或执行提供解释性指导。

---

① Korea – Measures Affecting Government Procurement, WT/DS163/R, para. 7. 123.

② Korea – Measures Affecting Government Procurement, WT/DS163/R, para. 7. 93.

③ 该案是由巴西根据 DSU 第 22.6 条和《SCM 协定》第 4.11 条的规定而诉诸仲
裁。

④ Brazil – Export Financing Programme of Aircraft, WT/DS46/ARB, para. 3. 10.

⑤ See Korea – Measures Affecting Government Procurement, WT/DS163/R,
paras. 7. 123 – 7. 126.

⑥ Daya Shanker, The Vienna Convention on the Law of Treaties, the Dispute Settlement
System of the WTO and the Doha Declaration on the TRIPS Agreement, *Journal of
World Trade*, Vol. 36, No. 4, 2002, p. 735.

三 填补 WTO 争端解决程序方面的空白

在国际性法庭的争端解决过程中，常常遇到一些相关条约或文书没有明确规定的问题，尤其是证据上或程序上的问题，比如举证责任、赔偿或用尽当地救济等。在这种情况下，进行条约解释起不了多大作用。于是它们或多或少各自使用一些国际法的规则和原则，以填补某些空白，并使条约或其争端解决机制顺畅运作。这符合"一般法普遍适用的性质"——因为并未明确将其排除。① WTO 争端解决中必须转而依靠一般国际法规则，包括一般法律原则，无论它们是有关条约的形成、修改或修正，还是关于出庭资格、举证责任的规则，或者救济措施。

专家组和上诉机构对于使用一般国际法规则和原则填补空白较为敏感。在一个早期的案件中，上诉机构允许当事方由私人律师代表。其理由是："……在《WTO 协定》、DSU 或者《工作程序》（Working Procedures），以及习惯国际法或者国际法庭的普遍惯例中，都没有任何规定阻止某一 WTO 成员方在上诉机构的程序中决定其代表团的组成。"② 在美国—虾案中，当解释 DSU 第 13 条以允许在专家组程序中的非当事人意见陈述（amicus briefs）时，上诉机构指出，在目前情况下，寻求信息的权力不恰当地等同于禁止接受未经专家组请求的已提交的信息。专家组拥有自由裁量权，接受和审查或者拒绝向它提交的信息和意见，而不论专家组是否提出请求。专家组自己提出请求的事实，本身并不约束专家组接受和审查

---

① Report of the Study Group of the ILC, Fragmentation of International Law: Difficulties Arising from the Diversification and Expansion of International Law, Finalized by Martti Koskenniemi, A/CN. 4/L. 682, 13 April 2006 (Analytical Study), para. 185.

② See European Communities – Regime for the Importation, Sale and Distribution of Bananas, WT/DS27/AB/R, para. 10; Indonesia – Certain Measures Affecting the Automobile Industry, WT/DS54/R, WT/DS55/R, WT/DS59/R, WT/DS64/R, para. 4. 11; Korea – Taxes on Alcoholic Beverages, WT/DS75/R, WT/DS84/R, para. 10. 31.

实际上提交的信息。① 上诉机构因此采用了一项新的程序规则，即专家组程序中非当事人意见陈述是允许的。在美国—钢铁案中，上诉机构就上诉机构程序中的非当事人意见陈述使用了类似的推理。② 在美国—羊毛衬衫案中，上诉机构就举证责任作出裁决，认为难以看到司法解决的任何制度如何运作，如果它吸收了这个主张，即单纯提出一项要求可能等于证据。③

专家组和上诉机构也讨论并适用了反向推断（adverse inferences）的理论。④ 在加拿大—航空器案中，上诉机构指出，专家组有权要求当事方提供信息，而当事方有义务提供这种信息。在没有相关信息的情况下，专家组可以根据现有信息进行推断；"反向推断"不是对不提供信息的当事方的惩罚，而是专家组在某些情况下根据现有事实作出的符合逻辑的或合理的推断。专家组没有作出反向推断，其原因是不清楚的……。专家组应当说明这一点，……尤其是，专家组应当明确告诉当事方，拒绝向专家组提供信息，可能会导致专家组推断，这些没有提供的信息能够证明该当事方违反了义务。……但上诉机构认为，专家组认为巴西做得还不够，不能让专家组作出巴西所要求的那种推断，而现有资料也不足以认定专家组错误解释了法律，或者滥用了专家组的自由裁量权。⑤ 在美国—小麦面筋案中，上诉机构指出，专家组应当根据所

---

① United States – Import Prohibition of Certain Shrimp and Shrimp Products, WT/DS58/AB/R, para. 108.

② See United States – Imposition of Countervailing Duties on Certain Hot-Rolled Lead and Bismuth Carbon Steel Products Originating in the United Kingdom, WT/DS138/AB/R, para. 39.

③ See United States – Measure Affecting Imports of Woven Wool Shirts and Blouses from India, WT/DS33/AB/R, pp. 12 – 17.

④ 反向推断的理论，是指在具体案件中，如果当事方对自己有利的证据就会提供，而其拥有但拒绝提供的证据应当推定对其不利。See Jeff Waincymer, *WTO Litigation: Procedural Aspects of Formal Dispute Settlement*, London: Cameron May Ltd. , 2002, p. 614。

⑤ See Canada – Measures Affecting the Export of Civilian Aircraft, WT/DS70/AB/R, paras. 197 – 205.

有事实作出推断；一个当事方未提供信息，是一个非常重要的事实。但如果专家组不考虑其他相关事实，就没有按照本谅解第 11 条进行"客观评估"。在本案中，还有其他事实，因此，专家组没有仅仅因为美国拒绝提供信息而作出反向推断，并没有错误解释法律。……因此，……上诉方至少应当指出专家组应作出这种推断的事实、专家组从这些事实应当作出的事实或法律推断，以及专家组没有这样做如何错误解释了本谅解第 11 条。而在本案中，欧共体只是泛泛提到专家组没有作出反向推断是错误的。除了美国没有向专家组提供信息这一事实外，欧共体没有具体指明什么事实可以支持某一推断；欧共体没有说明，专家组除了应当作出有利于欧共体的推断外，还应当根据这些事实作出什么推断；欧共体也没有解释为什么专家组错误适用了法律。① 因此可以看出，WTO 专家组在审理案件时使用了反向推断的理论，不过在上述 WTO 案件中，专家组和上诉机构并没有基于反向推断的理论作出有利于主张反向推断理论一方的结论。

综上所述，几乎没有原则上的理由可背离这样的观点，即一般国际法是对 WTO 法的补充，除非明确排除一般国际法。② 一般国际法的规则和原则，可用于填补 WTO 争端解决中的程序空白。WTO 协定没有明确规定的问题可依赖于一般国际法，例如，举证责任、起诉资格、出席专家组审理的代表、非当事人意见陈述的可接受性、作出不利推论的权力，以及司法经济等，所有这些问题性质上都是程序性规则，专家组和上诉机构往往使用一般国际法规则，包括习惯国际法规则和一般法律原则加以处理。

---

① See United States – Definitive Safeguard Measures on Imports of Wheat Gluten From the European Communities, WT/DS166/AB/R, paras. 173 – 176.

② Report of the Study Group of the ILC, Fragmentation of International Law: Difficulties Arising from the Diversification and Expansion of International Law, Finalized by Martti Koskenniemi, A/CN. 4/L. 682, 13 April 2006 (Analytical Study), para. 169.

四　作为 WTO 协定中的用语解释的辅助

WTO 争端解决制度的目的，是澄清在涵盖协定下成员方的权利和义务，这种立场也得到了 WTO 专家组和上诉机构的支持。在 GATT 争端解决实践中，已明确承认"维也纳公约表达了对条约解释的基本规则"；① WTO 专家组和上诉机构进一步证实，维也纳公约第 31 条和第 32 条编纂了解释国际公法的习惯规则。如前所述，在美国—汽油案（US‑Gasoline）中，上诉机构指出，维也纳公约第 31 条和第 32 条中的"解释的一般规则"已经取得了"习惯或一般国际法规则的地位"。②

在适用和解释 WTO 协定的过程中，遇到有关 WTO 的规定或用语的意义模糊或难以确定的情况时，在必要范围内，必须借助其他非 WTO 国际法规则说明该 WTO 的规定或用语的意义。当然，该非 WTO 规则必须与 WTO 的规定或用语有关或存在一些联系。在美国—虾案中，上诉机构解释 GATT 第 20（g）条中的"可用竭的自然资源"时，参考了《联合国海洋法公约》、《生物多样性公约》以及《濒危物种贸易公约》等。③ 不过，这种解释必须限于赋予 WTO 的规定或用语意义，它不能扩展到制定新的规则，从而改变 WTO 涵盖协定规定的成员方权利和义务。上诉机构强调，"修改 DSU 当然不是专家组或上诉机构的任务……，只有 WTO 各成员方才有权修改 DSU……"。④ 上诉机构还确认了有效原则（principle of effectiveness）："一个解释者是不能随意采用将导致减损条约的

---

① United States ‑ Restrictions on Imports of Tuna, GATT Doc. DS 29/R（1994），para. 5. 18.

② United States ‑ Standards for Reformulated and Conventional Gasoline, WT/DS2/AB/R, p. 16.

③ See United States ‑ Import Prohibition of Certain Shrimp and Shrimp Products , WT/DS58/AB/R , paras. 128 ‑ 132.

④ United States ‑ Import Measures on Certain Products from the European Communities, WT/DS165/AB/R, para. 92.

全部条款或段落至多余或无用的一种解读。"① 上诉机构指出,
"（维也纳公约中）解释的原则既不需要也不容忍把条约中不存在
的或把当事国没有打算的概念归入条约的用语中。"② 因此, 在条
约解释的过程中, 非 WTO 规则不能给 WTO 规则增加意义, 即超
越或违反 WTO 协定用语的明确意义, 因为违反法律的解释是被禁
止的。在该案中, 上诉机构确认的这种有效解释将因此允许把
"可用竭的自然资源" 这个 WTO 协定的用语解读为包括有关国际
环境法的某些生物物种;③ 但它将禁止把这个用语解释为包括明显
不是可用竭的或明显不是自然的资源。

　　总之, 按照维也纳公约第31 (3) (c) 的规定, 与争端有关的
非 WTO 国际法可为解释 WTO 协定中的用语提供辅助。不过, 与
条约解释过程有关的限制表明, 在 WTO 涵盖协定的解释中, 非
WTO 法的作用一定是有限的, 或者说, 是辅助的。④

五　作为争端解决中法律推理链条的法律

　　在 WTO 争端解决中, 非 WTO 法也可以用来作为法律推理
链条或论证。在通常情况下, 大家把注意力集中在争论中的焦
点问题, 如利益丧失或损害申诉的有效性, 往往不怎么强调大
量的法律在法律论证的附属层面上适用的事实。这就是说, 如
果要回答问题 A, 必须首先回答问题 B, 后者在推理链条中是附
属的逻辑的地位, 但只要是在推理的必要范围内, 它仍然作为

① United States – Standards for Reformulated and Conventional Gasoline, WT/DS2/AB/R, p. 23; Japan – Taxes on Alcoholic Beverages, WT/DS8/AB/R, p. 12.
② India – Patent Protection for Pharmaceutical and Agricultural Chemical Products, WT/DS50/AB/R, para. 46.
③ See United States – Import Prohibition of Certain Shrimp and Shrimp Products, WT/DS58/AB/R, paras. 130 – 131.
④ 有关其他国际法规则的条约解释并不是 WTO 规则与其他国际法规则之间相互作用的所有问题的 "灵丹妙药（panacea）"。See Joost Pauwelyn, The Role of Public International Law in the WTO: How Far Can We Go?, *American Journal of International Law*, Vol. 95, No. 3, 2001, p. 573。

法律适用。①

　　专家组（可能还包括上诉机构）对于它们的法律推理，具有广泛的自由裁量权。② 上诉机构曾指出："专家组被禁止处理职权范围以外的法律申诉。然而，DSU 没有任何规定限制专家组成员自由使用任何一方提出的主张，或发展自己的法律推理——以支持其对正在审议的事项作出的调查结果和结论。"③

　　当然，在法律推理的辅助层面的法律适用与某个文本规定的解释可能有一些重叠。④ 在土耳其—纺织品案中，在决定争论中的措施是归因于土耳其，而不是欧共体—土耳其的关税联盟时，专家组使用了国家责任的规则。专家组裁决，该关税同盟没有国际法律人格（它也没有被承认为 WTO 的成员方），并且因为没有相反的条约规定，土耳其被推定为对一个共同的机关的行为负责。⑤

　　尽管一般国际法的某些规则或原则可以用来作为法律推理的依据，但这些规则和原则不能被视为直接适用的、具有约束力的"规范"本身。也就是说，这些非 WTO 规则可以附加或补充，但不能取代 WTO 规则。WTO 专家组和上诉机构只能在解决争端的必要范围内使用它们。实际上，WTO 裁决机构对一般国际法规则和原则的利用并不是无条件的。显然，这些一般国际法规则和原则最终只是为 WTO 规定的适用提供指导，因为它们不是实体规则，其对争端解决结果发挥的影响不大。事实上可以说它们是属于每一法律制度正常运作而必须纳入的一种规则。鉴于它们主要侧重于证据

---

① Lorand Bartels, Applicable Law in WTO Dispute Settlement Proceedings, *Journal of World Trade*, Vol. 35, No. 3, 2001, p. 511.

② Lorand Bartels, Applicable Law in WTO Dispute Settlement Proceedings, *Journal of World Trade*, Vol. 35, No. 3, 2001, p. 512.

③ EC – Measures Concerning Meat and Meat Products (Hormones), WT/DS26/AB/R, WT/DS48/AB/R, para. 156.

④ Lorand Bartels, Applicable Law in WTO Dispute Settlement Proceedings, *Journal of World Trade*, Vol. 35, No. 3, 2001, p. 511.

⑤ See Turkey – Restrictions on Imports of Textile and Clothing Products, WT/DS34/R, paras. 9. 38 – 9. 43.

或程序方面，这些规则和原则，很容易适应不同的法律秩序，协助
WTO 实体规范的适用和执行。①

六 小结

在 WTO 争端解决中，非 WTO 国际法，特别是其他国际条约作
为"事实"可构成有关成员方没有违反 WTO 规则的某些事实情况存
在的证明，也可作为一个当事方遵守其在 WTO 涵盖协定下义务的证
据。作为一个特别的制度，WTO 法无法提供其运作所需的所有条件，
国际公法，尤其是维也纳公约的许多条款具有习惯法效力，可为
WTO 法的运行或执行提供解释性指导。WTO 协定没有明确规定的问
题也可依赖于一般国际法，一般国际法规则和原则可用于填补 WTO
争端解决中的程序空白，例如，举证责任、起诉资格、出席专家组
审理的代表、非当事人意见陈述的可接受性以及作出不利推论的权
力等。在某些情况下，在适用和解释 WTO 协定的过程中，遇到有关
WTO 的规定或用语的意义模糊或难以确定时，在必要范围内，也必
须借助其他国际法说明该 WTO 规定或用语的意义。此外，在 WTO
争端解决中，非 WTO 法还可以用来作为法律推理链条或论证。

第四节 非 WTO 法在 WTO 争端解决中的运用：
以国际公法的规则和原则为例

像任何其他国际法一样，WTO 法也是以国际法基本规则，比

---

① 与此相反，在实体的国际法的不同领域，如环境法和人权法的规则，不容易使
自己适应，而且很可能造成规则冲突。可以预见，在 WTO 争端解决中这些都
远没有那么重要。实体的非 WTO 国际法规则充其量只是被作为解释和适用
WTO 规则的一部分使用，只是被援引来证明 WTO 贸易规则的某些例外。截至
目前，在 WTO 争端解决中，尚未有任何环境法的规定与 WTO 的规定一并适
用，甚至推翻 WTO 的实体法。See Anja Lindroos & Michael Mehling, Dispelling
the Chimera of "Self-Contained Regimes" International Law and the WTO, *European
Journal of International Law*, Vol. 16, No. 5, 2005, p. 877。

如国家主权平等或条约必须遵守等为依据。WTO 的正常运行，离不开国际法的制度。WTO 协定必须根据有关国际法规则和原则，加以解释和适用。① 因此，使用维也纳公约第 28 条等习惯法规则以及有关解释的一般国际法规则和原则，如有效原则、遇有疑义从轻解释等，是合理的；为争端解决机制顺畅运作的必要而诉诸一般国际法其他规则和原则，例如，举证责任、反向推断或司法经济等，也是必要的。此外，在 WTO 争端解决的某些报告中，专家组和上诉机构并没有明确提到一般国际法规则和原则解决有争议的问题，尽管它们实际上可能已经这样做了。一般来说，专家组和上诉机构利用一般法律原则解决程序性问题和举证责任问题，主要用于加强在 WTO 法的解释中裁决结果的说服力，正如使用习惯法规则的情况那样。②

一　善意原则

善意原则（principle of good faith）不仅是各国国内法中的一般法律原则，也是国际法的一般原则。《联合国宪章》和维也纳公约都规定了善意原则。在 WTO 争端解决中，善意原则得到了一定程度的使用。善意推定、善意解释条约、善意履行义务，以及善意行使权利，构成了善意原则的主要内容。

（一）体现善意原则的 WTO 规定

上诉机构在一些报告中提到体现了善意原则的 WTO 规定。在美国—虾案中，上诉机构指出，事实上，《WTO 协定》第 20 条序言是善意原则的一个表达。这一原则，同时是一般法律原则和国际法的一般原则，控制着国家行使权利。③ 正如上诉机构在其以前的

---

① Wolfgang Weiss, Security and Predictability under WTO Law, *World Trade Review*, Vol. 2, Issue 2, 2003, pp. 198 – 199.

② Wolfgang Weiss, Security and Predictability under WTO Law, *World Trade Review*, Vol. 2, Issue 2, 2003, p. 200.

③ US – Shrimp, WT/DS58/AB/R, para. 158.

报告中表明的，第 20 条序言"并不是最后一个表达善意原则"。①
这个善意的概念，平等地适用于所有 WTO 成员方的待遇。②

在美国—外国公司销售案中，上诉机构指出："DSU 第 3.10
条规定 WTO 各成员方，如争端发生，所有成员方将'善意参与这
些程序以努力解决争端'。这是善意原则的另一具体体现，我们已
经指出，既是一般法律原则，又是国际法的一般原则。这种普遍的
原则，既要求申诉方和被诉方都善意遵守 DSU（以及其他涵盖协
定）的有关要求。通过善意的遵守，通过程序规则规定的条文和
精神，申诉方给予被诉方保护和辩护的充分机会。善意的相同原则
要求，如果有需要的话，被诉方合时宜地、快速地对申诉方以及
DSB 或专家组提出解决争端须注意的申诉程序的不足之处予以更
正。WTO 争端解决的程序规则旨在促进公平、迅速和有效解决贸
易争端，而并非诉讼技术的发展。"③

在美国—热轧钢案中，上诉机构认为，此规定（《反倾销协
定》附件 2 第 2 段）要求，调查当局在它们希望有关各方能够作
出的回应问卷调查的努力，与这些有关各方完全遵守调查当局对它
们提出的所有要求的实际能力两者之间取得平衡。上诉机构认为这
一规定是善意原则的另一详细的表达，该原则同时是一般法律原则
和国际法的一般原则，其对《反倾销协定》，以及其他涵盖协定的
规定具有影响。在这一特定背景下，这个演进的善意原则限制调查
当局对出口商施加在这种情况下不尽合理的负担。④

（二）善意参与争端解决程序

上诉机构在许多报告中指出，在 WTO 争端解决中，各成员方
必须善意参与争端解决程序。针对申诉方，上诉机构指出："WTO
各成员方享有以它们认为适当的方式提出争端解决申诉的自由裁量

---

① US – Shrimp, WT/DS58/AB/R, fn. 24, para. 158.
② US – Shrimp（Article 21.5 – Malaysia），WT/DS58/AB/RW, fn. 97, para. 134.
③ US – FSC, WT/DS108/AB/R, para. 166.
④ US – Hot-Rolled Steel, WT/DS184/AB/R, para. 101.

权，这并不当然有损于它们在 DSU 第 3.10 条下所有成员方将‘善意参与这些程序以努力解决争端’的义务。"① 一项可归因于一个成员方的措施，可提交争端解决，只要另一成员方善意地认为，这项措施使它在《反倾销协定》下获得的利益正在丧失或遭受损害。② 只要一个成员方尊重 DSU 第 3.7 条和第 3.10 条规定的原则，即"应就根据这些程序采取的措施是否有效作出判断"，并善意参与争端解决，则该成员方有权要求专家组审查成员方认为丧失或损害其利益的措施。③ DSU 第 3.10 条规定："所有成员方将善意参与这些程序以努力解决争端"，这意味着每一个当事方应尽早确定有关的法律和事实问题，以为其他各方，包括第三方提供一个回应的机会。④

对于被诉方，上诉机构指出："我们还注意到，在提交第一份书面申请之前，DSU 没有任何规定阻止一个被诉方要求进一步澄清申诉方在一项专家组请求中提出的申诉。在这方面，我们要指出 DSU 第 3.10 条，其责成 WTO 各成员方，如争端发生，所有成员方将‘善意参与这些程序以努力解决争端’。正如我们以前所指出的，WTO 争端解决的‘程序规则’旨在促进公平、迅速和有效解决贸易争端，而并非诉讼技术的发展。"⑤ 因此，善意原则以及正当程序使一被诉方负有义务及时和明确阐明其辩解。这将使申诉方知道一个具体的辩解已经被提出，"认识到它的重要性，并有充分的机会来处理和回应它。"⑥ 善意、正当程序和有序的程序要求决定了反对意见，特别是这些有潜在意义的反对意见，应该明确提出。只有这样，专家组、争端的另一方以及第三方，才知道一个具

---

① US – Lamb, WT/DS177/AB/R, WT/DS178/AB/R, para. 115.
② US – Corrosion-Resistant Steel Sunset Review, WT/DS244/AB/R, para. 86.
③ US – Corrosion-Resistant Steel Sunset Review, WT/DS244/AB/R, para. 89.
④ US – Gambling, WT/DS285/AB/R, para. 269.
⑤ Thailand – H-Beams, WT/DS122/AB/R, para. 97.
⑥ US – Gambling, WT/DS285/AB/R, para. 272.

体的反对意见已经被提出，并有充分的机会来处理和回应它。① 当然，这并不意味着，一个被诉方可无论何时、以它选择的何种方式提出它的辩护。

（三）善意履行义务

上诉机构也强调了善意履行义务的重要性。在美国—抵消法（伯德修正案）案中，上诉机构指出，在上诉方提交的材料中提到以"条约必须遵守"为标题的维也纳公约第 26 条规定："每一有效的条约对当事各方具有约束力，并且必须善意履行它们。"美国本身肯定，"WTO 各成员方必须善意遵守涵盖协定规定的义务。……"因此，显然，争端解决专家组有依据确定，在适当的情况下，一个成员方是否没有善意行事。② 在欧共体—沙丁鱼案中，上诉机构认为，必须假设 WTO 各成员方将善意遵守条约义务，正如维也纳公约第 26 条清楚表达的条约必须遵守原则所要求的那样。而且，在争端解决中，每一个 WTO 成员方必须假设所有其他成员方是善意的。③

（四）善意推定

上诉机构在一些案件中还提到善意推定（presumption of good faith）。在欧共体—管道配件案中，上诉机构指出，正如巴西建议的，鉴于该专家组的一些问题指向《Exhibit EC - 12》的有效性，专家组没有完全依赖于善意推定。如果该专家组已完全依赖善意的推定，它将会完全接受欧洲共同体的主张，即《Exhibit EC - 12》构成了调查记录的一部分，并且将不会提出评估《Exhibit EC - 12》与该记录中包含的其他证据之间的一致性问题。④ 在美国—石油管材日落复审案中，上诉机构提到"在执行 WTO 承诺时 WTO

---

① Mexico - Corn Syrup (Article 21. 5 - US), WT/DS132/AB/RW, para. 47.
② See US - Offset Act (Byrd Amendment), WT/DS217/AB/R, WT/DS234/AB/R, paras. 296 - 298.
③ EC - Sardines, WT/DS231/AB/R, para. 278.
④ EC - Tube or Pipe, WT/DS219/AB/R, para. 127.

各成员方善意行事的推定"。① 在智利—酒精饮料案中，上诉机构指出，WTO 各成员方不应被推定为以任何方式通过采取一个新的措施继续以前的保护或歧视。这将接近于恶意的推定。因此，上诉机构认为，该专家组在审查"以便提供保护"的问题中考虑到这个因素时，犯了一个错误。② 在美国—管线案中，上诉机构指出，一如既往，必须假设 WTO 各成员方寻求善意履行 WTO 的义务。③

二　条约不溯及既往

除非条约中有此规定，条约没有追溯既往以拘束一当事国关于条约对其生效之日以前所发生的任何行为或事实或已不存在之任何情势的效力，④ 这就是维也纳公约第 28 条规定的条约不溯及既往原则（principle of non-retroactivity of treaties）。按照这项一般原则，条约不得追溯适用，除非条约有不同的意思或另经确定。如果没有相反的意图，条约在其生效的日期之前，不能适用于已发生的行为或事实，或已不存在的情况。⑤ 条约不溯及既往原则得到了国际判例的支持。这可以国际法院对阿姆巴蒂洛斯案的判决为例。⑥

在欧共体—香蕉案（三）中，欧共体提出了专家组是否违反维也纳公约第 28 条规定的原则，错误给予 GATS 第 17 条追溯效力的问题。关于这个问题专家组在其裁决中指出："我们法律审查的范围只包括欧共体已采取的或继续采取的行动，或仍然生效的或继

---

① United States – Sunset Reviews of Anti-Dumping Measures on Oil Country Tubular Goods from Argentina, WT/DS268/AB/R, para. 173.

② Chile – Taxes on Alcoholic Beverages, WT/DS87/AB/R, WT/DS110/AB/R, para. 74.

③ US – Line Pipe, WT/DS202/AB/R, para. 110.

④ 〔英〕安托尼·奥斯特：《现代条约法与实践》，江国青译，中国人民大学出版社，2005，第 140 页。

⑤ See Brazil – Desiccated Coconut, WT/DS22/AB/R, pp. 179 – 180.

⑥ 例外地，依照缔约各方的共同意思，条约也可以有追溯力，这也得到了常设国际法院对马弗罗马蒂斯的巴勒斯坦特许权案判决的支持。参见李浩培《条约法概论》，法律出版社，2003，第 297 页。

续由欧共体实施的措施，因此在 GATS 生效之后，并没有停止存在。同样，关于 GATS 生效以后的期间，将得出任何符合或不符合 GATS 第 17 条要求的结果。"专家组在一个脚注中进一步指出这一调查结果，即 "争论中的欧共体措施可被视为持续的措施，在 GATS 生效之前，其在某些情况下被颁布了，但其在该日期之后没有停止存在（与第 28 条所规定的情况相反）。"对此，上诉机构指出，"从其调查结果的用语看，这是……明显的，该专家组得出结论，事实上，在 GATS 生效之后，事实上的歧视继续存在。这一事实调查结果是在上诉机构审查的范围之外。因此，我们不推翻或修改专家组报告第 7.308 段中的专家组结论。"①

在加拿大—专利期限案中，上诉机构指出，（维也纳公约）第 28 条规定，在没有一个相反意图的情况下，在该条约对条约当事国生效之前，条约的规定并不适用于 "已不存在的任何情势"。从逻辑上讲，在上诉机构看来，第 28 条也必然意味着，如果没有相反的意图，条约义务适用于一直没有停止存在的任何 "情势"——也就是说，对过去出现、但在新条约下仍继续存在的任何情势。② 一项条约适用于现有的权利，即使这些权利是来自该条约生效之前 "已发生的行为"（《TRIPS 协定》第 70.1 条的措辞）。③

在欧共体—沙丁鱼案中，上诉机构指出，"我们忆起，《维也纳条约法公约》第 28 条规定，条约一般不追溯适用。……正如我们在先前的争端中所说，第 28 条编纂的解释原则与涵盖协定的解释是相关的。"④

在欧共体—荷尔蒙案中，上诉机构指出："我们同意专家组，《SPS 协定》将适用于没有停止存在的情况或措施，如 1981 年和

---

① EC – Bananas III, WT/DS27/AB/R, paras. 235, 237.

② Canada – Patent Term, WT/DS170/AB/R, para. 72.

③ Canada – Patent Term, WT/DS170/AB/R, para. 70.

④ EC – Sardines, WT/DS231/AB/R, para. 200.

1988 年《指令》，除非《SPS 协定》表示了相反的意思。我们还同意专家组，《SPS 协定》并没有表示这种意思。《SPS 协定》不包含限制《SPS 协定》临时适用的任何规定，或限制 1995 年 1 月 1 日以后通过的 SPS 措施的任何规定。"①

三　遇有疑义从轻解释

遇有疑义从轻解释原则（principle of in dubio mitius）是国际法中公认的一项条约解释原则。这一原则适用于条约解释，是对各国主权的尊重。其大意是，如果一个条约用语的含义不明，首选的意义是对承担义务的当事国较轻，或对一个当事国的领土和属人最高权干扰较少，或对各当事国一般限制较少。② 在适用这一原则时，还必须考虑这样一个事实，即承担义务构成条约的主要目的，并且，总的来说，各当事国必须被推定为打算使条约有效。③ 国际法院在核试验案中评论："在国家发表声明限制其行动自由时，要求一种严格的解释。"④ 此处涉及国家的单方面声明，而不是国际协定。⑤

在欧共体—荷尔蒙案中，专家组裁定，欧共体所采取的措施必须是在《SPS 协定》第 3.1 条项下"以国际标准为根据"，这意味着它们必须"符合"《SPS 协定》第 3.2 条要求的国际标准。上诉机构认为专家组的结论是错误的。上诉机构指出，一个成员方根据国际标准制订的 SPS 措施的协调一致，是被规定在该协定中作为一

---

① EC – Measures Concerning Meat and Meat Products (Hormones), WT/DS26/AB/R, WT/DS48/AB/R, para. 128.

② R. Jennings and A. Watts (eds.), *Oppenheim's International Law*, London: Longman, Vol. 1, 1992, p. 1278.

③ R. Jennings and A. Watts (eds.), *Oppenheim's International Law*, London: Longman, Vol. 1, 1992, pp. 1278 – 1279.

④ Australia v. France, *ICJ Reports 1974*, p. 267; New Zealand v. France, ICJ Reports 1974, p. 472.

⑤ R. Jennings and A. Watts (eds.), *Oppenheim's International Law*, London: Longman, Vol. 1, 1992, pp. 1278 – 1279, 16.

个在未来得以实现的目标，而不是目前的要求。专家组对第 3.1 条的解释将把指南和建议转变为具有约束力的规范。在使用遇有疑义从轻解释的原则时，上诉机构得出结论，"我们不能轻易假定，通过要求符合或遵守这些标准、指南和建议，主权国家打算给自己施加了更繁重，而不是较少负担的义务。要维持这样的假设，以及证明这样广泛的解释正当，制定比《SPS 协定》第 3 条的规定更为具体和令人信服的条约规定，是有必要的。"①

不过，在中国—出版物和音像制品案中，中国援引遇有疑义从轻解释原则的主张，并没有得到专家组和上诉机构的支持。在该案中，中国认为，遇有疑义从轻解释的原则支持对中国的 GATS 承诺作出严格的解释。遇有疑义从轻解释的原则实际上要求主权国家的义务应该按照条约，比如中国的 GATS 承诺，严格解释。② 上诉机构指出："我们认为，在依照维也纳公约第 31 条解释'录音分销服务'时，专家组没有犯错误。……我们也注意到，我们没有发现在第 32 条下专家组的分析中存在错误。因此，我们不接受中国的主张，即专家组应该裁决在根据维也纳公约第 31 条和第 32 条的分析之后，'录音分销服务'这一项的意义仍然是不确定的或模糊的。因此，即使遇有疑义从轻解释原则在 WTO 争端解决中是有关的，在这一争端中也没有它的适用范围。"③

总之，遇有疑义从轻解释的原则，其目的在于寻求一种最少侵犯或最少干涉一个国家主权的结果。但如果过早和过多诉诸它，可能导致 WTO 协定非常保守的解释，在 WTO 案件中过于有利这些被诉违反"义务"的被诉方，其结果之一将是损害 WTO 体制的光

---

① EC – Measures Concerning Meat and Meat Products (Hormones), WT/DS26/AB/R, WT/DS48/AB/R, para. 165, fn. 154.

② China – Measures Affecting Trading Rights and Distribution Services for Certain Publications and Audiovisual Entertainment Products, WT/DS363/R, para. 4. 160.

③ China – Measures Affecting Trading Rights and Distribution Services for Certain Publications and Audiovisual Entertainment Products, WT/DS363/AB/R, para. 411.

辉成就之一，即发展中国家成员方对发达（或其他发展中）国家采取行动的意愿和能力。①

四　禁止滥用权利

滥用权利（abus de droit）的学说，植根于善意和公平原则。②它禁止那些虽然不违反法律或协定的字面意义，但背离了其目的和阻挠有关履行相应义务的合理预期的行为。③ 如果权利的主张"触及一项条约所涵盖的领域，必须善意地行使它，即合理地行使"。④在权利的目的适当和必要的情况下，合理和善意地行使权利，在当事国之间应是公平和公正的，而不是企图从中获取不公平的优势。⑤

在美国—虾案中，上诉机构在解释善意原则时，提到禁止滥用权利原则，并在其报告中引用了郑斌的观点。上诉机构认为，事实上，第 20 条序言是善意原则的一个表达。这一原则，同时是一般法律原则和国际法的一般原则，控制国家行使权利。这个一般原则的适用，被广泛称为禁止滥用权利原则的适用，禁止一个国家对权利的滥用，并责令无论何时，一项权利主张"触及（一项）条约义务所涵盖领域，它必须被善意行使，也就是说，合理地行使"。一个成员方滥用自己的条约权利，会造成对其他成员方的条约权利的违反，以及对如此行事的成员方之条约义务的违反。⑥

---

① John H. Jackson, *Dispute Settlement and the WTO: Emerging Problems*, in John H. Jackson, *The Jurisprudence of GATT and the WTO: Insights on Treaty Law and Economic Relations*, Cambridge: Cambridge University Press, 2000, p. 180.

② Ernst-Ulrich Petersmann, The GATT/WTO Dispute Settlement System, London: Kluwer Law International, 1997, p. 178.

③ Ernst-Ulrich Petersmann, The GATT/WTO Dispute Settlement System, London: Kluwer Law International, 1997, p. 178.

④ B. Cheng, General Principles of Law as Applied by International Courts and Tribunals, London: Stevens and Sons, Ltd., 1953, p. 125.

⑤ B. Cheng, General Principles of Law as Applied by International Courts and Tribunals, London: Stevens and Sons, Ltd., 1953, p. 125.

⑥ US – Shrimp, WT/DS58/AB/R, para. 158.

五　预防原则

作为一个法律概念，预防原则（precautionary principle）最早产生于德国，① 最初这项原则的核心是要求社会通过认真的提前规划和阻止潜在的有害行为来寻求避免环境的破坏。② 1984 年德国政府代表在参加第一次"保护北海国际会议"上作为一个谈判目标提出了预防原则。③ 因此，大多数学者将保护北海国际会议作为预防原则进入国际法领域的开始。预防原则起初的适用范围只限于海洋环境保护方面，后来逐步扩展于环境保护的其他领域如气候变化、危险物品管制、臭氧层保护、生物多样性保护等。1990 年以后通过的有关环境保护的国际法律文件几乎都规定了预防原则。④ 由于预防原则还

① 关于预防原则，我国学者有多种译法，如预防原则（亚历山大·基斯：《国际环境法》，张若思译，法律出版社，2000，第 93 页；杨国华、胡雪编《国际环境保护公约概述》，人民法院出版社，2000，第 39 页）、警惕原则（金瑞林主编《中国环境法》，法律出版社，1998，第 70 页）、预防和预警原则（经济合作与发展组织编《环境管理中的经济手段》，张世秋、李彬译，中国环境科学出版社，1996，第 45 页）、谨慎（性）原则（高家伟：《欧洲环境法》，工商出版社，2000，第 61 页）、曲格平主编《环境与资源法律读本》，解放军出版社，2002，第 347 页）、防备原则（蔡守秋主编《欧盟环境政策法律研究》，武汉大学出版社，2002，第 159 页）、风险防范原则（柯坚：《论生物安全法律保护的风险防范原则》，《法学杂志》2001 年第 3 期），比较多的学者将其译为风险预防原则（王曦编著《国际环境法》，法律出版社，1998，第 116 页；戚道孟主编《国际环境法》，中国方正出版社，2004，第 77 页；王灿发、于文轩：《生物安全的国际法原则》，《现代法学》2003 年第 4 期）。参见朱建庚《风险预防原则与海洋环境保护》，人民法院出版社，2006，第 6 页。还有学者将其译为"风险预警原则"（陈立虎：《论风险预警原则在 WTO 法律中的地位》，《比较法研究》2005 年第 4 期）。笔者则将其译为"预防原则"，因为"precautionary"，其意为"预先警戒的"、"预防的"，"风险"自然包含在"预防"的本意之中，故译为"预防原则"言简意赅，足以达意。
② 朱建庚：《风险预防原则与海洋环境保护》，人民法院出版社，2006，第 1 页。
③ (First) International Conference on the Protection of the North Sea (Bremen, 1st November 1984), see Declaration of the International Conference on the Protection of the North Sea, at http://www.seas - at - risk.org/1mages/1984% 20Bremen% 20Declaration.pdf, May 26, 2010.
④ 朱建庚：《风险预防原则与海洋环境保护》，人民法院出版社，2006，第 6 页。

处于不断发展的过程中，目前国际上还没有一致认可的或权威的定义。其在不同的国际条约、文件及国内的政策和法律中的定义都是不同的。① 不过，《里约环境与发展宣言》"原则 15"关于预防原则的定义具有一定的代表性："为了保护环境，各国政府应该根据其能力广泛采用风险预防措施。在有严重或不可逆转的损害威胁时，缺乏科学确定性不应被用来作为延缓采取有效措施防止环境退化的理由。"

在某些情况下，WTO 制度可能与预防原则冲突。例如，WTO 的一些规定要求国内规章必须有科学证据支持，以防止各成员方制定规章，阻挡其他成员方的产品进口。相反，一些人认为，即使一些威胁没有科学证据，预防原则也允许各国作为一项预防措施规范这些问题。② 在欧共体—荷尔蒙案中，欧共体认为，预防原则解除了其承担证明荷尔蒙会造成损害的任何证据的责任，尽管《SPS 协定》一般要求严重影响其他成员方产品进口的规章必须有科学依据。

WTO 上诉机构驳回了欧共体的主张。上诉机构认为，预防原则在国际法中的地位仍然是有争论的。尽管预防原则被一些人视为是习惯国际环境法的一般原则，但是，它是否已被各成员方普遍接受为一般或习惯国际法原则，似乎不够明显。上诉机构认为，在此上诉中，对这个重要而抽象的问题采取一个立场没有必要，而且可能是轻率的。关于预防原则在国际法中的地位，专家组本身并没有作出任何明确的结论，而且至少在国际环境法领域以外，预防原则仍有待权威的形成。③

在上诉机构看来，重要的是，要注意预防原则与《SPS 协定》之间关系的某些方面。第一，这一原则没有被写入《SPS 协定》作

---

① 朱建庚：《风险预防原则与海洋环境保护》，人民法院出版社，2006，第 16 页。
② John O. McGinnis, The Appropriate Hierarchy of Global Multilateralism and Customary International Law: The Example of the WTO, *Virginia Journal of International Law*, Vol. 44, No. 1, 2003, p. 260.
③ EC – Measures Concerning Meat and Meat Products (Hormones), WT/DS26/AB/R, WT/DS48/AB/R, para. 123.

为不符合该协定特定条款规定的成员方义务的 SPS 措施辩解的一个理由。第二，预防原则确实体现在《SPS 协定》第5.7条之中。同时，上诉机构同意，没有必要假定第5.7条用尽了预防原则的意义。它也反映在序言第6段和第3.3条。即明确承认各成员方有建立自己卫生保护适当水平的权利，该水平比现行的国际标准、指南和建议表明的水平可能更高（即更为谨慎）。第三，负责确定是否存在"足够的科学证据"，以证明一个成员方维持某一 SPS 措施这一主张合理性的专家组，当然可以而且应该牢记，在涉及不可逆转的风险，例如生命终止、损害人体健康时，负责任的、典型的政府通常从谨慎和防范的角度行事。第四，预防原则本身没有、并且没有这样明确的文本指令，免除专家组在解释《SPS 协定》的规定中适用正常（即习惯国际法）的条约解释原则的责任。①

由此可见，在欧共体—荷尔蒙案中，在处理欧共体的主张，即预防原则作为一项习惯法的规则应补充《SPS 协定》的规定时，上诉机构是非常犹豫的。尽管条约与习惯之间没有固有的等级存在这一观点得到普遍接受，但是，在实践中，一项新的习惯出现了，而一项与其相抵触的条约规范却仍然继续存在，这是罕见的，因为习惯不可能在一夜之间确立，习惯要求各国普遍和划一的惯例。因此，习惯优于 WTO 条约是不可能的。② 预防原则是一项新出现的习惯国际法规则这一主张，还受到各种不确定性的困扰。该原则的范围是不确定的。作为一般事项，参加实践的各国所作出的承诺也是不明确的，它们是不可强制实行的。③

---

① EC – Measures Concerning Meat and Meat Products (Hormones), WT/DS26/AB/R, WT/DS48/AB/R, paras. 123 – 124.

② See Joost Pauwelyn, How to Win a World Trade Organization Dispute Based on Non-World Trade Organization Law? Questions of Jurisdictions and Merits, *Journal of World Trade*, Vol. 37, No. 6, 2003, p. 1025.

③ John O. McGinnis, The Appropriate Hierarchy of Global Multilateralism and Customary International Law: The Example of the WTO, *Virginia Journal of International Law*, Vol. 44, No. 1, 2003, pp. 260 – 261.

六　比例原则

比例原则（principle of proportionality），又称为"适当性原则"、"相称性原则"。在国内法和欧共体法律中，比例原则已被广泛讨论。在这些领域，它通常适用于国家与公民之间的关系以及立法和监管职权的行使。在国际公法中，比例原则也可用于调整平等的主权国家之间的关系。在国际公法的许多领域，比如，反措施、关于使用武力的法律、武装冲突法、海洋划界等，比例原则发挥了重要作用。[①] 在 WTO 法中，比例原则的基本理念，即适当平衡相互竞争的权利，不仅多次体现在 WTO 协定中，[②] 而且，上诉机构在一些报告中已多次提到比例原则。

在美国—棉纱案中，上诉机构指出，归因于一个出口成员方的全部的严重损害，必须与该成员方的进口所造成的损害相称。与美国的意见相反，上诉机构认为，第 6.4 条第二句不允许把全部的严重损害归因于一个成员方，除非该成员方的进口单独造成了一切严重损害。上诉机构的观点为关于国家责任的一般国际法规则提供了进一步支持，该规则要求，针对各国违反其国际义务的反措施应与受到的损害相称。同样，上诉机构注意到，DSU 第 22.4 条规定中止减让应等于丧失或损害的程度。DSU 的这项规定被一致地解释为没有理由坚持惩罚性赔偿。这两个例子说明了各国违反其国际义务的后果，而一项保障措施，只不过是与 WTO 一致的"公平贸易"活动的一个补救。如果违背国际义务是由相称的反措施制裁，而在没有这种违反的情况下，一个 WTO 成员方将承担一个不完全是由其出口所造成的不相称的、"惩罚性的"严重损害，这将是荒谬的。因此，上诉机构认为，关于严重损害的归因方面，这种过分

---

① See Mads Andenas & Stefan Zleptnig, Proportionality: WTO Law: in Comparative Perspective, *Texas International Law Journal*, Vol. 42, No. 3, 2007, pp. 396 – 401.

② Meihard Hilf, Power, Rules and Principles: Which Orientation for WTO/GATT Law?, *Journal of International Economic Law*, Vol. 4, Issue 1, 2001, p. 117.

的减损比例原则，只有当 ATC 的起草者对其作出了明确的规定（情况并非如此），才是合理的。[①]

在美国—线管案中，上诉机构指出，如果一项保障措施对出口商造成的"痛苦"被允许具有的效果超出了进口增加造成的损害份额，这将意味着可以比反补贴和反倾销税更加限制贸易的方式适用一项并非旨在保护进口国的产业免受不公平或非法的贸易行为的特殊救济。《WTO 协定》应被解释为把一项反措施限制在不公平做法或违反条约所造成损害的范围内，但即使不存在违反的指控或不公平的做法时却不这样限制一项反措施，其依据是什么呢?[②] 在该案中，上诉机构还指出，关于国家责任的习惯国际法规则，在美国—棉纱案中也提到了。根据关于国家责任的一般国际法规则的要求，针对各国违反国际义务的反措施应该是与这种违反相称的。国际法委员会《关于国家的国际不法行为的草案条款》第 51 条规定，"反措施必须与所遭受的损害是相称的，同时考虑到国际不法行为的严重程度和有关的权利"。虽然第 51 条是国际法委员会草案条款的一部分，不构成具有约束力的法律文书，但这个条款规定了一项习惯国际法公认的原则。上诉机构还认为，美国在其他地方已承认了这一原则。在对国际法委员会的草案条款的评论中，美国认为，根据习惯国际法，比例的规则（rule of proportionality）适用于反措施的行使。[③]

七 禁止反言

禁止反言原则（principle of estoppel）起源于民法和普通法，禁止反言阻止一国否认它作出的明确和毫不含糊的陈述，该陈述带有可以信赖的意图。在信赖该陈述的对方因其状况改变而对其不

---

① See US – Cotton Yarn, WT/DS192/AB/R, paras. 119 – 120.
② US – Line Pipe, WT/DS202/AB/R, para. 257.
③ US – Line Pipe, WT/DS202/AB/R, para. 259.

利，或者遭受一些损害的情况下，禁止反言成立。① 也就是说，禁止反言的前提是：如果一方凭另一方的保证已采取行动，另一方后来改变立场将造成损害，这种立场的改变就是"反言"，这是被禁止的。②

上诉机构从未适用过禁止反言的原则。在欧共体—食糖出口补贴案中，上诉机构指出："我们同意专家组，禁止反言原则在 WTO 争端解决范围内的适用，目前还不清楚。"③ 此外，正如欧洲共同体提出的，禁止反言的概念似乎抑制了 WTO 成员方启动 WTO 争端解决程序的能力。上诉机构认为，看不到 DSU 中明确限制 WTO 各成员方提起诉讼的权利；根据 DSU 第 3.7 条，"就根据这些程序采取的措施是否有效"，WTO 成员必须作出它们的"判断"，以及按照 DSU 第 3.10 条它们必须善意参与解决争端程序。这个后者的义务包括解决争端的整个范围，从一个案件的启动点贯穿执行。因此，即使在争论中假设，禁止反言原则可以适用于 WTO，其适用将限于 DSU 规定的狭窄范围内。④

八　司法经济

司法经济（judicial economy），是指在一个简单的程序中试图尽可能多地解决问题。⑤ WTO 争端解决中经常使用司法经济原则，以节约司法资源、提高裁决效率。GATT1947 专家组也使用过司法经济原则。比如，在确定违反 GATT1947 的事实存在之后，专家组

---

① See North Sea Cases, (1969) I. C. J. Rep. 26; Temple of Preah Vihear, (1962) I. C. J. Rep. 143; Gulf of Maine Case, (1984) 309.

② Ian Brownlie, *Principles of Public International Law*, Oxford: Clarendon Press, 1998, p. 642.

③ EC – Export Subsidies on Sugar, WT/DS265/AB/R, WT/DS266/AB/R, WT/DS283/AB/R, para. 310.

④ EC – Export Subsidies on Sugar, WT/DS265/AB/R, WT/DS266/AB/R, WT/DS283/AB/R, para. 312.

⑤ Philip M. Nicholls, GATT Doctrine, *Virginia Journal of International Law*, Vol. 36, No. 2, 1996, p. 403.

将不再讨论其他 GATT1947 的规定是否受到侵犯。[①] 由于 WTO 争端当事方提出每一个具体的主张范围更广泛，WTO 更多地使用司法经济原则，尽可能对各当事方提出的申诉迅速作出反应。按照司法经济原则，专家组有权只处理那些它认为对解决特定要求有必要的主张，而无须处理各方提出的所有主张。然而，专家组必须在报告中明确其已合理地审查了一项主张。也就是说，专家组只对有必要解决的争论中的问题的那些主张作出调查结果。[②] 这是与 WTO 争端解决机制的基本目标一致的，保证争端得到积极和有效解决。

（一）专家组只对解决具体问题有必要的主张作出调查结果

专家组避免审查申诉方提出的每一项主张，只对解决具体问题有必要的主张作出调查结果。在美国—羊毛衬衫和上衣案中，上诉机构认为，（DSU 第 11 条）或以往 GATT 惯例中都没有任何规定要求专家组审查申诉方提出的所有法律主张。以前的 GATT1947 和WTO 专家组经常只处理那些专家组认为对解决各当事方之间的问题有必要的主张，并拒绝裁决其他问题。因此，如果专家组认为，一项措施不符合 GATT1947 的某一规定，它一般不继续审查这一措施是否不符合 GATT 的其他规定，即使申诉方可能认为这些规定已被违反。[③] 上诉机构还提到巴西—脱水椰子案和美国—汽油案的专

---

① See Tuna – Dolphin I, United States – Restrictions on Imports of Tuna, DS21/R, DS21/R, 3 September 1991, unadopted, BISD 39S/155; Tuna – Dolphin II, United States – Restrictions on Imports of Tuna, DS29/R, 16 June 1994, unadopted; Norway – Procurement of Toll Collection Equipment for the City of Trondheim, GPR. DS2/R, adopted 13 May 1992, BISD 40S/319.

② See EC – Poultry, WT/DS69/AB/R, para. 135.

③ See, e. g., EEC – Quantitative Restrictions Against Imports of Certain Products from Hong Kong, adopted 12 July 1983, BISD 30S/129, para. 33; Canada – Administration of the Foreign Investment Review Act, adopted 7 February 1984, BISD 30S/140, para. 5. 16; United States – Imports of Sugar from Nicaragua, adopted 13 March 1984, BISD 31S/67, paras. 4. 5 – 4. 6; United States – Manufacturing Clause, adopted 15/16 May 1984, BISD 31S/74, para. 40; Japan – Measures on Imports of Leather, adopted 15/16 May 1984, BISD 31S/94, para. 57; Japan – Trade in Semi-Conductors, adopted 4 May 1988, BISD 35S/116, para. 122; Japan – （转下页注）

家组报告，^①并指出，在 WTO 的实践中，专家组同样避免审查该申诉方提出的每一项主张，并只对那些专家组得出结论认为对解决具体问题有必要的主张作出调查结论。^② 在该案中，上诉机构还指出，鉴于贯穿 DSU 的争端解决的明确目的，上诉机构不认为 DSU 第 3.2 条是为了鼓励专家组或上诉机构在解决某一争端的范围以外，以澄清《WTO 协定》的现有规定的途径"造法（make law）"。专家组只需要处理那些为了解决该争端中争论的问题而必须加以解决的主张。^③ 虽然一些 GATT1947 和 WTO 专家组的确已作出更广泛的裁决，审查和裁决对解决某一争端没有绝对必要的问题，但在 DSU 中没有任何规定要求专家组这样做。此外，这种要求并不符合 WTO 争端解决制度的目的。^④

在美国—铅铋案（二）中，上诉机构指出，"美国似乎认为我们在美国—羊毛衫和上衣案中的报告规定了一项一般原则，专家组可能不会处理任何无须处理的问题，以解决当事各方之间的争端。我们不同意对我们的裁决作出这种定性。在该上诉中，印度认为，它有权要求专家组对它提出的每一项法律主张作出裁决。然而，我们认为，司法经济原则允许专家组拒绝对某些主张作出裁决。"^⑤

在美国—陆地棉案中，上诉机构也指出，专家组可避免对每项

（接上页注③）Restrictions on Imports of Certain Agricultural Products, adopted 22 March 1988, BISD 35S/163, para. 5.4.2; EEC – Regulations on Imports of Parts and Components, adopted 16 May 1990, BISD 37S/132, paras. 5.10, 5.22, and 5.27; Canada – Import, Distribution and Sale of Certain Alcoholic Drinks by Provincial Marketing Agencies, adopted 22 March 1988, BISD 35S/37, para. 5.6; and United States – Denial of Most-Favoured-Nation Treatment as to Non-Rubber Footwear from Brazil, adopted 19 June 1992, BISD 39S/128, para. 6.18.

① See Brazil – Measures Affecting Desiccated Coconut, WT/DS22/R, para. 293; United States – Standards for Reformulated and Conventional Gasoline, WT/DS2/9, para. 6.43.
② US – Wool Shirts and Blouses, WT/DS33/AB/R, p. 18.
③ US – Wool Shirts and Blouses, WT/DS33/AB/R, p. 340.
④ US – Wool Shirts and Blouses, WT/DS33/AB/R, pp. 339 – 340.
⑤ US – Lead and Bismuth II, WT/DS138/AB/R, para. 71.

主张作出裁决，只要不导致"问题的部分解决"。该专家组认为美国的出口信贷担保计划构成了第 3（1）（a）条下禁止的出口补贴，因为它们不符合《出口补贴例示清单》（j）项的标准。上诉机构认为，这一调查结果已足以解决问题。因此，上诉机构并不认为，该专家组使用司法经济是不正确的，因为巴西并没有证明它已导致"问题的部分解决"。①

总之，正如上诉机构在加拿大—小麦出口和粮食进口案中指出的那样，在单一的，或若干（与 WTO）不一致的结果足以解决争端时，司法经济……允许专家组避免作出多次调查结果，即同样的措施不符合各种规定。②

（二）专家组拥有是否使用司法经济的酌情权

上诉机构在其报告中，反复肯定专家组拥有是否使用司法经济的酌情权。在欧共体—荷尔蒙案中，上诉机构认为："我们同意专家组对司法经济概念的适用。我们已经肯定了专家组的结论，即鉴于欧共体未能提供一个合理地支持这样的措施的风险评估，欧共体的措施不符合第 5.1 条。在这种情况下，确定是否也违反了《SPS协定》第 2.2 条的程序的必要性和正当性，我们完全不清楚。"③在印度—专利（美国）案中，上诉机构也指出，专家组可酌情决定它必须处理的主张，以解决当事各方之间的争端——只要这些主张是在该专家组的职权范围内。④

在美国—陆地棉案中，上诉机构肯定专家组拥有行使司法经济的酌情权，并对专家组没有使用司法经济原则提出了批评。上诉机构指出："我们相信，该专家组拒绝审查，除了该计划支持的大米和没有列入的产品以外，列入的产品是否是以'导致'规避'威

---

① US – Upland Cotton, WT/DS267/AB/R, para. 732.
② Canada – Wheat Exports and Grain Imports, WT/DS276/AB/R, paras. 133 – 134.
③ EC – Measures Concerning Meat and Meat Products (Hormones), WT/DS26/AB/R, WT/DS48/AB/R, para. 250.
④ India – Patents (US), WT/DS50/AB/R, para. 87.

胁'的方式适用，是在其酌情权之内。专家组已经裁决，美国的行动不符合《农业协定》第 10.1 条，因为它以'导致'（实际）规避其对这些产品出口补贴承诺的方式适用其出口信贷担保计划。我们不明白为什么该专家组还必须以存在规避威胁，而不是以实际的规避为根据审查美国的行为不符合关于相同产品的相同规定。"①上诉机构还指出，该专家组可以行使司法经济，并避免处理除了那些对解决争端有必要的主张。在本案中，该专家组没有明确说明它是在行使司法经济。然而，上诉机构同意美国，即该专家组的方法可以正确地定性为司法经济的行使。此外，上诉机构认为该专家组避免作出另外的调查结果是在其酌情之内，而且，鉴于其对"实际规避"的调查结果已经解决了问题，专家组行使司法经济并无不当。②

（三）错误使用司法经济原则

上诉机构还指出什么是错误的司法经济。在澳大利亚—鲑鱼案中，上诉机构指出，司法经济原则必须在铭记争端解决机制的目的中适用。而这个目的就是解决争论中的问题，并"获得争端的积极解决方法"。只是部分解决争论中的问题是错误的司法经济。专家组必须处理对其作出裁决有必要的主张，为了使 DSB 作出足够精确的建议和裁决，从而使得一个成员方迅速遵守这些建议和裁决，"以确保所有成员方受益的争端得到有效解决"。③

在日本—农产品案（二）中，上诉机构指出，没有根据第 5.1 条就品种测试要求作出裁决，因为它适用于杏、梨、李子、木瓜，该专家组错误地适用了司法经济原则。上诉机构认为，关于杏、梨、李子、木瓜，根据第 5.1 条作出一项裁决是必要的，"以确保争端的有效解决"。④

---

① US – Upland Cotton, WT/DS267/AB/R, para. 717.

② US – Upland Cotton, WT/DS267/AB/R, para. 718.

③ Australia – Salmon, WT/DS18/AB/R, para. 223.

④ Japan – Agricultural Products II, WT/DS76/AB/R, para. 111.

在欧共体—食糖出口补贴案中，上诉机构认为，专家组根据《农业协定》第 3 条和第 8 条的调查结果不足以"完全解决"这个争端。这是因为，在拒绝就《SCM 协定》第 3 条下申诉方提出的主张作出决定时，该专家组排除了按照《SCM 协定》第 4.7 条提供给申诉方救济的可能性。此外，在拒绝对申诉方在《SCM 协定》第 3 条下提出的主张作出裁决时，该专家组未能履行其在 DSU 第 11 条下的义务，未能作出"可协助 DSB 提出建议或提出涵盖协定所规定的裁决的其他调查结果"，即依照第 4.7 条由 DSB 作出一项建议或裁决，构成了错误的司法经济和法律错误。[①]

总之，虽然司法经济原则允许专家组避免处理超出解决争端所必需的主张，但是，它不会强迫专家组实行这样的克制。同时，如果专家组没有对解决争端有必要的这样一个结果的主张作出裁决，将构成错误行使司法经济和法律错误。[②]

（四）专家组应明确处理没有审查和裁决的主张

上诉机构还指出，专家组肯定了隐含在司法经济原则中的酌情权，并指出专家组应明确处理由于司法经济的原因而没有审查和裁决的主张。在加拿大—汽车案中，上诉机构指出："在评估由欧共体提出的这一法律错误指控时，我们提到 DSU 第 11 条非常笼统的条款规定的义务。DSU 第 7.1 条规定专家组的标准职权范围，用语非常相似。专家组应作出这样的裁决以协助 DSB 提出建议或裁决。根据 DSU 第 7.2 条，'专家组应处理争端各方引用的任何涵盖协定的有关规定'。但是，在履行其在 DSU 第 7 条和第 11 条下的职能时，专家组没有被要求审查它受理的所有法律主张。专家组可

---

① EC – Export Subsidies on Sugar, WT/DS265/AB/R, WT/DS266/AB/R, WT/DS283/AB/R, para. 335.

② See Canada – Wheat Exports and Grain Imports, WT/DS276/AB/R, paras. 133 – 134.

以行使司法经济。"①

上诉机构认为，有关《SCM 协定》第 3（1）（a）条下的 CVA
要求，专家组没有必要对欧洲共同体的替代主张（alternative
claim）作出裁决，以获得这一争端的"积极的解决方法"。专家组
已经裁决，该 CVA 要求违反 GATT1994 第 3.4 条和 GATS 第 17 条。
在上诉机构看来，做出这些调查结果之后，专家组行使了隐含在司
法经济原则中的酌情权，可以正确地决定不审查欧洲共同体提出的
这项替代主张，即 CVA 要求是不符合 SCM 协定第 3（1）（a）条
的。但是，在所有情况下，为了对各当事方透明和公平起见，专家
组应明确处理它由于司法经济的原因拒绝审查和裁决的这些主张。
沉默不足以实现这些目的。②

九　合理预期

合理预期（legitimate expectations）的理论可能是来自德国法，③

---

① Canada – Autos, WT/DS139/AB/R, WT/DS142/AB/R, paras. 112 – 114.

② Canada – Autos, WT/DS139/AB/R, WT/DS142/AB/R, paras. 116 – 117.

③ 据学者考察，legitimate expectation（此处原文为 expectation，应该是
expectations——笔者注）一词的中文译名分别有"合法期待"（马怀德：《论听
证程序的适用范围》，《中外法学》1998 年第 2 期；张越：《英国行政法》，中
国政法大学出版社，2004）、"合法预期"（余凌云：《行政法上合法预期之保
护》，《中国社会科学》2003 年第 3 期）、"正当预期"（莫于川：《论行政指导
的立法约束》，《中国法学》2004 年第 2 期）、"正当期望"（〔英〕克雷格著
《正当期望：概念性的分析》，马怀德、李洪雷译，《环球法律评论》2003 年夏
季号）、"正当期待"（胡建淼：《论公法原则》，浙江大学出版社，2005）等。
参见张兴祥《论行政法上的合法预期保护原则》，中国政法大学 2006 年博士学
位论文；转引自余凌云《政府信赖保护、正当期望和合法预期》，廖益新主编
《厦门大学法律评论》（第十二辑），厦门大学出版社，2006，第 317 页。余凌
云教授则坚持认为应该翻成"合法预期"。他认为，至于 expectation 译成"期
望"、"期待"还是"预期"都无关宏旨，这只是语言选择上的个人偏好。根
本分歧在于，legitimate 到底应翻译成"合法"还是"正当"？这实际上又牵涉
到对该制度核心问题的理解上：legitimate 到底是"合法"还是"正当"的，
才能受到法院的保护？他还引用 Soren J. Schonberg 的一个论述以论证他的观
点："当有理性的人在一定情境下通过不懈努力就能够获得时，这种预期就算
是合理的；而当法律制度确认了这种合理性，并赋予了程序上的、（转下页）

并且是欧洲法院（ECJ）用于解释法律的一般原则，①其被欧洲法院认为是国际公法善意原则的必然结果。② 合理预期的理论也被适用于许多贸易争端。WTO 成员方的合理预期应获得保护，把可靠性和可预见性注入多边贸易体制。③ 使用合理预期的原理能阻止或限制 WTO 协定中有关例外的使用。保护合理预期已被规定在 DSU 第 23 条中，该条允许为非违反之诉提供救济。

合理预期的问题在专家组和上诉机构报告中已多次出现。专家组在美国—羊毛衬衫和上衣案中得出结论认为，出口成员方可以合理预期《纺织品与服装协定》第 6 条下的过渡性保障措施将被有节制地适用，以达到保护同类或直接竞争产品的国内生产者这一狭隘

（接上页注③）实体上的或者赔偿上的法律（保护）后果时，这种预期才是合法的。"（An expectation is reasonable if a reasonable person acting with diligence would hold it in the relevant circumstances. An expectation is legitimate if the legal system acknowledges its reasonableness and attribute procedural, substantive or compensatory legal consequences to it.）也就是说，这种预期不仅应当是合理的（reasonable），还必须是合法的（lawful）。仅仅是合理的，不见得一定会得到法院的支持和保护。这里所说的"合法"，是指这种预期的利益是应该受到法律保护的。把 legitimate 翻译成"正当"，尽管从英文字典上看，也不为错。Legitimate 的确有"合法的"、"合理的"、"正统的"等诸多含义，但却无法完满地体现出上述法律保护的意境和要求。参见余凌云《政府信赖保护、正当期望和合法预期》，廖益新主编《厦门大学法律评论》（第十二辑），厦门大学出版社，2006，第 317、319 ~ 320 页。笔者认为，把 legitimate expectations 翻译为"合理预期"比较妥当。其理由是，在被法律制度或法院确认或保护之前的"预期"称为"合理预期"比较符合逻辑，一旦这种"合理预期"经法律制度或法院确认或保护了，就是"合法权益"了，又何来"合法"预期呢？一个有理性的人，可以合理预期他的权益将受到法律保护，至于这种权益是否真的将得到法律保护，则取决于这种权益是否合法（即被法律制度或法院确认），因此 legitimate 在此宜译为"合理的"。至于"expectations"，译为"预期"较为合适，"预期"似乎是一个更为正式的法律词语。

① See Germany v. Council (Re Banana Regime) (Case 280/93), [1998] E. C. R. 1019; O'Dwyer & Others v. E. C. Council, [1995] 11 E. C. R. 2071.

② See August Topfer & Co. GmbH v. Council (Case T – 115/94), [1997] 1 C. M. L. R. 733.

③ See United States – Restrictions on Imports of Cotton and Man-Made Fibre Underwear, WT/DS24/R, para. 7. 20.

目的。换言之，出口成员方可以合理预期，所作出的市场准入和投资将不会受到采取不正当行为的进口成员方的阻碍。因此，专家组裁定，诉诸过渡性保障措施是鉴于保护当事方合理预期的需要。①

在印度—专利案中，上诉机构指出，合理预期原则是在非违反之诉的情况下发展的概念。② 其重申，在条约解释中合理预期的适用被认为仅限于非违反之诉。③ 上诉机构指出："条约当事各方的合理预期反映在该条约本身的条文之中。条约解释者的职责是审查该条约的用语，以确定双方的意图。这项工作应按照维也纳公约第31 条规定的条约解释原则进行。但是，这些解释原则既不要求也不容忍把不是其中的用语分配到条约中或者把没有意图的概念引入条约。"④

在欧共体—计算机设备案中，专家组宣称，保护一项受约束的项目（item）的关税待遇的合理预期是 GATT1994 第 2 条的最重要职能之一。⑤ 给予关税优惠是基于关税减让的价格影响将不会被系统地抵消这一假设。在解释《第 80 号减让表》时，专家组评估了美国有权合理预期的实际关税待遇。"自动数据处理器（ADP machines）"一词的含义，可以按照一个出口成员方的合理预期确定，即"自动数据处理器"包括局域网设备（LAN equipment）。专家组得出结论认为，乌拉圭回合期间欧共体现行惯例构成了一种合理预期，即局域网设备将继续获得给予"自动数据处理器"相同的关税待遇。⑥ 如果不尊重合理预期，旨在大幅削减关税和贸易

---

① See United States – Restrictions on Imports of Cotton and Man-Made Fibre Underwear, WT/DS24/R, para. 7. 20.

② India – Patent Protection for Pharmaceutical and Agricultural Chemical Products, WT/DS50/AB/R, para. 41.

③ India – Patent Protection for Pharmaceutical and Agricultural Chemical Products, WT/DS50/AB/R, para. 80.

④ India – Patent Protection for Pharmaceutical and Agricultural Chemical Products, WT/DS50/AB/R, para. 45.

⑤ EC – Computer Equipment, WT/DS62/R, WT/DS67/R, WT/DS68/R, para. 8. 23.

⑥ EC – Computer Equipment, WT/DS62/R, WT/DS67/R, WT/DS68/R, para. 8. 60.

壁垒的各协定的可靠性和可预测性将无法维持。这被认为是符合条约法公约第 31 条编纂的善意原则的。① 不过，上诉机构不同意专家组关于关税减让的含义可以按照一个出口成员的合理预期而确定的结论。按照维也纳公约第 31 条，条约解释的目的是确定各方的共同意图。这些共同的意图，不能基于条约当事方主观的、单方面决定的"预期"加以确定。一个成员方的减让表中规定的关税减让——这个争论中的问题的解释——是互惠的，并且来自进口和出口成员方之间的一个互利的谈判。GATT1994 第 2.7 条使一个减让表成为 GATT1994 的组成部分。因此，在该减让表中规定的减让是该条约条款的一部分。因此，可能适用于解释一项减让的含义的规则，只有维也纳公约规定的条约解释的一般规则。② 上诉机构得出结论是：专家组错误地认为，为了解释《第 80 号减让表》的条款和确定欧共体是否违反了 GATT1994 第 2.1 条的目的，一个出口成员方的"合理预期"是有关的。③

因此，在按照可适用的国际规范解释时，有关合理预期只能从条约文本中客观表达的协商一致得出。否则，该原则将导致明显不是由 WTO 协定本身产生的实体权利和义务这一"司法创造（judicial creation）"的危险。其对更明确的 WTO 权利和义务，以及 WTO 机构之间更微妙的平衡，似乎是不恰当的。④

十　有效原则

有效原则（principle of effectiveness），即有效解释原则（principle of effective interpretation），也是拉丁文中的"与其使其无

---

① EC – Computer Equipment, WT/DS62/R, WT/DS67/R, WT/DS68/R, para. 8. 25.

② EC – Computer Equipment, WT/DS62/AB/R, WT/DS67/AB/R, WT/DS68/AB/R, para. 84.

③ EC – Computer Equipment, WT/DS62/AB/R, WT/DS67/AB/R, WT/DS68/AB/R, para. 97.

④ Michael Lennar, Navigating by the Stars: Interpreting the WTO Agreements, *Journal of International Economic Law*, Vol. 5, Issue 1, 2002, p. 17.

效，不如使其有效（ut res magis valeat quam pereat）"原则。有效
解释原则反映了条约解释的一般规则，即要求条约的解释者必须使
被解释的条约的所有条款具有意义和效力。例如，解释一项规定不
应导致同一条约的另一项规定无效。① 国际法委员会曾指出：如果
条约可以有两种解释，其中一种使得条约具有合理的效力，另一种
则相反，条约的善意以及宗旨和目的要求采用前者的解释。②

　　解释必须使所有条约的条款具有意义和效力，是有效原则的核
心内容。在美国—汽油案中，上诉机构指出，维也纳公约"解释
的一般规则"的必然结果之一是，解释必须使条约的所有条款具
有意义和效力。解释者不能随意采用一种解读，导致减损条约的全
部条款至多余或无用。③ 在日本—酒精饮料案（二）中，上诉机构
认为，来自于维也纳公约第 31 条规定的解释的一个基本原则是有
效原则。④ 在加拿大—乳制品案中，上诉机构认为，条约解释者的
任务是确定并落实该条约的条款具有法律执行的意义。有效原则的
基本原则是，条约的解释者不能随意采用一个将减损条约的一部分
至多余或无用的意义。⑤ 在阿根廷—鞋类（欧共体）案中，上诉机
构指出，条约的解释者必须以协调地使所有这些规定具有意义的方
式，解释条约的所有可适用的规定。而且，对"权利和纪律的不
可分割的一揽子"的正确理解，必须是使这两个同样具有约束力的
协定所有有关规定都具有意义。⑥ 上述机构还指出："我们对这些
先决条件的解释也是这样，确定所有《保障措施协定》的有关规

---

①　Brazil – Measures Affecting Desiccated Coconu, WT/DS22/R, para. 6. 49.

②　International Law Commission Commentary on the Draft Vienna Convention, *Yearbook of the International Law Commission*, 1966, Vol. II (ILC Commentary), p. 219.

③　US – Gasoline, WT/DS2/AB/R, p. 23.

④　Japan – Alcoholic Beverages II, WT/DS8/AB/R, WT/DS10/AB/R, WT/DS11/AB/R, p. 12, DSR 1997: I, p. 106.

⑤　Canada – Dairy, WT/DS103/AB/R, WT/DS113/AB/R, WT/DS103/AB/R/Corr. 1, WT/DS113/AB/R/Corr. 1, para. 133.

⑥　Argentina – Footwear (EC), WT/DS121/AB/R, para. 81.

定和有关保障措施的 GATT 1994 第 19 条,都被赋予充分的意义和充分的法律效力。"① 在美国—抵消法(伯德修正案)案中,上诉机构指出,"国际公认的有效解释原则应当指导《WTO 协定》的解释,根据这一原则,《WTO 协定》的规定不应该以这种条约整个条款被减少至多余或无用的方式解释"。② 在美国—陆地棉案中,正如上诉机构解释的,"条约的解释者必须以协调地使所有这些规定都具有意义的方法,解读条约的所有可适用的规定"。我们同意专家组,"《SCM 协定》第 3(1)(b)条可以以连贯和一致的赋予所有它们的条款充分和有效的意义的方式,与有关国内支持的《农业协定》的规定一并解读。"③

有效解释原则的另一个必然结果是,条约应整体解释。在韩国—乳制品案中,按照有效解释的解释原则,"以协调地使所有的规定具有意义的方法解读一项条约的所有可适用的规定",是任何条约解释者的责任。这一原则的一个重要的必然结果是,一项条约应整体解释,特别是它的章节和部分应作为一个整体来解读。《WTO 协定》第 2.2 条,明确体现了乌拉圭回合谈判者的意图,即《WTO 协定》和附件 1、附件 2 和附件 3 包括的多边贸易协定的规定,必须作为一个整体解读。④

不过,在 WTO 争端解决中,必须谨慎对待有效原则。如果超出解释的必要范围,它相当于一个广泛的目的方法。这个原则有时候过于"雄心勃勃",因为它不承认条约规定之间可能内在地存在不协调的可能性,尽管解释方法是细致的。设法使本来不协调的规定协调一致,有时可能偏离有关文本中表达的协商一致。⑤ 无论如

---

① Argentina – Footwear (EC), WT/DS121/AB/R, para. 95.

② US – Offset Act (Byrd Amendment), WT/DS217/AB/R, WT/DS234/AB/R, para. 271.

③ US – Upland Cotton, WT/DS267/AB/R, para. 549.

④ Korea – Dairy, WT/DS98/AB/R, para. 81.

⑤ Michael Lennar, Navigating by the Stars: Interpreting the WTO Agreements, *Journal of International Economic Law*, Vol. 5, Issue 1, 2002, p. 17.

何，有效解释不得违反 DSU 的规定，尤其是 DSU 第 19.2 条的规定：“专家组和上诉机构在其调查结果和建议中，不能增加或减少涵盖协定所规定的权利和义务。”

十一　小结

WTO 制度不能在“法律的真空”中适用，WTO 规则是更广泛的国际公法内容的一部分，并在国际公法的框架内运作。在理论上，国家可以排除一个或更多的，或所有的一般国际法规则（强行法除外），但它们不能排除国际法体系。脱离国际公法的其余大部分而存在的法律子系统，是不可想象的。至少在解释的层面，它们总是会有某种程度的互动。尤其是，国际公法的规则和原则有助于 WTO 未做出具体规定的某些方面的运作或提供解释性指导。DSU 第 3.2 条要求按照解释国际公法的习惯规则解释 WTO 协定的现有规定。在解释和适用 WTO 协定的过程中，特别是通过维也纳公约第 31（3）（c）条的指引，在更广泛的国际法体系背景中解释条约，是一种重要的避免冲突的工具。这种援引国际公法中存在的大量的规则和原则是不能被否认的，这是因为 WTO 协定不能“在与国际公法的临床隔离中”解读。不过，在 WTO 争端解决中，国际公法的规则和原则的作用是有限的、辅助的。

结　语

关于非 WTO 法在 WTO 争端解决中的运用，主要涉及 WTO 体制之外的非 WTO 国际法引起的跨体制的"规则冲突"、WTO 专家组和上诉机构能否适用非 WTO 法作为其可适用法律的一部分审理贸易争端，以及非 WTO 法在 WTO 争端解决中具有什么价值和如何具体运用等问题，一直以来都是国际法学者们热烈探讨和争议激烈的一个重要和实践性的 WTO 法基本理论问题。

在 GATT/WTO 争端解决中，非 GATT/WTO 国际法的地位经历了一个演变发展过程。在 GATT 时代，GATT 专家组对 GATT 体制之外的非 GATT 规则持严格的、保守的立场，GATT 专家组只考虑 GATT 缔约方都加入的其他国际条约；它们一直不愿意使用非 GATT 国际法，包括其他条约和一般国际法规则和原则，以协助解释 GATT 的规定。到了 WTO 时代，非 WTO 国际法在争端解决中的地位发生了变化，在解释和适用 WTO 协定过程中，专家组和上诉机构中开始使用其他有关国际法规则，而不要求所有 WTO 成员方都是被援引的国际条约的当事国，尽管这些国际法规则只是被用来解释 WTO 协定而已。

WTO 规则在等级上不高于或低于任何其他国际法规则（除了强行法）。也就是说，贸易法与人权法、环境法、海洋法等不同领域之间的规则，并不存在位阶高低的问题，更不存在人权法、环境法规则优于 WTO 规则的问题，除非 WTO 条约对其与非 WTO 法之间的关系作出明确规定。从条约的当事国必须善意履行条约规定义务的角度来说，所有条约义务都是平等的。一个国家不能援引其在另一条约下的义务对抗其必须履行的条约义务，否则，就必须承担国家责任。因此，WTO 成员方不得以其必须履行人权条约或国际环境条约下的义务为由，违反 WTO 协定的规定。每个 WTO 成员方都必须遵守 WTO 的多边义务，而不是在享受 WTO 多边贸易体制带来好处的同时，却以承担其他条约下的义务为由违背 WTO 协定。即使这样做可能是为了追求人权或环境价值，也是不允许的，除非经过 WTO 成员方多边谈判，并达成共识。

即使非 WTO 法与 WTO 法之间发生规则冲突，WTO 专家组和上诉机构也不可能诉诸国际公法中的冲突规则，因为国际公法的冲突规则在处理 WTO 法与非 WTO 法之间的规则冲突中没有其适用的空间。在适用法律解决争端的时候，需要 WTO 专家组和上诉机构对可能存在冲突的各种国际法规则进行协调一致的解释。在这种协调一致的解释中，专家组和上诉机构可以运用国际法中本身作为非 WTO 规则的条约解释规则，比如推定为不冲突和演变的解释等。也就是说，WTO 规则与 WTO 法之外的其他国际条约等非 WTO 规则之间的冲突，将可通过协调一致的解释而得以避免或化解。事实上，WTO 协定中经常使用一般的、广泛的条款，为解释留下了余地，使 WTO 裁决机构得以考虑到非 WTO 国际法中包含的其他国际义务，而且，也不应低估 WTO 法与其他国际法律制度之间存在一致的可能性。

WTO 专家组和上诉机构最终必须适用 WTO 涵盖协定的明文规定断定被诉方的贸易措施是否与涵盖协定一致，但这并不妨碍其在解释和适用涵盖协定的过程中援引非 WTO 法协助解释有关涵盖协定的条款或用语。也就是说，在 WTO 争端解决实践中，专家组和上诉机构只是适用 WTO 涵盖协定，而且，从争端解决法律适用的角度说，WTO 规则与非 WTO 规则根本不会发生真实的冲突，非

WTO 规则仅与 WTO 协定的解释是有关的。在这种情况下，非WTO 规则既不能直接适用，也不能强制实施，只是被审查和解释。只有被 WTO 协定明确提到或纳入的非 WTO 规则才构成 WTO 争端解决中可适用的法律的一部分。无论任何时候，专家组和上诉机构都必须以 WTO 涵盖协定的规定作为最终裁定案件的法律依据；WTO 的成员方并没有打算让非 WTO 法作为违反 WTO 义务潜在的辩护理由。此外，使用非 WTO 法不能与 WTO 涵盖协定相抵触，且只能作为解释和适用涵盖协定的补充资料，起到"辅助"的作用，这是因为 WTO 各成员方成立 WTO 的目的在于寻求建立贸易义务的多边平衡。如果允许直接适用实体的非 WTO 国际法规则，这些非 WTO 的国际权利和义务势必危及这种精心构筑的多边平衡。

DSU 第 3.2 条和第 19.2 条中的规定根本不是一条冲突规则，它只是限制 WTO 裁决机构司法能动的一个"安全阀"或一堵"防火墙"。在 WTO 裁决机构解释和适用涵盖协定时，这个"安全阀"或"防火墙"具有防范 WTO 裁决机构解释法律时逾越解释边际的功能，以免减少或增加了涵盖协定中规定的 WTO 各成员方的权利和义务，使 WTO 各成员方精心构筑的权利义务平衡受到损害。WTO 争端解决中根本没有实体的非 WTO 国际法规则适用的空间，审查和解释非 WTO 国际法规则不等于适用它们，因此，DSU 第3.2 条和第 19.2 条与 WTO 争端解决中能否适用非 WTO 国际法规则裁决案件无关，把第 3.2 条和第 19.2 条视为拒绝适用非 WTO 法的冲突规则，实乃牵强附会、巧为立说。避免 WTO 法与非 WTO法之间冲突的冲突规则隐含在 DSU 其他条款中，即散落在 DSU 第7.1、7.2、11 条和第 19.1 条等条款中。而且，从这些规定可推断，WTO 争端解决法律适用方面形成一个相对封闭的系统。

WTO 义务性质的分类并不构成适用非 WTO 法的理由，彼此间修改 WTO 协定也无法为引入非 WTO 法提供依据。关于 WTO 义务互惠性或整体性的区分毫无说服力可言。WTO 义务的性质，既是互惠（互利）的，更是整体的——每个 WTO 成员方遵守 WTO 条约，善意履行其 WTO 义务，整个 WTO 条约的目的和宗旨才能得到有效实现。如果任凭若干 WTO 成员方彼此间修改 WTO 协定，限制自由贸易，这些彼此间修改日积月累，不断蚕食多边贸易的谈判成果，长此以往，其结果必然使 WTO 千疮百孔、支离破碎，损害整个《WTO 协定》的目的和宗旨的有效实现，WTO 自由贸易法制的统一势必荡然无存。在 WTO 之外若干成员方自愿达成协议也不能"合法地"修改或取代 WTO 协定，这种做法违反 DSU 的有关规定；DSU 第 7.1、7.2、11 条和第 19.1 条中隐含的冲突规则完全排除了实体的非 WTO 国际法规则在 WTO 争端解决中的直接适用。无论如何，背离了 WTO 条约就是一种违反条约的行为，除非 WTO 条约已作出明确规定容许这种偏离。

WTO 法是在国际公法的大背景中创制的，WTO 协定不是存在于一个不受一般国际法影响的制度中。WTO 法从来都不是一个封闭的、自给自足的法律制度，WTO 制度不能在与世隔绝的环境中存在，不能在"法律的真空"中适用。WTO 规则是更广泛的国际公法内容的一部分，并在国际公法的框架内运作。在理论上，国家可以排除一个或更多的，或所有的一般国际法规则（强行法除外），但它们不能排除国际法体系。脱离国际法的其余大部分而存在的法律子系统，是不可想象的。它们总是会有某种程度的互动，至少在解释的层面。非 WTO 法可为 WTO 规则提供法律背景，有助于 WTO 未做出具体规定的某些方面的运作或提供解释性指导，尽管这种解释不是解决 WTO 法与非 WTO 法之间相互作用的所有问题的"灵丹妙药"。

WTO 必须与国际公法的其他分支或子系统，比如人权条约和国际环境协定相互协调而存在。DSU 第 3.2 条要求按照解释国际公法的习惯规则解释 WTO 协定的现有规定。在解释和适用 WTO 协定的过程中，特别是通过维也纳公约第 31（3）（c）条的指引，在更广泛的国际法体系背景中解释条约，是一种重要的避免冲突的工具。正如《国际法委员会的分析研究报告》指出，第 31（3）（c）条"像开启国际法这座大厦的一把'万能钥匙'那样运转"。① 而且，上诉机构指出，这些协定不能"在与国际公法的临床隔离中"解读。这种援引国际公法中存在的大量规则和原则是不能被否认的。WTO 法丰富和发展了国际公法理论和实践；反过来，国际公法理论和实践的发展和变迁，也将对 WTO 法产生并保持重要影响。WTO 法的某些方面，比如 WTO 争端解决法律适用方面，在一定程度上是"自我封闭"的，但这种适用法律方面的相对封闭性，与"WTO 法不是一个自给自足的法律制度"的论断之间并不矛盾，这仍可被视为是国际公法理论和实践的重要发展。但无论如何，WTO 法无法脱离国际公法的规范背景。

WTO 法是以国际法基本规则，比如国家主权平等或条约必须遵守等为依据的。WTO 的正常运行，也离不开国际公法的支持。在解释 WTO 协定的必要范围内，专家组和上诉机构有权使用或考虑其他各种条约、习惯和一般法律原则。因此，使用维也纳公约第28 条等习惯法规则以及有关解释的一般国际法规则和原则，如有效原则、遇有疑义从轻解释等，以加强在解释和适用 WTO 协定中裁决结果的说服力，是合理的。为争端解决机制顺畅运作的必要而诉诸一般国际法其他规则和原则，例如，举证责任、反向推断或司法经济等，也是必要的。但是，它们并非作为法律适用，因此不存在任何若干 WTO 成员方彼此间修改涵盖协定下的权利和义务的问题。

总之，在 WTO 争端解决中，非 WTO 法主要起到以下几个方面的作用：第一，作为在 WTO 规则的适用中被考虑的事实；第二，为 WTO 法的运行提供解释性指导；第三，填补 WTO 争端解

---

① Report of the Study Group of the ILC, Fragmentation of International Law: Difficulties Arising from the Diversification and Expansion of International Law, Finalized by Martti Koskenniemi, A/CN. 4/L. 682, 13 April 2006 (Analytical Study), para. 420.

决方面的程序空白；第四，作为 WTO 协定的某项规定或用语解释的辅助；第五，作为争端解决中法律推理链条的法律。不过，在 WTO 争端解决实践中，非 WTO 法的作用是有限的、辅助的。非 WTO 规则不能被视为直接适用的、具有约束力的"规范"本身，它可以附加或补充，但不能取代 WTO 规则。WTO 专家组和上诉机构只能在解决争端的必要范围内使用它们。

附　　录
《关于争端解决规则与
程序的谅解》

各成员特此协议如下：

第 1 条　范围和适用

1. 本谅解的规则和程序应适用于按照本谅解附录 1 所列各项协定（本谅解中称"涵盖协定"）的磋商和争端解决规定所提出的争端。本谅解的规则和程序还应适用于各成员间有关它们在《建立世界贸易组织协定》（本谅解中称"《WTO 协定》"）规定和本谅解规定下的权利和义务的磋商和争端解决，此类磋商和争端解决可单独进行，也可与任何其他涵盖协定结合进行。

2. 本谅解的规则和程序的适用应遵守本谅解附录 2 所确定的涵盖协定所含特殊或附加规则和程序。在本谅解的规则和程序与附录 2 所列特殊或附加规则和程序存在差异时，应以附录 2 中的特殊或附加规则和程序为准。在涉及一个以上涵盖协定项下的规则和程序的争端中，如审议中的此类协定的特殊或附加规则和程序之间产生抵触，且如果争端各方在专家组设立 20 天内不能就规则和程序达成协议，则第 2 条第 1 款中规定的争端解决机构（本谅解中称"DSB"）主席，在与争端各方磋商后，应在两成员中任一成员提出请求后 10 天内，确定应遵循的规则和程序。主席应按照以下原则，即在可能的情况下使用特殊或附加规则和程序，并应在避免抵触所必需的限度内使用本谅解所列规则和程序。

第 2 条 管理

1. 特此设立争端解决机构，负责管理这些规则和程序及涵盖协定的磋商和争端解决规定，除非涵盖协定另有规定。因此，DSB有权设立专家组、通过专家组和上诉机构报告、监督裁决和建议的执行以及授权中止涵盖协定项下的减让和其他义务。对于属诸边贸易协定的一涵盖协定项下产生的争端，此处所用的"成员"一词仅指那些属有关诸边贸易协定参加方的成员。如 DSB 管理一诸边贸易协定的争端解决规定，则只有属该协定参加方的成员方可参与DSB 就该争端所作出的决定或所采取的行动。

2. DSB 应通知 WTO 有关理事会和委员会任何与各自涵盖协定规定有关的争端的进展情况。

3. DSB 应视需要召开会议，以便在本谅解规定的时限内行使职能。

4. 如本谅解的规则和程序规定由 DSB 作出决定，则 DSB 应经协商一致作出决定。①

第 3 条 总则

1. 各成员确认遵守迄今为止根据 GATT 1947 第 22 条和第 23 条实施的管理争端的原则，及在此进一步详述和修改的规则和程序。

2. WTO 争端解决体制在为多边贸易体制提供可靠性和可预测性方面是一个重要因素。各成员认识到该体制适于保护各成员在涵盖协定项下的权利和义务，及依照解释国际公法的惯例澄清这些协定的现有规定。DSB 的建议和裁决不能增加或减少涵盖协定所规定的权利和义务。

3. 在一成员认为其根据涵盖协定直接或间接获得的利益正在因另一成员采取的措施而减损的情况下，迅速解决此类情况对WTO 的有效运转及保持各成员权利和义务的适当平衡是必要的。

---

① 如在作出决定的 DSB 会议上，没有成员正式反对拟议的决定，则 DSB 即被视为经协商一致就提请其审议的事项作出决定。

4. DSB 所提建议或所作裁决应旨在依照本谅解和涵盖协定项下的权利和义务，实现问题的满意解决。

5. 对于根据涵盖协定的磋商和争端解决规定正式提出的事项的所有解决办法，包括仲裁裁决，均与这些协定相一致，且不得使任何成员根据这些协定获得的利益丧失或减损，也不得妨碍这些涵盖协定任何目标的实现。

6. 对于根据涵盖协定的磋商和争端解决规定正式提出事项的双方同意的解决办法应通知 DSB 及有关理事会和委员会，在这些机构中任何成员可提出与此有关的任何问题。

7. 在提出一案件前，一成员应就根据这些程序采取的措施是否有效作出判断。争端解决机制的目的在于保证使争端得到积极解决。争端各方均可接受且与涵盖协定相一致的解决办法无疑是首选办法。如不能达成双方同意的解决办法，则争端解决机制的首要目标通常是保证撤销被认为与任何涵盖协定的规定不一致的有关措施。提供补偿的办法只能在立即撤销措施不可行时方可采取，且应作为在撤销与涵盖协定不一致的措施前采取的临时措施。本谅解为援引争端解决程序的成员规定的最后手段是可以在歧视性的基础上针对另一成员中止实施涵盖协定项下的减让或其他义务，但需经 DSB 授权采取此类措施。

8. 如发生违反在涵盖协定项下所承担义务的情况，则该行为被视为初步构成利益丧失或减损案件。这通常意味着一种推定，即违反规则对涵盖协定的其他成员方造成不利影响，在此种情况下，应由被起诉的成员自行决定是否反驳此指控。

9. 本谅解的规定不损害各成员通过《WTO 协定》或一属诸边贸易协定的涵盖协定项下的决策方法，寻求对一涵盖协定规定的权威性解释的权利。

10. 各方理解，请求调解和使用争端解决程序不应用作或被视为引起争议的行为，如争端发生，所有成员将真诚参与这些程序以努力解决争端。各方还理解，有关不同事项的起诉和反诉不应联系在一起。

11. 本谅解只适用于《WTO 协定》生效之日或之后根据涵盖协定的磋商规定提出的新的磋商请求。对于在《WTO 协定》生效之日前根据 GATT 1947 或涵盖协定的任何其他先前协定提出的磋商请求，在《WTO 协定》生效之日前有效的有关争端解决规则和程序应继续适用。①

12. 尽管有第 11 款的规定，但是如依据任何涵盖协定的起诉是由一发展中国家成员针对一发达国家成员提出的，则申诉方有权援引《1966 年 4 月 5 日决定》，（BISD14 册 18 页）的相应规定，作为本谅解第 4 条、第 5 条、第 6 条和第 12 条所含规定的替代，除非如专家组认为该决定第 7 款规定的时限不足以提供报告，则在申诉方同意下，该时限可以延长。如第 4 条、第 5 条、第 6 条和第 12 条的规则和程序与该决定的相应规则和程序存在差异，则应以后者为准。

第 4 条 磋商

1. 各成员确认决心加强和提高各成员使用的磋商程序的有效性。

2. 每一成员承诺对另一成员提出的有关在前者领土内采取的、影响任何涵盖协定运用的措施的交涉给予积极考虑，并提供充分的磋商机会。②

3. 如磋商请求是按照一涵盖协定提出的，则请求所针对的成员应在收到请求之日起 10 天内对该请求作出答复，并应在收到请求之日起不超过 30 天的期限内真诚地进行磋商，以达成双方满意的解决办法，除非双方另有议定。如该成员未在收到请求之日起 10 天内作出答复，或未在收到请求之日起不超过 30 天的期限内或双方同意的其他时间内进行磋商，则请求进行磋商的成员可直接开始请求设立专家组。

---

① 本款还适用于专家组报告未获通过或未全面执行的争端。
② 如任何其他涵盖协定有关一成员领土内的地区或地方政府或主管机关所采取措施的规定包含与本款有差异的规定，则以此类其他涵盖协定的规定为准。

4. 所有此类磋商请求应由请求磋商的成员通知 DSB 及有关理事会和委员会。任何磋商请求应以书面形式提交，并应说明提出请求的理由，包括确认所争论的措施，并指出起诉的法律根据。

5. 在依照一涵盖协定的规定进行磋商的过程中，在根据本谅解采取进一步行动之前，各成员应努力尝试对该事项作出令人满意的调整。

6. 磋商应保密，并不得损害任何一方在任何进一步诉讼中的权利。

7. 如在收到磋商请求之日起 60 天内，磋商未能解决争端，则申诉方可请求设立专家组。如磋商各方共同认为磋商已不能解决争端，则申诉方可在 60 天期限内请求设立专家组。

8. 在紧急案件中，包括涉及易腐货物的案件，各成员应在收到请求之日起不超过 10 天的期限内进行磋商。如在收到请求之日起 20 天的期限内，磋商未能解决争端，则申诉方可请求设立专家组。

9. 在紧急案件中，包括有关易腐货物的案件，争端各方、专家组及上诉机构应尽一切努力尽最大可能加快诉讼程序。

10. 在磋商中，各成员应特别注意发展中国家成员的特殊问题和利益。

11. 只要进行磋商的成员以外的一成员认为按照 GATT 1994 第22 条第 1 款和 GATS 第 22 条第 1 款或其他涵盖协定的相应规定①所进行的磋商涉及其实质贸易利益，则该成员即可在根据上述条款进

---

① 涵盖协定中相应的磋商规定如下：

　　《农业协定》第 19 条；《实施卫生与植物卫生措施协定》第 11 条第 1 款；《纺织品与服装协定》第 8 条第 4 款；《技术性贸易壁垒协定》第 14 条第 1 款；《与贸易有关的投资措施协定》第 8 条；《关于实施 1994 年关税与贸易总协定第 6 条的协定》第 17 条第 2 款；《关于实施 1994 年关税与贸易总协定第 7 条的协定》第 19 条第 2 款；《装运前检验协定》第 7 条；《原产地规则协定》第 7 条；《进口许可程序协定》第 6 条；《补贴与反补贴措施协定》第 30 条；《保障措施协定》第 14 条；《与贸易有关的知识产权协定》第 64 条第 1 款；以及每一诸边贸易协定主管机构确定并通知 DSB 的诸边贸易协定中任何相应的磋商规定。

行磋商的请求散发之日起 10 天内，将其参加磋商的愿望通知进行磋商的成员和 DSB。该成员应被允许参加入磋商，只要磋商请求所针对的成员同意实质利益的主张是有理由的。在这种情况下，它们应如此通知 DSB。如参加磋商的请求未予接受，则申请成员有权根据 GATT 1994 第 22 条第 1 款或第 23 条第 1 款、GATS 第 22 条第 1 款或第 23 条第 1 款或其他涵盖协定的相应规定提出磋商请求。

第 5 条 斡旋、调解和调停

1. 斡旋、调解和调停是在争端各方同意下自愿采取的程序。

2. 涉及斡旋、调解和调停的诉讼程序，特别是争端各方在这些诉讼程序中所采取的立场应保密，并不得损害双方中任何一方根据这些程序进行任何进一步诉讼程序的权利。

3. 争端任何一方可随时请求进行斡旋、调解或调停。此程序可随时开始，随时终止。一旦斡旋、调解或调停程序终止，申诉方即可开始请求设立专家组。

4. 如斡旋、调解或调停在收到磋商请求之日起 60 天内开始，则申诉方在请求设立专家组之前，应给予自收到磋商请求之日起 60 天的时间。如争端各方共同认为斡旋、调解或调停过程未能解决争端，则申诉方可在 60 天期限内请求设立专家组。

5. 如争端各方同意，斡旋、调解或调停程序可在专家组程序进行的同时继续进行。

6. 总干事可依其职权提供斡旋、调解或调停，以期协助各成员解决争端。

第 6 条 专家组的设立

1. 如申诉方提出请求，则专家组应最迟在此项请求首次作为一项议题列入 DSB 议程的会议之后的 DSB 会议上设立，除非在此次会上 DSB 经协商一致决定不设立专家组。①

---

① 如申诉方提出请求，DSB 应在提出请求后 15 天内为此召开会议，只要提前至少 10 天发出会议通知。

2. 设立专家组的请求应以书面形式提出。请求应指出是否已进行磋商、确认争论中的措施并提供一份足以明确陈述问题的起诉的法律根据概要。在申请方请求设立的专家组不具有标准职权范围的情况下，书面请求中应包括特殊职权范围的拟议案文。

第 7 条　专家组的职权范围

1. 专家组应具有下列职权范围，除非争端各方在专家组设立后 20 天内另有议定：

"按照（争端各方引用的涵盖协定名称）的有关规定，审查（争端方名称）在……文件中提交 DSB 的事项，并提出调查结果以协助 DSB 提出建议或作出该协定规定的裁决。"

2. 专家组应处理争端各方引用的任何涵盖协定的有关规定。

3. 在设立专家组时，DSB 可授权其主席在遵守第 1 款规定的前提下，与争端各方磋商，制定专家组的职权范围。由此制定的职权范围应散发全体成员。如议定的不是标准的职权范围，则任何成员均可在 DSB 中提出与此有关的任何问题。

第 8 条　专家组的组成

1. 专家组应由资深政府和/或非政府个人组成，包括曾在专家组任职或曾向专家组陈述案件的人员、曾任一成员代表或一 GATT 1947 缔约方代表或任何涵盖协定或其先前协定的理事会或委员会的代表的人员、秘书处人员、曾讲授或出版国际贸易法或政策著作的人员，以及曾任一成员高级贸易政策官员的人员。

2. 专家组成员的选择应以保证各成员的独立性、完全不同的背景和丰富的经验为目的进行。

3. 政府①为争端方或为第 10 条第 2 款规定的第三方成员的公民不得在与该争端有关的专家组中任职，除非争端各方另有议定。

4. 为协助选择专家组成员，秘书处应保存一份具备第 1 款所

---

① 如关税同盟或共同市场为争端方，则本规定适用于关税同盟或共同市场的所有成员国的公民。

述资格的政府和非政府个人的指示性名单，可从中酌情选出专家组成员。该名单应包括 1984 年 11 月 30 日制定的非政府专家组成员名册（BISD31 册 9 页），及在任何涵盖协定项下制定的名册和指示性名单，并保留这些名册和指示性名单中在《WTO 协定》生效之时的人员的姓名。成员可定期提出可供列入指示性名单的政府和非政府个人的姓名，并提供他们在国际贸易和涵盖协定的部门或主题方面知识的有关信息，待 DSB 批准后，这些姓名应增加至该名单。对于名单中的每一个人，名单应注明其在涵盖协定的部门或主题方面的具体阅历或专门知识。

5. 专家组应由 3 名成员组成，除非在专家组设立后 10 天内，争端各方同意专家组由 5 名成员组成。专家组的组成情况应迅速通知各成员。

6. 秘书处应向争端各方建议专家组成员的提名。争端各方不得反对提名，除非由于无法控制的原因。

7. 如在专家组设立之日起 20 天内，未就专家组的成员达成协议，则总干事应在双方中任何一方请求下，经与 DSB 主席和有关委员会或理事会主席磋商，在与争端各方磋商后，决定专家组的组成，所任命的专家组成员为总干事认为依照争端中所争论的涵盖协定的任何有关特殊或附加规则和程序最适当的成员。DSB 主席应在收到此种请求之日起 10 天内，通知各成员专家组如此组成。

8. 各成员应承诺，通常允许其官员担任专家组成员。

9. 专家组成员应以其个人身份任职，既作为政府代表，也作为任何组织的代表。各成员因此不得就专家组审议的事项向他们作出指示或试图影响他们个人。

10. 当争端发生在发展中国家成员与发达国家成员之间时，如发展中国家成员提出请求，专家组应至少有 1 名成员来自发展中国家成员。

11. 专家组成员的费用，包括旅费和生活津贴，应依照总理事会在预算、财务与行政委员会所提建议基础上通过的标准，从

WTO 预算中支付。

第 9 条　多个申诉方的程序

1. 如一个以上成员就同一事项请求设立专家组，则可设立单一专家组审查这些起诉，同时考虑所有有关成员的权利。只要可行，即应设立单一专家组审查此类起诉。

2. 单一专家组应组织其审查并将其调查结果提交 DSB，应保证争端各方在由若干专家组分开审查起诉时本可享受的权利决不受到减损。如争端任何一方提出请求，专家组应就有关争端提交单独的报告。每一申诉方提交的书面陈述应可使其他申诉方获得，且每一申诉方有权在任何其他申诉方向专家组陈述意见时在场。

3. 如设立一个以上专家组以审查与同一事项有关的起诉，则应在最大限度内由相同人员在每一单独专家组中任职，此类争端中的专家组程序的时间表应进行协调。

第 10 条　第三方

1. 争端各方的利益和争端中所争论的一涵盖协定项下的其他成员的利益应在专家组程序中得到充分考虑。

2. 任何对专家组审议的事项有实质利益且已将其利益通知 DSB 的成员（本谅解中称"第三方"）应由专家组给予听取其意见并向专家组提出书面陈述的机会。这些书面陈述也应提交争端各方，并应反映在专家组报告中。

3. 第三方应收到争端各方提交专家组首次会议的陈述。

4. 如第三方认为已成为专家组程序主题的措施造成其根据任何涵盖协定项下获得的利益丧失或减损，则该成员可援用本谅解项下的正常争端解决程序。只要可能，此种争端即应提交原专家组。

第 11 条　专家组的职能

专家组的职能是协助 DSB 履行本谅解和涵盖协定项下的职责。因此，专家组应对其审议的事项作出客观评估，包括对该案件事实及有关涵盖协定的适用性和与有关涵盖协定的一致性的客观评估，并作出可协助 DSB 提出建议或提出涵盖协定所规定的裁决的其他调查结果。专家组应定期与争端各方磋商，并给予它们充分的机会以形成双方满意的解决办法。

第 12 条　专家组程序

1. 专家组应遵循附录 3 中的工作程序，除非专家组在与争端各方磋商后另有决定。

2. 专家组程序应提供充分的灵活性，以保证高质量的专家组报告，同时不应不适当地延误专家组程序。

3. 在与争端各方磋商后，专家组成员应尽快且只要可能，在专家组组成及职权范围议定后一周内，决定专家组程序的时间表，同时考虑第 4 条第 9 款的规定（如有关）。

4. 在确定专家组程序的时间表时，专家组应为争端各方提供充分的时间准备陈述。

5. 专家组应设定各方提供书面陈述的明确最后期限，各方应遵守此最后期限。

6. 每一方将其书面陈述交存秘书处，以便立即转交专家组和其他争端方。申诉方应在应诉方提交的第一份陈述之前提交其第一份陈述，除非专家组在决定第 3 款提及的时间表时，经与争端各方磋商后，决定各方应同时提交第一份陈述。当对交存第一份陈述有顺序安排时，专家组应确定接受应诉方陈述的确定期限。任何随后的书面陈述应同时提交。

7. 如争端各方未能形成双方满意的解决办法，专家组应以书面报告形式向 DSB 提交调查结果。在此种情况下，专家组报告应列出对事实的调查结果、有关规定的适用性及其所作任何调查结果和建议所包含的基本理由。如争端各方之间已找到问题的解决办法，则专家组报告应只限于对案件的简要描述，并报告已达成解决办法。

8. 为使该程序更加有效，专家组进行审查的期限，即自专家组组成和职权范围议定之日起至最终报告提交争端各方之日止，一般不应超过 6 个月。在紧急案件中，包括涉及易腐货物的案件，专家组应力求在 3 个月内将其报告提交争端各方。

9. 如专家组认为不能在 6 个月内或在紧急案件中不能在 3 个月内提交其报告，则应书面通知 DSB 迟延的原因和提交报告的估计期限。自专家组设立至报告散发各成员的期限无论如何不应超过 9 个月。

10. 在涉及发展中国家成员所采取措施的磋商过程中，各方可同意延长第 4 条第 7 款和第 8 款所确定的期限。如有关期限已过，进行磋商的各方不能同意磋商已经完成，则 DSB 主席应在与各方磋商后，决定是否延长有关期限，如决定延长，则决定延长多久。此外，在审查针对发展中国家成员的起诉时，专家组应给予该发展中国家成员充分的时间以准备和提交论据。第 20 条第 1 款和第 21 条第 4 款的规定不受按照本款所采取任何行动的影响。

11. 如一个或多个争端方为发展中国家成员，则专家组报告应明确说明以何种形式考虑对发展中国家成员在争端解决程序过程中提出的涵盖协定中有关发展中国家成员的差别和更优惠待遇规定。

12. 专家组可随时应申诉方请求中止工作，期限不超过 12 个月。如发生此种中止，本条第 8 款和第 9 款、第 20 条第 1 款以及第 21 条第 4 款所列时限应按中止工作的时间顺延。如专家组的工作已中止 12 个月以上，则设立专家组的授权即告终止。

第 13 条　寻求信息的权利

1. 每一专家组有权向其认为适当的任何个人或机构寻求信息和技术建议。但是，在专家组向一成员管辖范围内的任何个人或机构寻求此类信息或建议之前，应通知该成员主管机关。成员应迅速和全面地答复专家组提出的关于提供其认为必要和适当信息的任何请求。未经提供信息的个人、机构或成员主管机关正式授权，所提供的机密信息不得披露。

2. 专家组可向任何有关来源寻求信息，并与专家进行磋商并获得他们该事项某些方面的意见。对于一争端方所提科学或其他技术事项的事实问题，专家组可请求专家审议小组提供书面咨询报告。设立此类小组的规则及其程序列在附录 4 中。

第 14 条 机密性

1. 专家组的审议情况应保密。

2. 专家组报告应在争端各方不在场的情况下，按照提供的信息和所作的陈述起草。

3. 专家组报告中专家个人发表的意见应匿名。

第 15 条 中期审议阶段

1. 在考虑书面辩驳和口头辩论后，专家组应向争端各方提交其报告草案中的描述部分（事实和论据）。在专家组设定的期限内，各方应提交各自的书面意见。

2. 在接收争端各方书面意见的设定期限截止后，专家组应向各方提交一份中期报告，既包括描述部分也包括专家组的调查结果和结论。在专家组设定的期限内，一方可提出书面请求，请专家组在最终报告散发各成员之前，审议中期报告中的具体方面。应一方请求，专家组应就书面意见中所确认的问题，与各方再次召开会议。如在征求意见期间未收到任何一方的意见，中期报告应被视为最终报告，并迅速散发各成员。

3. 最终报告中的调查结果应包括在中期审议阶段对论据的讨论情况。中期审议阶段应在第 12 条第 8 款所列期限内进行。

第 16 条 专家组报告的通过

1. 为向各成员提供充足的时间审议专家组报告，在报告散发各成员之日 20 天后，DSB 方可审议通过此报告。

2. 对专家组报告有反对意见的成员应至少在审议该报告的 DSB 会议召开前 10 天，提交供散发的解释其反对意见的书面理由。

3. 争端各方有权全面参与 DSB 对专家报告的审议，它们的意见应完整记录在案。

4. 在专家组报告散发各成员之日起 60 天内，该报告应在 DSB

会议①上通过，除非一争端方正式通知 DSB 其上诉决定，或 DSB 经协商一致决定不通过该报告。如一方已通知其上诉决定，则在上诉完成之前，DSB 将不审议通过该专家组报告。该通过程序不损害各成员就专家组报告发表意见的权利。

第 17 条　上诉审议

常设上诉机构

1. DSB 应设立一常设上诉机构。上诉机构应审理专家组案件的上诉。该机构应由 7 人组成，任何一个案件应由其中 3 人任职。上诉机构人员任职应实行轮换。此轮换应在上诉机构的工作程序中予以确定。

2. DSB 应任命在上诉机构任职的人员，任期 4 年，每人可连任一次。但是，对于在《WTO 协定》生效后即被任命的 7 人，其中 3 人的任期经抽签决定应在 2 年期满后终止。空额一经出现即应补足。如一人被任命接替一任期未满人员，则此人的任期即为前任余下的任期。

3. 上诉机构应由具有公认权威并在法律、国际贸易和各涵盖协定所涉主题方面具有公认专门知识的人员组成。他们不得附属于任何政府。上诉机构的成员资格应广泛代表 WTO 的成员资格。上诉机构任职的所有人员应随时待命，并应随时了解争端解决活动和 WTO 的其他有关活动。他们不得参与审议任何可产生直接或间接利益冲突的争端。

4. 只有争端各方，而非第三方，可对专家组报告进行上诉。按照第 10 条第 2 款已通知 DSB 其对该事项有实质利益的第三方，可向上诉机构提出书面陈述，该机构应给予听取其意见的机会。

5. 诉讼程序自一争端方正式通知其上诉决定之日起至上诉机构散发其报告之日止通常不得超过 60 天。在决定其时间表时，上

---

① 如未安排在此期间召开可满足第 16 条第 1 款和第 4 款要求的 DSB 会议，则应为此召开一次 DSB 会议。

诉机构应考虑第 4 条第 9 款的规定（如有关）。当上诉机构认为不能在 60 天内提交报告时，应书面通知 DSB 迟延的原因及提交报告的估计期限。但该诉讼程序决不能超过 90 天。

6. 上诉应限于专家组报告涉及的法律问题和专家组所作的法律解释。

7. 如上诉机构要求，应向其提供适当的行政和法律支持。

8. 上诉机构任职人员的费用，包括旅费和生活津贴，应依照总理事会在预算、财务与行政委员会所提建议基础上通过的标准，从 WTO 预算中支付。

上诉审议的程序

9. 工作程序应由上诉机构经与 DSB 主席和总干事磋商后制定，并告知各成员供参考。

10. 上诉机构的程序应保密。上诉机构报告应在争端各方不在场的情况下，按照提供的信息和所作的陈述起草。

11. 上诉机构报告中由任职于上诉机构的个人发表的意见应匿名。

12. 上诉机构应在上诉程序中处理依照第 6 款提出的每一问题。

13. 上诉机构可维持、修改或撤销专家组的法律调查结果和结论。

上诉机构报告的通过

14. 上诉机构报告应由 DSB 通过，争端各方应无条件接受，除非在报告散发各成员后 30 天内，DSB 经协商一致决定不通过该报告。① 此通过程序不损害各成员就上诉机构报告发表意见的权利。

第 18 条　与专家组或上诉机构的联系

1. 不得就专家组或上诉机构审议的事项与专家组或上诉机构进行单方面联系。

---

① 如未安排在此期间召开 DSB 会议，则应为此召开一次 DSB 会议。

2. 提交专家组或上诉机构的书面陈述应被视为保密，但应使争端各方可获得。本谅解的任何规定不妨碍争端任何一方向公众披露有关其自身立场的陈述。各成员应将另一成员提交专家组或上诉机构、并由该另一成员指定为机密的信息按机密信息处理。应一成员请求，一争端方还应提供一份其书面陈述所含信息的可对外披露的非机密摘要。

第 19 条　专家组和上诉机构的建议

1. 如专家组或上诉机构认定一措施与一涵盖协定不一致，则应建议有关成员[①]使该措施符合该协定。[②] 除其建议外，专家组或上诉机构还可就有关成员如何执行建议提出办法。

2. 依照第 3 条第 2 款，专家组和上诉机构在其调查结果和建议中，不能增加或减少涵盖协定所规定的权利和义务。

第 20 条　DSB 决定的时限

·　除非争端各方另有议定，自 DSB 设立专家组之日起至 DSB 审议通过专家组报告或上诉机构报告之日止的期限，在未对专家组报告提出上诉的情况下一般不得超过 9 个月；在提出上诉的情况下通常不得超过 12 个月。如专家组或上诉机构按照第 12 条第 9 款或第 17 条第 5 款延长提交报告的时间，则所用的额外时间应加入以上期限。

第 21 条　对执行建议和裁决的监督

1. 为所有成员的利益而有效解决争端，迅速符合 DSB 的建议或裁决是必要的。

2. 对于需进行争端解决的措施，应特别注意影响发展中国家成员利益的事项。

3. 在专家组或上诉机构报告通过后 30 天内[③]召开的 DSB 会议

---

① "有关成员"为专家组或上诉机构的建议所针对的争端方。

② 对于有关不涉及违反 GATT 1994 和任何其他涵盖协定案件的建议，见第 26 条。

③ 如未安排在此期间召开 DSB 会议，则应为此召开一次 DSB 会议。

上，有关成员应通知 DSB 关于其执行 DSB 建议和裁决的意向。如立即遵守建议和裁决不可行，有关成员应有一合理的执行期限。合理期限应为：

（a）有关成员提议的期限，只要该期限获 DSB 批准；或，在如未获批准则为，

（b）争端各方在通过建议和裁决之日起 45 天内双方同意的期限；或，如未同意则为，

（c）在通过建议和裁决之日起 90 天内通过有约束力的仲裁确定的期限。① 在该仲裁中，仲裁人②的指导方针应为执行专家组或上诉机构建议的合理期限不超过自专家组或上诉机构报告通过之日起 15 个月。但是，此时间可视具体情况缩短或延长。

4. 除专家组或上诉机构按照第 12 条第 9 款或第 I7 条第 5 款延长提交报告的时间外，自 DSB 设立专家组之日起至合理期限的确定之日止的时间不得超过 15 个月，除非争端各方另有议定。如专家组或上诉机构已延长提交报告的时间，则所用的额外时间应加入 15 个月的期限；但是除非争端各方同意存在例外情况，否则全部时间不得超过 18 个月。

5. 如在是否存在为遵守建议和裁决所采取的措施或此类措施是否与涵盖协定相一致的问题上存在分歧，则此争端也应通过援用这些争端解决程序加以决定，包括只要可能即求助于原专家组。专家组应在此事项提交其后 90 天内散发其报告。如专家组认为在此时限内不能提交其报告，则应书面通知 DSB 迟延的原因和提交报告的估计期限。

6. DSB 应监督已通过的建议或裁决的执行。在建议或裁决通过后，任何成员可随时在 DSB 提出有关执行的问题。除非 DSB 另有

---

① 如在将此事项提交仲裁后 10 天内，各方不能就仲裁人达成一致，则仲裁人应由总干事经与各方磋商后在 10 天内任命。

② "仲裁人"一词应理解为一个人或一小组。

决定，否则执行建议或裁决的问题在按照第 3 款确定合理期限之日起 6 个月后，应列入 DSB 会议的议程，并应保留在 DSB 的议程上，直到该问题解决。在 DSB 每一次会议召开前至少 10 天，有关成员应向 DSB 提交一份关于执行建议或裁决进展的书面情况报告。

7. 如有关事项是由发展中国家成员提出的，则 DSB 应考虑可能采取何种符合情况的进一步行动。

8. 如案件是由发展中国家成员提出的，则在考虑可能采取何种适当行动时，DSB 不但要考虑被起诉措施所涉及的贸易范围，还要考虑其对有关发展中国家成员经济的影响。

第 22 条　补偿和中止减让

1. 补偿和中止减让或其他义务属于在建议和裁决未在合理期限内执行时可获得的临时措施。但是，无论补偿还是中止减让或其他义务均不如完全执行建议以使一措施符合有关涵盖协定。补偿是自愿的，且如果给予，应与有关涵盖协定相一致。

2. 如有关成员未能使被认定与一涵盖协定不一致的措施符合该协定，或未能在按照第 21 条第 3 款确定的合理期限内符合建议和裁决，则该成员如收到请求应在不迟于合理期限期满前，与援引争端解决程序的任何一方进行谈判，以期形成双方均可接受的补偿。如在合理期限结束期满之日起 20 天内未能议定令人满意的补偿，则援引争端解决程序的任何一方可向 DSB 请求授权中止对有关成员实施涵盖协定项下的减让或其他义务。

3. 在考虑中止哪些减让或其他义务时，申诉方应适用下列原则和程序：

（a）总的原则是，申诉方应首先寻求对与专家组或上诉机构认定有违反义务或其他造成利益丧失或减损情形的部门相同的部门中止减让或其他义务；

（b）如该方认为对相同部门中止减让或其他义务不可行或无效，则可寻求中止对同一协定项下其他部门的减让或其他义务；

（c）如该方认为对同一协定项下的其他部门中止减让或其他

义务不可行或无效，且情况足够严重，则可寻求中止另一涵盖协定项下的减让或其他义务；

（d）在适用上述原则时，该方应考虑：

（i）专家组或上诉机构认定有违反义务或其他造成利益丧失或减损情形的部门或协定项下的贸易，及此类贸易对该方的重要性；

（ii）与利益丧失或减损相关的更广泛的经济因素及中止减让或其他义务的更广泛的经济后果；

（e）如该方决定按照（b）项或（c）项请求授权中止减让或其他义务，则应在请求中说明有关理由。在请求送交 DSB 的同时，还应送交有关理事会，在按照（b）项提出请求的情况下，还应转交有关部门性机构；

（f）就本款而言，"部门"一词：

（i）对于货物，指所有货物；

（ii）对于服务，指用于确认此类部门的现行"服务部门分类清单"中所确认的主要部门；①

（iii）对于与贸易有关的知识产权，指《TRIPS 协定》第二部分第1节、第2节、第3节、第4节、第5节、第6节或第7节所涵盖的知识产权的每一类别，或第三部分或第四部分下的义务；

（g）就本款而言，"协定"一词：

（i）对于货物，指《WTO 协定》附录 1A 所列各项协定的总体，以及诸边贸易协定，只要有关争端方属这些协定的参加方；

（ii）对于服务，指 GATS；

（iii）对于知识产权，指《TRIPS 协定》。

4. DSB 授权的中止减让或其他义务的程度应等于利益丧失或减损的程度。

5. 如涵盖协定禁止此类中止，则 DSB 不得授权中止减让或其

---

① 文件 MTN. GNS/W/120 中的清单确定了 11 个部门。

他义务。

6. 如发生第 2 款所述情况，则应请求，DSB 应在合理期限结束后 30 天内，给予中止减让或其他义务的授权，除非 DSB 经协商一致决定拒绝该请求。但是，如有关成员反对提议的中止程度，或声称在一申诉方提出请求根据第 3 款（b）项或（c）项授权中止减让或其他义务时，第 3 款所列原则和程序未得到遵守，则该事项应提交仲裁。如原专家组成员仍可请到，则此类仲裁应由原专家组作出，或由经总干事任命的仲裁人①作出，仲裁应在合理期限结束之日起 60 天内完成。减让或其他义务不得在仲裁过程中予以中止。

7. 按照第 6 款行事的仲裁人②不得审查拟予中止的减让或其他义务的性质，而应确定此类中止的程度是否等于利益丧失或减损的程度。仲裁人还可确定在涵盖协定项下是否允许拟议的中止减让或其他义务。但是，如提交仲裁的问题包括关于第 3 款所列原则和程序未得到遵循的主张，则仲裁人应审议此项主张。如仲裁人确定这些原则和程序未得到遵循，则申诉方应以与第 3 款相一致的方式适用这些原则和程序。各方应将仲裁人的决定视为最终决定予以接受，有关各方不得寻求第二次仲裁。仲裁人的决定应迅速通知 DSB，应请求，DSB 应授权中止减让或其他义务，除非 DSB 经协商一致决定拒绝该请求。

8. 减让或其他义务的中止应是临时性的，且只应维持至被认定与涵盖协定不一致的措施已取消，或必须执行建议或裁决的成员对利益丧失或减损已提供解决办法，或已达成双方满意的解决办法。依照第 21 条第 6 款，DSB 应继续监督已通过的建议或裁决的执行，包括那些已提供补偿或已中止减让或其他义务、而未执行旨

---

① "仲裁人"一词应解释为一个人或一小组。

② "仲裁人"一词应解释为一个人或一个小组，或当原专家组成员担任仲裁人时，应解释为指原专家组成员。

在使一措施符合有关涵盖协定的建议的案件。

9. 如一成员领土内的地区或地方政府或主管机关采取了影响遵守涵盖协定的措施，则可援引涵盖协定中的争端解决规定。如 DSB 已裁决一涵盖协定中的规定未得到遵守，则负有责任的成员应采取其可采取的合理措施，保证遵守该协定。涵盖协定及本谅解有关补偿和中止减让或其他义务的规定适用于未能遵守协定的案件。①

第 23 条　多边体制的加强

1. 当成员寻求纠正违反义务情形或寻求纠正其他造成涵盖协定项下利益丧失或减损的情形，或寻求纠正妨碍涵盖协定任何目标的实现的情形时，它们应援用并遵守本谅解的规则和程序。

2. 在此种情况下，各成员应；

（a）不对违反义务已发生、利益已丧失或减损或涵盖协定任何目标的实现已受到妨碍作出确定，除非通过依照本谅解的规则和程序援用争端解决，且应使任何此种确定与 DSB 通过的专家组或上诉机构报告所包含的调查结果或根据本谅解作出的仲裁裁决相一致；

（b）遵循第 21 条所列程序，以确定有关成员执行建议和裁决的合理期限；以及

（c）遵循第 22 条所列程序，确定中止减让或其他义务的程度，仅针对有关成员未能在该合理期限内执行建议和裁决的情况，在中止涵盖协定项下的减让或其他义务之前，依照这些程序获得 DSB 的授权。

第 24 条　涉及最不发达国家成员的特殊程序

1. 在确定涉及一最不发达国家成员争端的起因和争端解决程序的所有阶段，应特别考虑最不发达国家的特殊情况。在此方面，各成员在根据这些程序提出涉及最不发达国家的事项时应表现适当

---

① 如任何涵盖协定中有关在一成员领土内的地区或地方政府或主管机关采取措施的规定包含与本款规定不同的规定，则应以此涵盖协定的规定为准。

的克制。如认定利益的丧失或减损归因于最不发达国家成员所采取的措施，则申诉方在依照这些程序请求补偿或寻求中止实施减让或其他义务的授权时，应表现适当的克制。

2. 在涉及一最不发达国家成员的争端解决案件中，如在磋商中未能找到令人满意的解决办法，则应最不发达国家成员请求，总干事或 DSB 主席应进行斡旋、调解和调停，以期在提出设立专家组的请求前，协助各方解决争端。总干事或 DSB 主席在提供以上协助时，可向自己认为适当的任何来源进行咨询。

第 25 条　仲裁

1. WTO 中的迅速仲裁作为争端解决的一个替代手段，能够便利解决涉及有关双方已明确界定问题的争端。

2. 除本谅解另有规定外，诉诸仲裁需经各方同意，各方应议定将遵循的程序。诉诸仲裁的一致意见应在仲裁程序实际开始之前尽早通知各成员。

3. 只有经已同意诉诸仲裁的各方同意，其他成员方可成为仲裁程序的一方。诉讼方应同意遵守仲裁裁决。仲裁裁决应通知 DSB 和任何有关涵盖协定的理事会或委员会，任何成员均可在此类机构中提出与之相关的任何问题。

4. 本谅解第 21 条和第 22 条在细节上作必要修改后应适用于仲裁裁决。

第 26 条

1. GATT 1994 第 23 条第 1 款（b）项所述类型的非违反起诉

如 GATT 1994 第 23 条第 1 款（b）项的规定适用于一涵盖协定，则专家组和上诉机构只有在一争端方认为由于一成员实施任何措施而造成其根据有关涵盖协定直接或间接获得的任何利益丧失或减损，或此种措施妨碍该协定任何目标的实现时，方可作出裁决和建议，无论该措施与该协定的规定是否产生抵触。如该方认为且专家组或上诉机构确定，一案件所涉及的措施与 GATT 1994 第 23 条第 1 款（b）项规定所适用的涵盖协定的规定不产生抵触，则应适用本谅解的程序，但需遵守下列规定：

（a）该申诉方应提供详细的正当理由，以支持任何就一项不与涵盖协定产生抵触的措施而提出的起诉；

（b）如一措施被认定造成有关涵盖协定项下的利益丧失或减损，或此种措施妨碍该协定目标的实现，但并未违反该协定，则无义务撤销该措施。但在此种情况下，专家组或上诉机构应建议有关成员作出使双方满意的调整；

（c）尽管有第 21 条的规定，但是应双方中任何一方的请求，第 21 条第 3 款所规定的仲裁可包括对利益丧失或减损程度的确定，也可建议达成令双方满意的调整的方法：此类建议不得对争端各方具有约束力；

（d）尽管有第 22 条第 1 款的规定，但是补偿可以成为作为争端最后解决办法的令双方满意的调整的一部分。

2. GATT 1994 第 23 条第 1 款（c）项所述类型的起诉

如 GATT 1994 第 23 条第 1 款（c）项的规定适用于一涵盖协定，则专家组只有在一方认为由于存在任何不属 GATT 1994 第 23 条第 1 款（a）项和（b）项规定所适用的情况而造成其根据有关涵盖协定直接或间接获得的任何利益丧失或减损，或此种情况妨碍该协定任何目标的实现时，方可作出裁决和提出建议。如该方认为且专家组确定本款已涵盖该事项，则本谅解的程序仅适用至有关程序中专家组报告散发各成员为止。《1989 年 4 月 12 日决定》（BISD36 册 61 至 67 页）所含争端解决规则和程序适用于建议和裁决的审议通过、监督和执行。下列规定也应适用：

（a）该申诉方应提供详细理由，以支持就本款涵盖问题所提出的任何论据；

（b）在涉及本款所涵盖事项的案件中，如专家组认定案件还涉及本款所涵盖事项之外的争端解决事项，则专家组应向 DSB 提交针对任何此类事项的报告，并提交一份属本款范围内事项的单独报告。

第 27 条 秘书处的职责

1. 秘书处应特别在所处理事项的法律、历史和程序方面负责协助专家组，并提供秘书和技术支持。

2. 在秘书处应成员请求在争端解决方面协助成员时，可能还需在争端解决方面向发展中国家成员提供额外的法律建议和协助。为此，秘书处应使提出请求的发展中国家成员可获得 WTO 技术合作部门一名合格法律专家的协助。该专家在协助发展中国家成员时应保证秘书处继续保持公正。

3. 秘书处应为利害关系成员提供有关争端解决程序和做法的特殊培训课程，以便各成员的专家能够更好地了解这方面的情况。

附录 1

本谅解的涵盖协定

（A）《建立世界贸易组织协定》

（B）多边贸易协定

附件 1A：多边货物贸易协定

附件 1B：《服务贸易总协定》

附件 1C：《与贸易有关的知识产权协定》

附件 2：《关于争端解决规则与程序的谅解》

（C）诸边贸易协定：

附件 4：《民用航空器贸易协定》

《政府采购协定》

《国际奶制品协定》

《国际牛肉协定》

本谅解对诸边贸易协定的适用应由每一协定的参加方通过列出本谅解对各协定适用条件的决定，包括已通知 DSB 的、供包括在附录 2 中的任何特殊或附加规则或程序。

附录 2

涵盖协定所含特殊或附加规则与程序

协定	规则与程序
《实施卫生与植物卫生措施协定》	11.2
《纺织品与服装协定》	2.14、2.21、4.4、5.2、5.4、5.6、6.9、6.10、6.11、8.1 至 8.12
《技术性贸易壁垒协定》	14.2 至 14.4、附件 2
《关于实施 1994 年关税与贸易总协定第 6 条的协定》	17.4 至 17.7
《关于实施 1994 年关税与贸易总协定第 7 条的协定》	19.3 至 19.5、附件 2.2（f）、3、9、21
《补贴与反补贴措施协定》	4.2 至 4.12、6.6、7.2 至 7.10、8.5、脚注 35、24.4、27.7、附件 5
《服务贸易总协定》	22.3、23.3
《关于金融服务的附件》	4
《关于空运服务的附件》	4
《关于 GATS 部分争端解决程序的决定》	1 至 5

本附录中的规则和程序清单包括仅有部分内部与此有关的条款。

诸边贸易协定中的任何特殊或附加规则或程序由各协定的主管机构确定，并通知 DSB。

附录 3　工作程序

1. 在其程序中，专家组应遵循本谅解的有关规定。此外，应适用下列工作程序。

2. 专家组的会议不公开。争端各方和利害关系方只有在专家组邀请到场时方可出席会议。

3. 专家组的审议和提交专家组的文件应保密。本谅解的任何规定不得妨碍任何争端方向公众披露有关其自身立场的陈述。各成员应将另一成员提交专家组或上诉机构、并由该另一成员指定为机密的信息按机密信息对待。如一争端方向专家组提交其书面陈述的保密版本，则应一成员请求，该争端方还应提供一份其书面陈述所含信息的可对外公布的非机密摘要。

4. 在专家组与争端各方召开第一次实质性会议之前，争端各方应向专家组提交书面陈述，说明案件的事实和论据。

5. 在与各方召开的第一次实质性会议上，专家组应请提出申诉方陈述案情。随后，仍在此次会议上，请被诉方陈述其观点。

6. 应书面邀请所有已通知 DSB 其在争端中有利害关系的第三方，在专家组第一次实质性会议期间专门安排的一场会议上陈述其意见。所有此类第三方可出席该场会议的全过程。

7. 正式辩驳应在专家组第二次实质性会议上作出。被诉方有权首先发言，随后由申诉方发言。各方应在此次会议之前向专家组提交书面辩驳。

8. 专家组可随时向各方提出问题，并请它们在各方出席的会议过程中进行说明，或作出书面说明。

9. 争端各方和依照第 10 条应邀陈述意见的任何第三方应使专家组可获得其口头陈述的书面版本。

10. 为保持充分的透明度，第 5 款至第 9 款中所指的陈述、辩驳及说明均应在各方在场的情况下作出。而且，每一方的书面陈述，包括对报告描述部分的任何意见和对专家组所提问题的答复，均应使另一方或各方可获得。

11. 针对专家组的任何附加程序。

12. 专家组工作的建议时间表

（a） 收到各方第一份书面陈述：

　（1） 申诉方：　　　　　　　　　_____ 3 至 6 周

　（2） 被诉方：　　　　　　　　　_____ 2 至 3 周

（b） 各方出席的第一次实质性会议的日期、时间和地点：

　　　第三方参加的会议：　　　　　_____ 1 至 2 周

（c） 收到各方书面辩驳：　　　　　_____ 2 至 3 周

（d） 各方出席的第二次实质性会议的日期、时间和地点：

　　　　　　　　　　　　　　　　_____ 1 至 2 周

（e） 向各方散发报告的描述部分：　_____ 2 至 4 周

（f） 收到各方对报告描述部分的意见：　_____ 2 周

（g） 向各方散发中期报告，包括调查结果和结论：

　　　　　　　　　　　　　　　　_____ 2 至 4 周

（h） 各方请求审议报告部分内容的截止日期：

　　　　　　　　　　　　　　　　_____ 1 周

（i） 专家组审议期限，包括可能与各方再次召开的会议：

　　　　　　　　　　　　　　　　_____ 2 周

（j） 向争端各方散发最终报告：　　_____ 2 周

（k） 向各成员散发最终报告：　　　_____ 3 周

上述时间表可根据未预料的情况进行更改。如需要，应确定与各方再次召开会议的时间。

附录 4　专家审议小组

下列规则和程序应适用于依照第 13 条第 2 款的规定设立的专家审议小组。

1. 专家审议小组由专家组管辖。其职权范围和详细工作程序由专家组决定，小组应向专家组报告。

2. 专家审议小组的参加者仅限于对所涉领域具有专业名望和经验的人员。

3. 未经争端各方达成联合协议，争端各方的公民不得在专家审议小组中任职，除非出现专家组认为其他方法无法满足对特殊科学专业知识的需要的例外情况。争端各方的政府官员不得在专家审议小组中任职。专家审议小组成员以个人身份任职，既不是政府的代表也不是任何组织的代表。政府或组织因此不得就专家审议小组审议的事项向小组成员作出指示。

4. 专家审议小组可向其认为适当的任何来源进行咨询，并寻求信息和技术建议。在专家审议小组向一成员管辖范围内的来源寻求此类信息或建议之前，应通知该成员政府。任何成员应迅速和全面地答复专家审议小组提出的任何关于提供其认为必要和适当信息的请求。

5. 争端各方应可获得向专家审议小组提供的所有有关信息，除非此信息属机密性质。未经提供信息的政府、组织或个人的正式授权，不得披露提供给专家审议小组的机密信息。如专家审议小组请求获得此类信息，而专家审议小组无授权披露此类信息，则提供该信息的政府、组织或个人将提供信息的非机密摘要。

6. 专家审议小组应向争端各方提交一份报告草案，以期得到它们的意见，并在最终报告中酌情予以考虑，最终报告在提交专家组时，还应向争端各方散发。专家审议小组的最终报告仅属咨询性质。

缩略语表 （Abbreviations）

缩略语	英文全称	中文
ACP	African, Caribbean and Pacific Group of States	非洲、加勒比海和太平洋国家集团
ADP Agreement	Anti-dumping Agreement	《反倾销协定》
ATC	Agreement on Textiles and Clothing	《纺织品与服装协定》
BSP	Biosafety Protocol (Cartagena Protocol on Biosafety)	《卡塔赫纳生物安全议定书》
CBD	Convention on Biological Diversity	《生物多样性公约》
CITES	Convention on International Trade in Endangered Species of Wild Fauna and Flora	《野生动植物濒危物种国际贸易公约》
CTE	Committee on Trade and Environment	贸易与环境委员会
DSB	Dispute Settlement Body	争端解决机构
DSU	Understanding on Rules and Procedures Governing the Settlement of Disputes	《关于争端解决规则与程序的谅解》
EC	European Community	欧洲共同体
ECJ	European Court of Justice	欧洲共同体法院
EEC	European Economic Community	欧洲经济共同体
EU	European Union	欧洲联盟
GATS	General Agreement on Trade in Services	《服务贸易总协定》
GATT	General Agreement on Tarriff and Trade	《关税与贸易总协定》
IATTC	Inter-American Tropical Tuna Commission	美洲热带金枪鱼委员会
ICJ	International Court of Justice	国际法院
ILC	International Law Commission	国际法委员会
ILO	International Labor Organization	国际劳工组织

缩略语	英文全称	中文
IMF	International Monetary Fund	国际货币基金组织
ITLOS	International Tribunal on the Law of the Sea	国际海洋法法庭
LMO	living modified organism	改性活生物体
MEA(s)	Multilateral Environmental Agreement(s)	多边环境协定
MFN	Most Favored Nation	最惠国
NAALC	North American Agreement on Labor Cooperation	《北美劳工合作协定》
NAFTA	North American Free Trade Agreement	《北美自由贸易区协定》
NGO	Non-governmental Organization	非政府组织
ODS	ozone-depleting substances	臭氧消耗物质
OECD	Organisation for Economic Co-operation and Development	经济合作与发展组织
PCIJ	Permanent Court of International Justice	常设国际法院
PPMs	Process and Production Methods	生产工艺和方法
SCM Agreement	Agreement on Subsidies and Countervailing Measures	《补贴与反补贴协定措施协定》
SPB	Sunset Policy Bullitin	日落政策公告
SPS Agreement	Agreement on the Application of Sanitary and Phytosanitary	《实施卫生与植物卫生措施协定》
TBT Agreement	Agreement on Technical Barriers to Trade	《贸易技术壁垒协定》
TRIMs Agreement	Agreement on Trade-Related Investment Measures	《与贸易有关的投资措施协定》
TRIPS Agreement	Agreement on Trade-Related Aspects of Intellectual Property Rights	《与贸易有关的知识产权协定》
UN	United Nations	联合国
UNCLOS	United Nations Convention on the Law of the Sea	《联合国海洋法公约》
WCT	WIPO Copyright Treaty	《世界知识产权组织版权条约》
WTO	World Trade Organization	世界贸易组织
WTO Agreement	Marrakesh Agreement Establishing the World Trade Organization	《建立世界贸易组织马拉喀什协定》

案例表（Table of Cases）

一 GATT 案例

简　　称	案件全称和案号
Canada – FIRA（加拿大—外国投资审查法案）	GATT Panel Report, Canada – Administration of the Foreign Investment Review Act, L/5504, adopted 7 February 1984, BISD 30S/140
US – Sugar Quota（美国—糖配额案）	GATT Panel Report, United States – Imports of Sugar from Nicaragua, L/5607, adopted 13 March 1984, BISD 31S/67
US – Superfund（美国—超级基金案）	GATT Panel Report, United States – Taxes on Petroleum and Certain Imported Substances, L/6175, adopted 17 June 1987, BISD 34S/136
Canada – Herring and Salmon（加拿大—鲱鱼和鲑鱼案）	GATT Panel Report, Canada – Measures Affecting Exports of Unprocessed Herring and Salmon, L/6268, adopted 22 March 1988, BISD 35S/98
Japan – Semi-Conductors（日本—半导体案）	GATT Panel Report, Japan – Trade in Semi-Conductors, L/6309, adopted 4 May 1988, BISD 35S/116
EC – Article XXVIII（欧共体—第28条案）	Award by the Arbitrator, Canada/European Communities – Article XXVIII Rights, DS12/R, 16 October 1990, BISD 37S/80
Thailand – Cigarettes（泰国—香烟案）	GATT Panel Report, Thailand – Restrictions on Importation of and Internal Taxes on Cigarettes, DS10/R, adopted 7 November 1990, BISD 37S/200
US – Tuna（Mexico）（美国—金枪鱼案(墨西哥)）	GATT Panel Report, United States – Restrictions on Imports of Tuna, DS21/R, DS21/R, 3 September 1991, unadopted, BISD 39S/155

续表

简　　称	案件全称和案号
Norway – Trondheim Toll Ring（挪威—特隆赫姆不停车收费设备案）	GATT Panel Report, Panel on Norwegian Procurement of Toll Collection Equipment for the City of Trondheim, GPR. DS2/R, adopted 13 May 1992, BISD 40S/319
US – Malt Beverages（美国—麦芽饮料案）	GATT Panel Report, United States – Measures Affecting Alcoholic and Malt Beverages, DS23/R, adopted 19 June 1992, BISD 39S/206
US – Softwood Lumber II（美国—软木案（二））	GATT Panel Report, Panel on United States – Measures Affecting Imports of Softwood Lumber from Canada, SCM/162, adopted 27 October 1993, BISD 40S/358
US – Tuna（EEC）（美国—金枪鱼（欧洲经济共同体）案）	GATT Panel Report, United States – Restrictions on Imports of Tuna, DS29/R, 16 June 1994, unadopted
EEC – Import Restrictions（欧洲经济共同体—进口限制案）	GATT Panel Report, EEC – Quantitative Restrictions Against Imports of Certain Products from Hong Kong, L/5511, adopted 12 July 1983, BISD 30S/129
EEC – Imports of Beef（欧洲经济共同体—牛肉进口案）	GATT Panel Report, European Economic Community – Imports of Beef from Canada, L/5099, adopted 10 March 1981, BISD 28S/92

二　WTO 案例

简称	案件全称和案号
Argentina – Footwear（EC）（阿根廷—鞋类案（欧共体））	Appellate Body Report, Argentina – Safeguard Measures on Imports of Footwear, WT/DS121/AB/R, adopted 12 January 2000, DSR 2000:I, 515
Argentina – Poultry AntiDumping Duties（阿根廷—家禽反倾销税案）	Panel Report, Argentina – Definitive Anti – Dumping Duties on Poultry from Brazil, WT/DS241/R, adopted 19 May 2003, DSR 2003:V, 1727
Argentina – Textiles and Apparel（阿根廷—纺织品和服装案）	Appellate Body Report, Argentina – Measures Affecting Imports of Footwear, Textiles, Apparel and other Items, WT/DS56/AB/R and Corr. 1, adopted 22 April 1998, DSR 1998:III, 1003

简称	案件全称和案号
Argentina – Textiles and Apparel（阿根廷—纺织品和服装案）	Panel Report, Argentina – Measures Affecting Imports of Footwear, Textiles, Apparel and Other Items, WT/DS56/R, adopted 22 April 1998, as modified by Appellate Body Report WT/DS56/AB/R, DSR 1998：III, 1033
Australia – Salmon（澳大利亚—鲑鱼案）	Appellate Body Report, Australia – Measures Affecting Importation of Salmon, WT/DS18/AB/R, adopted 6 November 1998, DSR 1998：VIII, 3327
Brazil – Aircraft（巴西—航空器案）	Panel Report, Brazil – Export Financing Programme for Aircraft, WT/DS46/R, adopted 20 August 1999, as modified by Appellate Body Report WT/DS46/AB/R, DSR 1999：III, 1221
Brazil – Aircraft（Article 21.5 – Canada II）（巴西—航空器案（第21.5条——加拿大（二））	Panel Report, Brazil – Export Financing Programme for Aircraft – Second Recourse by Canada to Article 21.5 of the DSU, WT/DS46/RW/2, adopted 23 August 2001, DSR 2001：X, 5481
Brazil – Aircraft（Article 22.6 – Brazil）（巴西—航空器案（第22.6条——巴西））	Decision by the Arbitrators, Brazil – Export Financing Programme for Aircraft – Recourse to Arbitration by Brazil under Article 22.6 of the DSU and Article 4.11 of the SCM Agreement, WT/DS46/ARB, 28 August 2000, DSR 2002：I, 19
Brazil – Desiccated Coconut（巴西—脱水椰子案）	Appellate Body Report, Brazil – Measures Affecting Desiccated Coconut, WT/DS22/AB/R, adopted 20 March 1997, DSR 1997：I, 167
Brazil – Desiccated Coconut（巴西—脱水椰子案）	Panel Report, Brazil – Measures Affecting Desiccated Coconut, WT/DS22/R, adopted 20 March 1997, upheld by Appellate Body Report WT/DS22/AB/R, DSR 1997：I, 189
Canada – Aircraft（加拿大—航空器案）	Appellate Body Report, Canada – Measures Affecting the Export of Civilian Aircraft, WT/DS70/AB/R, adopted 20 August 1999, DSR 1999：III, 1377
Canada – Autos（加拿大—汽车案）	Appellate Body Report, Canada – Certain Measures Affecting the Automotive Industry, WT/DS139/AB/R, WT/DS142/AB/R, adopted 19 June 2000, DSR 2000：VI, 2985

简称	案件全称和案号
Canada – Dairy（加拿大—乳制品案）	Appellate Body Report, Canada – Measures Affecting the Importation of Milk and the Exportation of Dairy Products, WT/DS103/AB/R, WT/DS113/AB/R and Corr. 1, adopted 27 October 1999, DSR 1999:V, 2057
Canada – Patent Term（加拿大—专利期限案）	Appellate Body Report, Canada – Term of Patent Protection, WT/DS170/AB/R, adopted 12 October 2000, DSR 2000:X, 5093
Canada – Periodicals（加拿大—期刊案）	Appellate Body Report, Canada – Certain Measures Concerning Periodicals, WT/DS31/AB/R, adopted 30 July 1997, DSR 1997:I, 449
Canada – Wheat Exports and Grain Imports（加拿大—小麦出口和粮食进口案）	Appellate Body Report, Canada – Measures Relating to Exports of Wheat and Treatment of Imported Grain, WT/DS276/AB/R, adopted 27 September 2004, DSR 2004:VI, 2739
Chile – Alcoholic Beverages（智利—酒精饮料案）	Appellate Body Report, Chile – Taxes on Alcoholic Beverages, WT/DS87/AB/R, WT/DS110/AB/R, adopted 12 January 2000, DSR 2000:I, 281
China – Publications and Audiovisual Products（中国—出版物和音像制品案）	Appellate Body Report, China – Measures Affecting Trading Rights and Distribution Services for Certain Publications and Audiovisual Entertainment Products, WT/DS363/AB/R, adopted 19 January 2010
China – Publications and Audiovisual Products（中国—出版物和音像制品案）	Panel Report, China – Measures Affecting Trading Rights and Distribution Services for Certain Publications and Audiovisual Entertainment Products, WT/DS363/R and Corr. 1, adopted 19 January 2010, as modified by Appellate Body Report WT/DS363/AB/R
Dominican Republic – Import and Sale of Cigarettes（多米尼加共和国—香烟进口和销售案）	Appellate Body Report, Dominican Republic – Measures Affecting the Importation and Internal Sale of Cigarettes, WT/DS302/AB/R, adopted 19 May 2005, DSR 2005:XV, 7367
EC – Bananas III（欧共体—香蕉案（三））	Appellate Body Report, European Communities – Regime for the Importation, Sale and Distribution of Bananas, WT/DS27/AB/R, adopted 25 September 1997, DSR 1997:II, 591

简称	案件全称和案号
EC – Bananas III（Ecuador）（欧共体—香蕉案(三)(厄瓜多尔)）	Panel Report, European Communities – Regime for the Importation, Sale and Distribution of Bananas, Complaint by Ecuador, WT/DS27/R/ECU, adopted 25 September 1997, as modified by Appellate Body Report WT/DS27/AB/R, DSR 1997:III, 1085
EC – Bananas III（US）（欧共体—香蕉案(三)(美国)）	Panel Report, European Communities – Regime for the Importation, Sale and Distribution of Bananas, Complaint by the United States, WT/DS27/R/USA, adopted 25 September 1997, as modified by Appellate Body Report WT/DS27/AB/R, DSR 1997:II, 943
EC – Bananas III（Article 21.5 – Ecuador）（欧共体—香蕉案(三)(第21.5条——厄瓜多尔)）	Panel Report, European Communities – Regime for the Importation, Sale and Distribution of Bananas – Recourse to Article 21.5 of the DSU by Ecuador, WT/DS27/RW/ECU, adopted 6 May 1999, DSR 1999:II, 803
EC – Commercial Vessels（欧共体—商业船只案）	Panel Report, European Communities – Measures Affecting Trade in Commercial Vessels, WT/DS301/R, adopted 20 June 2005, DSR 2005:XV, 7713
EC – Computer Equipment（欧共体—计算机设备案）	Appellate Body Report, European Communities – Customs Classification of Certain Computer Equipment, WT/DS62/AB/R, WT/DS67/AB/R, WT/DS68/AB/R, adopted 22 June 1998, DSR 1998:V, 1851
EC – Computer Equipment（欧共体—计算机设备案）	Panel Report, European Communities – Customs Classification of Certain Computer Equipment, WT/DS62/R, WT/DS67/R, WT/DS68/R, adopted 22 June 1998, as modified by Appellate Body Report WT/DS62/AB/R, WT/DS67/AB/R, WT/DS68/AB/R, DSR 1998:V, 1891
EC – Export Subsidies on Sugar（欧共体—糖出口补贴案）	Appellate Body Report, European Communities – Export Subsidies on Sugar, WT/DS265/AB/R, WT/DS266/AB/R, WT/DS283/AB/R, adopted 19 May 2005, DSR 2005:XIII, 6365
EC – Hormones（欧共体—荷尔蒙案）	Appellate Body Report, EC Measures Concerning Meat and Meat Products（Hormones）, WT/DS26/AB/R, WT/DS48/AB/R, adopted 13 February 1998, DSR 1998:I, 135

简称	案件全称和案号
EC – Hormones（Canada）（欧共体—荷尔蒙(加拿大)案）	Panel Report, EC Measures Concerning Meat and Meat Products（Hormones）, Complaint by Canada, WT/DS48/R/CAN, adopted 13 February 1998, as modified by Appellate Body Report WT/DS26/AB/R, WT/DS48/AB/R, DSR 1998：II, 235
EC – Hormones（US）（欧共体—荷尔蒙(美国)案）	Panel Report, EC Measures Concerning Meat and Meat Products（Hormones）, Complaint by the United States, WT/DS26/R/USA, adopted 13 February 1998, as modified by Appellate Body Report WT/DS26/AB/R, WT/DS48/AB/R, DSR 1998：III, 699
EC – Hormones（US）（Article 22.6 – EC)（欧共体—荷尔蒙(美国)案(第22.6条——欧共体)）	Decision by the Arbitrators, European Communities – Measures Concerning Meat and Meat Products（Hormones）, Original Complaint by the United States – Recourse to Arbitration by the European Communities under Article 22.6 of the DSU, WT/DS26/ARB, 12 July 1999, DSR 1999：III, 1105
EC – Poultry(欧共体—家禽案)	Appellate Body Report, European Communities – Measures Affecting the Importation of Certain Poultry Products, WT/DS69/AB/R, adopted 23 July 1998, DSR 1998：V, 2031
EC – Poultry(欧共体—家禽案)	Panel Report, European Communities – Measures Affecting the Importation of Certain Poultry Products, WT/DS69/R, adopted 23 July 1998, as modified by Appellate Body Report WT/DS69/AB/R, DSR 1998：V, 2089
EC – Sardines(欧共体—沙丁鱼案)	Appellate Body Report, European Communities – Trade Description of Sardines, WT/DS231/AB/R, adopted 23 October 2002, DSR 2002：VIII, 3359
EC – Tube or Pipe Fittings（欧共体—管件配件案）	Appellate Body Report, European Communities – Anti – Dumping Duties on Malleable Cast Iron Tube or Pipe Fittings from Brazil, WT/DS219/AB/R, adopted 18 August 2003, DSR 2003：VI, 2613
EC – Tube or Pipe Fittings（欧共体—管件配件案）	Panel Report, European Communities – Anti – Dumping Duties on Malleable Cast Iron Tube or Pipe Fittings from Brazil, WT/DS219/R, adopted 18 August 2003, as modified by Appellate Body Report WT/DS219/AB/R, DSR 2003：VII, 2701

简称	案件全称和案号
Guatemala – Cement I（危地马拉—水泥案（一））	Appellate Body Report, Guatemala – Anti – Dumping Investigation Regarding Portland Cement from Mexico, WT/DS60/AB/R, adopted 25 November 1998, DSR 1998:IX, 3767
Guatemala – Cement I（危地马拉—水泥案（一））	Panel Report, Guatemala – Anti – Dumping Investigation Regarding Portland Cement from Mexico, WT/DS60/R, adopted 25 November 1998, as modified by Appellate Body Report WT/DS60/AB/R, DSR 1998:IX, 3797
India – Patents （US）（印度—专利(美国)案）	Appellate Body Report, India – Patent Protection for Pharmaceutical and Agricultural Chemical Products, WT/DS50/AB/R, adopted 16 January 1998, DSR 1998:I, 9
India – Quantitative Restrictions（印度—数量限制案）	Panel Report, India – Quantitative Restrictions on Imports of Agricultural, Textile and Industrial Products, WT/DS90/R, adopted 22 September 1999, upheld by Appellate Body Report WT/DS90/AB/R, DSR 1999:V, 1799
Indonesia – Autos（印度尼西亚—汽车案）	Panel Report, Indonesia – Certain Measures Affecting the Automobile Industry, WT/DS54/R, WT/DS55/R, WT/DS59/R, WT/DS64/R and Corr. 1 and 2, adopted 23 July 1998, and Corr. 3 and 4, DSR 1998:VI, 2201
Japan – Agricultural Products II（日本—农产品案（二））	Appellate Body Report, Japan – Measures Affecting Agricultural Products, WT/DS76/AB/R, adopted 19 March 1999, DSR 1999:I, 277
Japan – Alcoholic Beverages II（日本—酒精饮料案（二））	Appellate Body Report, Japan – Taxes on Alcoholic Beverages, WT/DS8/AB/R, WT/DS10/AB/R, WT/DS11/AB/R, adopted 1 November 1996, DSR 1996:I, 97
Japan – Film（日本—胶卷案）	Panel Report, Japan – Measures Affecting Consumer Photographic Film and Paper, WT/DS44/R, adopted 22 April 1998, DSR 1998:IV, 1179
Korea – Alcoholic Beverages（韩国—酒精饮料案）	Panel Report, Korea – Taxes on Alcoholic Beverages, WT/DS75/R, WT/DS84/R, adopted 17 February 1999, as modified by Appellate Body Report WT/DS75/AB/R, WT/DS84/AB/R, DSR 1999:I, 44

简称	案件全称和案号
Korea – Dairy(韩国—乳制品案)	Appellate Body Report, Korea – Definitive Safeguard Measure on Imports of Certain Dairy Products, WT/DS98/AB/R, adopted 12 January 2000, DSR 2000: I, 3
Korea – Dairy(韩国—乳制品案)	Panel Report, Korea – Definitive Safeguard Measure on Imports of Certain Dairy Products, WT/DS98/R and Corr. 1, adopted 12 January 2000, as modified by Appellate Body Report WT/DS98/AB/R, DSR 2000: I, 49
Korea – Procurement(韩国—采购案)	Panel Report, Korea – Measures Affecting Government Procurement, WT/DS163/R, adopted 19 June 2000, DSR 2000: VIII, 3541
Mexico – Corn Syrup(Article 21.5 – US)(墨西哥—玉米糖浆案(第21.5条——美国))	Appellate Body Report, Mexico – Anti – Dumping Investigation of High Fructose Corn Syrup (HFCS) from the United States – Recourse to Article 21.5 of the DSU by the United States, WT/DS132/AB/RW, adopted 21 November 2001, DSR 2001: XIII, 6675
Mexico – Telecoms(墨西哥—电信案)	Panel Report, Mexico – Measures Affecting Telecommunications Services, WT/DS204/R, adopted 1 June 2004, DSR 2004: IV, 1537
Thailand – HBeams(泰国—H型钢案)	Appellate Body Report, Thailand – Anti – Dumping Duties on Angles, Shapes and Sections of Iron or Non – Alloy Steel and H – Beams from Poland, WT/DS122/AB/R, adopted 5 April 2001, DSR 2001: VII, 2701
Turkey – Textiles(土耳其—纺织品案)	Panel Report, Turkey – Restrictions on Imports of Textile and Clothing Products, WT/DS34/R, adopted 19 November 1999, as modified by Appellate Body Report WT/DS34/AB/R, DSR 1999: VI, 2363
US – 1916 Act (Japan)(美国—1916年法(日本)案)	Panel Report, United States – Anti – Dumping Act of 1916, Complaint by Japan, WT/DS162/R and Add. 1, adopted 26 September 2000, upheld by Appellate Body Report WT/DS136/AB/R, WT/DS162/AB/R, DSR 2000: X, 4831
US – 1916 Act(美国—1916年法案)	Appellate Body Report, United States – Anti – Dumping Act of 1916, WT/DS136/AB/R, WT/DS162/AB/R, adopted 26 September 2000, DSR 2000: X, 4793

简称	案件全称和案号
US – Carbon Steel（美国—碳钢案）	Appellate Body Report, United States – Countervailing Duties on Certain Corrosion – Resistant Carbon Steel Flat Products from Germany, WT/DS213/AB/R and Corr. 1, adopted 19 December 2002, DSR 2002: IX, 3779
US – Certain EC Products（美国—某些欧共体产品案）	Appellate Body Report, United States – Import Measures on Certain Products from the European Communities, WT/DS165/AB/R, adopted 10 January 2001, DSR 2001: I, 373
US – CorrosionResistant Steel Sunset Review（美国—耐腐蚀钢日落复审案）	Appellate Body Report, United States – Sunset Review of Anti – Dumping Duties on Corrosion – Resistant Carbon Steel Flat Products from Japan, WT/DS244/AB/R, adopted 9 January 2004, DSR 2004: I, 3
US – Cotton Yarn（美国—棉纱案）	Appellate Body Report, United States – Transitional Safeguard Measure on Combed Cotton Yarn from Pakistan, WT/DS192/AB/R, adopted 5 November 2001, DSR 2001: XII, 6027
US – Countervailing Measures on Certain EC Products（美国—对某些欧共体产品反补贴措施案）	Appellate Body Report, United States – Countervailing Measures Concerning Certain Products from the European Communities, WT/DS212/AB/R, adopted 8 January 2003, DSR 2003: I, 5
US – FSC（美国—外国销售公司案）	Appellate Body Report, United States – Tax Treatment for "Foreign Sales Corporations", WT/DS108/AB/R, adopted 20 March 2000, DSR 2000: III, 1619
US – FSC（美国—外国销售公司案）	Panel Report, United States – Tax Treatment for "Foreign Sales Corporations", WT/DS108/R, adopted 20 March 2000, as modified by Appellate Body Report WT/DS108/AB/R, DSR 2000: IV, 1675
US – FSC（Article 22.6 – US）（美国—外国销售公司案（第 22.6 条——美国））	Decision by the Arbitrator, United States – Tax Treatment for "Foreign Sales Corporations" – Recourse to Arbitration by the United States under Article 22.6 of the DSU and Article 4.11 of the SCM Agreement, WT/DS108/ARB, 30 August 2002, DSR 2002: VI, 2517

简称	案件全称和案号
US – Gambling(美国—赌博案)	Appellate Body Report, United States – Measures Affecting the Cross – Border Supply of Gambling and Betting Services, WT/DS285/AB/R, adopted 20 April 2005, DSR 2005:XII, 5663 (Corr. 1, DSR 2006:XII, 5475)
US – Gasoline(美国—汽油案)	Appellate Body Report, United States – Standards for Reformulated and Conventional Gasoline, WT/DS2/AB/R, adopted 20 May 1996, DSR 1996:I, 3
US – Hot – Rolled Steel(美国—热轧钢案)	Appellate Body Report, United States – Anti – Dumping Measures on Certain Hot – Rolled Steel Products from Japan, WT/DS184/AB/R, adopted 23 August 2001, DSR 2001:X, 4697
US – Lamb(美国—羊肉案)	Appellate Body Report, United States – Safeguard Measures on Imports of Fresh, Chilled or Frozen Lamb Meat from New Zealand and Australia, WT/DS177/AB/R, WT/DS178/AB/R, adopted 16 May 2001, DSR 2001:IX, 4051
US – Lamb(美国—羊肉案)	Panel Report, United States – Safeguard Measures on Imports of Fresh, Chilled or Frozen Lamb Meat from New Zealand and Australia, WT/DS177/R, WT/DS178/R, adopted 16 May 2001, as modified by Appellate Body Report WT/DS177/AB/R, WT/DS178/AB/R, DSR 2001:IX, 4107
US – Lead and Bismuth II(美国—铅和铋碳钢案(二))	Appellate Body Report, United States – Imposition of Countervailing Duties on Certain Hot – Rolled Lead and Bismuth Carbon Steel Products Originating in the United Kingdom, WT/DS138/AB/R, adopted 7 June 2000, DSR 2000:V, 2595
US – Line Pipe(美国—线管案)	Appellate Body Report, United States – Definitive Safeguard Measures on Imports of Circular Welded Carbon Quality Line Pipe from Korea, WT/DS202/AB/R, adopted 8 March 2002, DSR 2002:IV, 1403
US – Offset Act (Byrd Amendment) (美国—抵消法(伯德修正案)案)	Appellate Body Report, United States – Continued Dumping and Subsidy Offset Act of 2000, WT/DS217/AB/R, WT/DS234/AB/R, adopted 27 January 2003, DSR 2003:I, 375

简称	案件全称和案号
US – Oil Country Tubular Goods Sunset Reviews（美国—石油管材日落复审案）	Appellate Body Report, United States – Sunset Reviews of Anti – Dumping Measures on Oil Country Tubular Goods from Argentina, WT/DS268/AB/R, adopted 17 December 2004, DSR 2004:VII, 3257
US – Section 110 (5) Copyright Act（美国—版权法第 110 (5) 节案）	Panel Report, United States – Section 110(5) of the US Copyright Act, WT/DS160/R, adopted 27 July 2000, DSR 2000:VIII, 3769
US – Section 211 Appropriations Act（美国—拨款法第 211 节案）	Appellate Body Report, United States – Section 211 Omnibus Appropriations Act of 1998, WT/DS176/AB/R, adopted 1 February 2002, DSR 2002:II, 589
US – Section 301 Trade Act（美国—贸易法第 301 节案）	Panel Report, United States – Sections 301 – 310 of the Trade Act of 1974, WT/DS152/R, adopted 27 January 2000, DSR 2000:II, 815
US – Shrimp（美国—虾案）	Appellate Body Report, United States – Import Prohibition of Certain Shrimp and Shrimp Products, WT/DS58/AB/R, adopted 6 November 1998, DSR 1998:VII, 2755
US – Shrimp（美国—虾案）	Panel Report, United States – Import Prohibition of Certain Shrimp and Shrimp Products, WT/DS58/R and Corr. 1, adopted 6 November 1998, as modified by Appellate Body Report WT/DS58/AB/R, DSR 1998:VII, 2821
US – Shrimp (Article 21.5 – Malaysia)（美国—虾案（第 21.5 条——马来西亚））	Appellate Body Report, United States – Import Prohibition of Certain Shrimp and Shrimp Products – Recourse to Article 21.5 of the DSU by Malaysia, WT/DS58/AB/RW, adopted 21 November 2001, DSR 2001:XIII, 6481
US – Softwood Lumber V（美国—软木案（五））	Appellate Body Report, United States – Final Dumping Determination on Softwood Lumber from Canada, WT/DS264/AB/R, adopted 31 August 2004, DSR 2004:V, 1875
US – Underwear（美国—内衣案）	Panel Report, United States – Restrictions on Imports of Cotton and Man – made Fibre Underwear, WT/DS24/R, adopted 25 February 1997, as modified by Appellate Body Report WT/DS24/AB/R, DSR 1997:I, 31

简称	案件全称和案号
US – Underwear(美国—内衣案)	Appellate Body Report, United States – Restrictions on Imports of Cotton and Man – made Fibre Underwear, WT/DS24/AB/R, adopted 25 February 1997, DSR 1997:I, 11
US – Upland Cotton(美国—陆地棉案)	Appellate Body Report, United States – Subsidies on Upland Cotton, WT/DS267/AB/R, adopted 21 March 2005, DSR 2005:I, 3
US – Wheat Gluten(美国—小麦面筋案)	Appellate Body Report, United States – Definitive Safeguard Measures on Imports of Wheat Gluten from the European Communities, WT/DS166/AB/R, adopted 19 January 2001, DSR 2001:II, 717
US – Wool Shirts and Blouses(美国—羊毛衬衫和上衣案)	Appellate Body Report, United States – Measure Affecting Imports of Woven Wool Shirts and Blouses from India, WT/DS33/AB/R, adopted 23 May 1997, and Corr. 1, DSR 1997:I, 323
US – Wool Shirts and Blouses(美国—羊毛衬衫和上衣案)	Panel Report, United States – Measure Affecting Imports of Woven Wool Shirts and Blouses from India, WT/DS33/R, adopted 23 May 1997, upheld by Appellate Body Report WT/DS33/AB/R, DSR 1997:I, 343

参 考 文 献

一　著作

[1] 蔡从燕：《私人结构性参与多边贸易体制》［M］，北京：北京大学出版社，2007。

[2] 车丕照：《国际经济法概要》［M］，北京：清华大学出版社，2003。

[3] 陈安：《国际经济法学专论（第二版）》［M］，北京：高等教育出版社，2007。

[4] 陈卫东：《WTO 例外条款解读》［M］，北京：对外经济贸易大学出版社，2002。

[5] 陈致中：《国际法案例选》［M］，北京：法律出版社，1986。

[6] 程红星：《WTO 司法哲学的能动主义之维》［M］，北京：北京大学出版社，2006。

[7] 龚柏华：《WTO 案例集（2006 年卷）》［M］，上海：上海人民出版社，2006。

[8] 贺小勇：《国际贸易争端解决与中国对策研究》［M］，北京：法律出版社，2006。

[9] 李浩培：《国际法的概念和渊源》［M］，贵阳：贵州人民出版

社，1994。

[10] 李浩培：《条约法概论》[M]，北京：法律出版社，2003。

[11] 李国安：《WTO 服务贸易多边规则》[M]，北京：北京大学出版社，2006。

[12] 李春林：《国际法上的贸易与人权问题研究》[M]，武汉：武汉大学出版社，2007。

[13] 李雪平：《多边贸易自由化与国际劳工权益保护——法律与政策分析》[M]，武汉：武汉大学出版社，2007。

[14] 慕亚平：《国际法原理》[M]，北京：人民法院出版社，2005。

[15] 李居迁：《WTO 争端解决机制》[M]，北京：中国财政经济出版社，2001。

[16] 彭溆：《论世界贸易组织争端解决中的司法造法》[M]，北京：北京大学出版社，2008。

[17] 饶戈平：《全球化进程中的国际组织》[M]，北京：北京大学出版社，2005。

[18] 邵沙平：《国际法院新近案例研究》[M]，北京：商务印书馆，2006。

[19] 邵沙平、余敏友：《国际法问题专论》[M]，武汉：武汉大学出版社，2002。

[20] 万鄂湘：《国际条约法》[M]，武汉：武汉大学出版社，1998。

[21] 王铁崖：《国际法引论》[M]，北京：北京大学出版社，1998。

[22] 王铁崖：《国际法》[M]，北京：法律出版社，1995。

[23] 王铁崖、田如萱：《国际法资料选编》[M]，北京：法律出版社，1986。

[24] 王贵国：《世界贸易组织法》[M]，北京：法律出版社，2003。

［25］杨国华等：《WTO 争端解决程序详解》［M］，北京：中国方正出版社，2004。

［26］杨泽伟：《主权论——国际法上的主权问题及其发展趋势研究》［M］，北京：北京大学出版社，2006。

［27］余敏友、左海聪、黄志雄：《WTO 争端解决机制概论》［M］，上海：上海人民出版社，2001。

［28］曾华群：《国际经济法导论》［M］，北京：法律出版社，1997。

［29］曾令良：《世界贸易组织法》［M］，武汉：武汉大学出版社，1996。

［30］赵维田等：《WTO 的司法机制》［M］，上海：上海人民出版社，2004。

［31］赵维田：《世贸组织（WTO）的法律制度》［M］，长春：吉林人民出版社，2000。

［32］张东平：《WTO 司法解释论》［M］，厦门：厦门大学出版社，2005。

［33］周鲠生：《国际法》［M］，北京：商务印书馆，1981。

［34］朱建庚：《风险预防原则与海洋环境保护》［M］，北京：人民法院出版社，2006。

［35］朱榄叶：《世界贸易组织国际贸易纠纷案例评析》［M］，北京：法律出版社，2008。

［36］朱榄叶：《世界贸易组织国际贸易纠纷案例评析》［M］，北京：法律出版社，2000。

［37］〔英〕M. 阿库斯特：《现代国际法概论》［M］，汪暄、朱奇武等译，北京：中国社会科学出版社，1981。

［38］〔英〕安托尼·奥斯特：《现代条约法与实践》［M］，北京：中国人民大学出版社，2005。

［39］〔比〕约斯特·鲍威林：《国际公法规则之冲突：WTO 法与其他国际法规则如何联系》［M］，周忠海等译，北京：法律

出版社，2005。

[40]〔德〕E. – U. 彼得斯曼：《国际经济法的宪法功能与宪法问题》［M］，北京：高等教育出版社，2004。

[41]〔英〕伊恩·布朗利：《国际公法原理》［M］，曾令良等译，北京：法律出版社，2003。

[42]〔奥〕阿·菲德罗斯：《菲德罗斯国际法》［M］，北京：商务印书馆，1981。

[43]〔德〕马蒂亚斯·赫德根：《国际经济法》［M］，江青云等译，上海：上海人民出版社，2007。

[44]〔瑞士〕伯纳德·霍克曼、迈克尔·考斯泰基：《世界贸易体制的政治经济学——从关贸总协定到世界贸易组织》［M］，刘平等译，北京：法律出版社，1999。

[45]〔美〕约翰逊·H. 杰克逊：《GATT/WTO 法理与实践》［M］，张玉卿、李成钢、杨国华等译，北京：新华出版社，2002。

[46]〔美〕约翰逊·H. 杰克逊：《世界贸易体制——国际经济关系的法律与政策》［M］，张乃根译，上海：复旦大学出版社，2001。

[47]〔美〕凯尔森：《国际法原理》［M］，王铁崖译，北京：华夏出版社，1989。

[48]〔英〕J. G. 斯塔克：《国际法导论》［M］，赵维田译，北京：法律出版社，1984。

[49]〔英〕詹宁斯、瓦茨：《奥本海国际法（第一卷第一分册）》［M］，北京：中国大百科全书出版社，1995。

[50]〔英〕詹宁斯、瓦茨：《奥本海国际法（第一卷第二分册）》［M］，北京：中国大百科全书出版社，1998。

[51] John H. Barton. *The Evolution of the Trade Regime: Politics, Law, and Economics of the GATT and the WTO* ［M］. Princeton, NJ: Princeton University Press, 2006.

[52] Chad P. Bown. *Self-Enforcing Trade: Developing Countries and*

WTO Dispute Settlement [M]. Washington, DC: Brookings Institution Press, 2009.

[53] Ian Brownlie. *Principles of Public International Law* (5) [M]. Oxford: Clarendon Press, 1998.

[54] B Cheng. *General Principles of Law as Applied by International Courts and Tribunals* [M]. London: Stevens and Sons, Ltd. , 1953.

[55] Robert E. Hudec. *Enforcing International Trade Law: The Evolution of the Modern GATT Legal System* [M]. Salem: Butterworth Legal Publishers, 1993.

[56] John H. Jackson. *The Jurisprudence of GATT and the WTO. Insights on Treaty Law and Economic Relations* [M]. Cambridge: Cambridge University Press, 2000.

[57] John H. Jackson. *The World Trade Organization: Constitution and Jurisprudence* [M]. London: Royal Institute of International Affairs, 1998.

[58] John H. Jackson. *The World Trading System: Law and Policy of International Economic Relations* (2) [M]. Cambridge and London: the MIT Press, 1997.

[59] R. Jennings & A. Watts (eds.). *Oppenheim's International Law* (9) [M]. London: Longman, 1992.

[60] Nancy Kontou. The *Termination of Treaties in Light of New Customary Law* [M]. Oxford: Clarendon Press, 1994.

[61] Arnold Duncan McNair. *The Law of Treaties* [M]. Oxford: Clarendon Press, 1961.

[62] David Palmeter & Petros C. Mavroidis. *Dispute Settlement in the World Trade Organization: practice and procedure* (2) [M]. Cambridge: Cambridge University Press, 2004.

[63] Joost Pauwelyn. *Conflict of Norms in Public International Law: How WTO Law Relates to other Rules of International Law* [M].

Cambridge: Cambridge University Press, 2003.

[64] Ernst-Ulrich Petersmann. *The GATT/WTO Dispute Settlement System* [M]. London: Kluwer Law International, 1997.

[65] Paul Reuter. *Introduction to the Law of Treaties* [M]. London: Kegan Paul International, 1995.

[66] Mohamed Shahabuddeen. *Precedent in the World Court* [M]. Cambridge: Cambridge University Press, 1996.

[67] Yuval Shany. *The Competing Jurisdictions of International Courts and Tribunals* [M]. Oxford: Oxford University Press, 2003.

[68] Ian Sinclair. *The Vienna Convention on the Law of Treaties* (2) [M]. Manchester: Manchester University Press, 1984.

[69] Thomas M. Franck. *Fairness in International Law and Institutions* [M]. Oxford: Oxford University Press, 1995.

[70] Jeff Waincymer. *WTO Litigation: Procedural Aspects of Formal Dispute Settlement* [M]. London: Cameron May Ltd. , 2002.

二 论文

[1] 蔡从燕:《国内公法对国际法的影响》[J],《法学研究》2009 年第 1 期。

[2] 陈安:《论中国在建立国际经济新秩序中的战略定位——兼评"新自由主义经济秩序"论、"WTO 宪政秩序"论、"经济民族主义扰乱全球化秩序"论》[J],《现代法学》2009 年第 2 期。

[3] 陈安:《南南联合自强五十年的国际经济立法反思——从万隆、多哈、坎昆到香港》[J],《中国法学》2006 年第 2 期。

[4] 陈安:《十年来美国单边主义与 WTO 多边主义交锋的三大回合(下)——"201 条款"争端之法理探源和展望》[J],《世界贸易组织动态与研究》2005 年第 6 期。

［5］陈安：《十年来美国单边主义与 WTO 多边主义交锋的三大回合（上）——"201 条款"争端之法理探源和展望》［J］，《世界贸易组织动态与研究》2005 年第 5 期。

［6］陈安：《美国单边主义对抗 WTO 多边主义的第三回合——"201 条款"争端之法理探源和展望》［J］，《中国法学》2004 年第 2 期。

［7］陈立虎等：《非 WTO 法在 WTO 争端解决中的适用》［J］，《时代法学》2005 年第 5 期。

［8］贺小勇：《论"非世贸组织协定"的不可适用性》［J］，《国际贸易问题》2006 年第 1 期。

［9］雷磊：《法律规范冲突的含义、类型与思考方式》［A］，陈金钊等：《法律方法（7）》［C］，济南：山东人民出版社，2008。

［10］李国安：《服务贸易总协定的例外及其限制》［A］，陈安：《国际经济法学刊（9）》［C］，北京：北京大学出版社，2004。

［11］李鸣：《国际公法对 WTO 的作用》［J］，《中外法学》2003 年第 2 期。

［12］廖益新：《经济全球化与国际经济法》［J］，《厦门大学学报（哲学社会科学版）》2000 年第 3 期。

［13］徐崇利：《"政治性国际贸易争端"的裁判解决》［J］，《法商研究》2009 年第 3 期。

［14］徐崇利：《国际经济法律冲突与政府间组织的网络化——以世界贸易组织为例的研究》［J］，《西南政法大学学报》2005 年第 5 期。

［15］徐崇利：《经济一体化与当代国际经济法的发展》［J］，《法律科学》2002 年第 5 期。

［16］徐崇利：《从规则到判例：世贸组织法律体制的定位》［J］，《厦门大学学报（哲学社会科学版）》2002 年第 2 期。

[17] 徐崇利：《〈世贸组织协定〉的解释制度评析（二）》[J]，《国际商务（对外经济贸易大学学报）》2002 年第 2 期。

[18] 徐崇利：《〈世贸组织协定〉的解释制度评析（一）》[J]，《国际商务（对外经济贸易大学学报）》2002 年第 1 期。

[19] 余凌云：《政府信赖保护、正当期望和合法预期》[A]，廖益新：《厦门大学法律评论（12）》[C]，厦门：厦门大学出版社，2006。

[20] 曾华群：《论 WTO 体制与国际投资法的关系》[J]，《厦门大学学报（哲学社会科学版）》2007 年第 6 期。

[21] 周忠海：《论国际法在 WTO 体制中的作用》[J]，《政法论坛》2002 年第 4 期。

[22] 王虎华等：《WTO 的法律框架与其他制度性安排的冲突与融合》[J]，《法学》2003 年第 7 期。

[23] Georges Abi-Saab. Fragmentation or Unification: Some Concluding Remarks [J]. *Journal of International Law and Politics*, 1999, 31 (4).

[24] Michael Akehurst. The Hierarchy of the Sources of International Law [J]. *British Yearbook of International Law*, 1974 – 1975, 47.

[25] Elissa Alben. GATT and the Fair Wage: A Historical Perspective on the Labor-Trade Link [J]. *Columbia Law Review*, 2001, 101 (6).

[26] Mads Andenas & Stefan Zleptnig. Proportionality: WTO Law: in Comparative Perspective [J]. *Texas International Law Journal*, 2007, 42 (3).

[27] Han Aufricht. Supersession of Law-Making Treaties [J]. *Cornell Law Review*, 1951 – 1952, 37.

[28] Lorand Bartels. Treaty Conflicts in WTO Law – A Comment on William J. Davey's Paper "The Quest for Consistency" [A]. Griller Stefan (ed.). *At the Crossroads: The World Trading System*

and the Doha Round [C]. Vienna: Springer, 2008.

[29] Lorand Bartels. Applicable Law in WTO Dispute Settlement Proceedings [J]. *Journal of World Trade*, 2001, 35 (3).

[30] Sandra E. Black & Elizabeth Brainerd. Importing Equality? The Impact of Globalization on Gender Discrimination [J]. *Industrial and Labor Relations Review*, 2004, 57 (4).

[31] Christopher J. Borgen. Resolving Treaty Conflicts [J]. *George Washington International Law Review*, 2005, 37 (3).

[32] Marco C. E. J. Bronckers. More Power to the WTO? [J]. *Journal of International Economic Law*, 2001, 4 (1).

[33] William W. Burke-White. International Legal Pluralism [J]. *Michigan Journal of International Law*, 2004, 25 (4).

[34] James Cameron & Kevin R. Gray. Principles of International Law in the WTO Dispute Settlement Body [J]. *International and Comparative Law Quarterly*, 2001, 50 (2).

[35] Elisabeth Cappuyns. Linking Labor Standards and Trade Sanctions: An Analysis of Their Current Relationship [J]. *Columbia Journal of Transnational Law*, 1998, 36 (3).

[36] Chios Carmody. WTO Obligations as Collective [J]. *European Journal of International Law*, 2006, 17 (2).

[37] Audrey R. Chapman. The Human Rights Implications of Intellectual Property Protection [J]. *Journal of International Economic Law*, 2002, 5 (4).

[38] Steve Charnovitz. The Supervision of Health and Biosafety Regulation by World Trade Rules [J]. *Tulane Environmental Law Journal*, 2000, 13 (2).

[39] Sungjoon Cho. Book Review of Conflict of Norms in Public International Law: How WTO Law Relates to Other Rules of International Law by Joost Pauwelyn [J]. *World Trade Review*,

2006, 5 (2).

[40] Adrian Chua. The Precedential Effect of WTO Panel and Appellate Body Reports [J]. *Leiden Journal of International Law*, 1998, 11 (1).

[41] Graham Cook, Book Review of Conflict of Norms in Public International Law: How WTO Law Relates to Other Rules of International Law [J]. *Ottawa Law Review*, 2004 – 2005, 36.

[42] Wladiyslaw Czaplinski & Gennady M. Danilenko. Conflicts of Norms in International Law [J]. *Netherlands Yearbook of International Law*, 1990, 21.

[43] William J. Davey. The Quest for Consistency: Principles Governing the Interrelation of the WTO Agreements [A]. Griller Stefan (ed.). *At the Crossroads: The World Trading System and the Doha Round* [C]. Vienna: Springer, 2008.

[44] Axel Desmedt. Proportionality in WTO Law [J]. *Journal of International Economic Law*, 2001, 4 (3).

[45] Jeffrey L. Dunoff. Resolving Trade-Environment Conflicts: The Case for Trading Institutions [J]. *Cornell International Law Journal*, 1994, 27 (3).

[46] Jeffrey L. Dunoff. The WTO in Transition: Of Constituents, Competence and Coherence [J]. *George Washington International Law Review*, 2001, 33 (3 & 4).

[47] Barbara Eggers & Ruth Mackenzie. The Cartagena Protocol on Biosafety [J]. *Journal of International Economic Law*, 2000, 3 (3).

[48] Taslim O. Elias. The Doctrine of Intertemporal Law [J]. *American Journal of International Law*, 1980, 74 (2).

[49] Gerald Fitzmaurice. The Law and Procedure of the International Court of Justice 1951 – 1954: Treaty Interpretation and Other Treaty Points [J]. *British Yearbook of International Law*, 1957, 33.

[50] Francesco Francioni. WTO Law in Context: The Integration of International Human Rights and Environmental Law in the Dispute Settlement Process [A]. Giorgio Sacerdoti, Alan Yanovich & Jan Bohanes (eds.). *The WTO at Ten: The Contribution of the Dispute Settlement System* [C]. Cambridge: Cambridge University Press, 2006.

[51] Duncan French. Treaty Interpretation and the Incorporation of Extraneous Legal Rules [J]. *International and Comparative Law Quarterly*, 2006, 55 (2).

[52] Alexandra González-Calatayud & Gabrielle Marceau. The Relationship between the Dispute-Settlement Mechanisms of MEAs and Those of the WTO [J]. *Review of European Community and International Environmental Law*, 2002, 11 (3).

[53] Meihard Hilf. Power, Rules and Principles: Which Orientation for WTO/GATT Law? [J]. *Journal of International Economic Law*, 2001, 4 (1).

[54] Robert Howse. The Use and Abuse of other "Relevant Rules of International Law" in Treaty Interpretation: Insights from WTO Trade/Environment Litigation [EB/OL]. http://iilj. org/ publications/documents/2007 - 1. Howse. web. pdf, 2010 - 5 - 6.

[55] Robert Howse. From Politics to Technocracy - and Back Again: The Fate of the Multilateral Trade Regime [J]. *American Journal of International Law*, 2002, 96 (1).

[56] R. Housman and D. M. Goldberg. Legal Principles in Resolving Conflicts between Multilateral Environmental Agreements and the GATT/WTO [A]. R. Housman et al. (eds.). *The Use of Trade Measures in Select Multilateral Environmental Agreements* [C]. Washington: Centre for International Environmental Law, 1995.

[57] Jiaxiang Hu. The Role of International Law in the Development of WTO Law [J]. *Journal of International Economic Law*, 2004, 7 (1).

[58] R. Hudec. GATT Legal Restraints on the Use of Trade Measures against Foreign Environmental Practices [A]. J. Bhagwati & R. Hudec (eds.). *Fair Trade and Harmonization: Prerequisites for Free Trade?* (2) [C]. Cambridge, Massachusetts: MIT Press, 1996.

[59] John H. Jackson. International Law Status of WTO Dispute Settlement Reports: Obligation to Comply or Option to "Buy Out"? [J]. *American Journal of International Law*, 2004, 98 (1).

[60] John H. Jackson. Dispute Settlement and the WTO: Emerging Problems [A]. John H. Jackson. *The Jurisprudence of GATT and the WTO: Insights on Treaty Law and Economic Relations* [C]. Cambridge: Cambridge University Press, 2000.

[61] John H. Jackson. Fragmentation or Unification among International Institutions: International Law and Politics [J]. *Journal of International Law and Politics*, 1999, 31 (4).

[62] John H. Jackson. Reflections on International Economic Law [J]. U. Pa. J. *International Economic Law*, 1996, 17 (1).

[63] Wilfred Jenks. The Conflict of Law-Making Treaties [J]. *British Year Book of International Law*, 1953, 30.

[64] Wolfram Karl. Conflicts between Treaties [A]. Bernhardt. *Encyclopedia of Public International Law* [C]. 1984, 7.

[65] Kyung Kwak & Gabrielle Marceau. *Overlaps and Conflicts of Jurisdiction between the WTO and RTAs* [EB/OL]. http://www.wto.org/english/tratop_ e/region_ e/sem_ april02_ e/marceau.pdf, June 25, 2009.

[66] Pieter-Jan Kuijper. The New WTO Dispute Settlement System – The Impact on the European Community [J]. *Journal of World*

Trade, 1996, 29 (6).

[67] Pieter-Jan Kuijper. The Law of GATT as a Special Field of International Law: Ignorance, Further Refinement or Self-Contained Regime of International Law [J]. *Netherlands Year Book of International Law*, 1994, 24.

[68] Pascal Lamy. The Place of the WTO and Its Law in the International Legal Order [J]. *European Journal of International Law*, 2006, 17 (5).

[69] Hersch Lauterpacht. Restrictive Interpretation and the Principle of Effectiveness in the Interpretation of Treaties [J]. *British Year Book International Law*, 1949, 48.

[70] Michel Lennar. Navigating by the Stars: Interpreting the WTO Agreements [J]. *Journal of International Economic Law*, 2002, 5 (1).

[71] Anja Lindroos. Addressing Norm Conflicts in a Fragmented Legal System: The Doctrine of Lex Specialis [J]. *Nordic Journal of International Law*, 2005, 74.

[72] Anja Lindroos & Michael Mehling. Dispelling the Chimera of "Self-Contained Regimes" International Law and the WTO [J]. *European Journal of International Law 2005*, 16 (5).

[73] Gabrielle Marceau & Anastasios Tomazos. Comment on Joost Pauwelyn's Paper: "How to Win a WTO Dispute Based on Non-WTO Law?" [A]. Griller Stefan (ed.). *At the Crossroads: The World Trading System and the Doha Round* [C]. Vienna: Springer, 2008.

[74] Gabrielle Marceau. WTO Dispute Settlement and Human Rights [J]. *European Journal of International Law*, 2002, 13 (4).

[75] Gabrielle Marceau. Conflicts of Norms and Conflicts of Jurisdictions, The Relationship between the WTO Agreement and

MEAs and other Treaties [J]. *Journal of World Trade*, 2001, 35 (6).

[76] Gabrielle Marceau. A Call for Coherence in International Law – Praises for the Prohibition Against "Clinical Isolation" in WTO Dispute Settlement [J]. *Journal of World Trade*, 1999, 33 (5).

[77] Gabrielle Marceau. Dispute Settlement Mechanisms, Regional or Multilateral Agreement: Which One is Better? [J]. *Journal of World Trade*, 1997, 21 (3).

[78] Petros C. Mavroidis. No Outsourcing of Law? WTO Law as Practiced by WTO Courts [J]. *American Journal of International Law*, 2008, 102 (3).

[79] Petros C. Mavroidis. Remedies in the WTO Legal System: Between a Rock and a Hard Place [J]. *European Journal of International Law*, 2000, 11 (4).

[80] John O. McGinnis. The Appropriate Hierarchy of Global Multilateralism and Customary International Law: The Example of the WTO [J]. *Virginia Journal of International Law*, 2003, 44 (1).

[81] Donald M. McRae. The WTO in International Law: Tradition Continued or New Frontier? [J]. *Journal of International Economic Law*, 2000, 3 (1).

[82] Donald M. McRae. Claus-Dieter Ehlermann's Presentation on "The Role and Record of the Dispute Settlement Panels and the Appellate Body of the WTO" [J]. *Journal of International Economic Law*, 2003, 6 (3).

[83] Joshua Meltzer. Interpreting the WTO Agreements – A Commentary on Professor Pauwelyn's Approach [J]. *Michigan Journal of International Law*, 2004, 25 (4).

[84] N. Miller. An International Jurisprudence? The Operation of

"Precedent" Across International Tribunals [J]. *Leiden Journal of International Law*, 2002, 15 (3).

[85] Martha Minnow. What is the Greatest Evil? [J]. *Harvard Law Review*, 2005, 118 (7).

[86] Andrew D. Mitchell & David Heaton. The Inherent Jurisdiction of WTO Tribunals: The Select Application of Public International Law Required by the Judicial Function [J]. *Michigan Journal of International Law*, 2010, 31 (3).

[87] Andrew D. Mitchell. The Legal Basis for Using Principles in WTO Disputes [J]. *Journal of International Economic Law*, 2007, 10 (4).

[88] Elisabetta Montaguti & Maurits Lugard. The GATT 1994 and other Annex 1A Agreements: Four Different Relationships? [J]. *Journal of International Economic Law*, 2000, 3 (3).

[89] Philip M. Nicholls. GATT Doctrine [J]. *Virginia Journal of International Law*, 1996, 36 (2).

[90] Jan Neumann & Elisabeth Türk. Necessity Revisited: Proportionality in World Trade Organization Law after Korea-Beef, EC-Asbestos and EC-Sardines [J]. *Journal of World Trade*, 2003, 37 (1).

[91] Federico Ortino. Treaty Interpretation and the WTO Appellate Body Report in US – Gambling: A Critique [J]. *Journal of International Economic Law*, 2006, 9 (1).

[92] Asif H. Qurshi. International Trade and Human Rights from the Perspectives of the WTO [A]. Friedl Weiss, Erik. Denters & Paul de Waart (eds.). *International Economic Law with a Human Face* [C]. The Hague: Kluwer Law International, 1998.

[93] David Palmeter & Petros C. Mavroidis. The WTO Legal System: Sources of Law [J]. *American Journal of International Law*, 1998,

92 (3).

[94] David Palmeter. The WTO as a Legal System [J]. *Fordham International Law Journal*, 2000, 24.

[95] Joost Pauwelyn. Reply: Reply to Joshua Meltzer [J]. *Michigan Journal of International Law*, 2004, 25 (4).

[96] Joost Pauwelyn. Bridging Fragmentation and Unity: International Law as a Universe of Inter-Connected Islands [J]. *Michigan Journal of International Law*, 2004, 25 (4).

[97] Joost Pauwelyn. Recent Books on Trade and Environment: GATT Phantoms Still Haunt the WTO [J]. *European Journal of International Law*, 2004, 15 (3).

[98] Joost Pauwelyn. A Typology of Multilateral Treaty Obligation: Are WTO Obligations Bilateral or Collective in Nature? [J]. *European Journal of International Law*, 2003, 14 (5).

[99] Joost Pauwelyn. WTO Compassion or Superiority Complex? What to Make of the WTO Waiver for "Conflict Diamonds" [J]. *Michigan Journal of International Law*, 2003, 24 (4).

[100] Joost Pauwelyn. How to Win a World Trade Organization Dispute Based on Non-World Trade Organization Law? Questions of Jurisdictions and Merits [J]. *Journal of World Trade*, 2003, 37 (6).

[101] Joost Pauwelyn. The Use of Experts in WTO Dispute Settlement [J]. *International and Comparative Law Quarterly*, 2002, 51 (2).

[102] Joost Pauwelyn. Cross-agreement Complaints before the Appellate Body [J]. *World Trade Review*, 2002, 1 (1).

[103] Joost Pauwelyn. The Role of Public International Law in the WTO: How Far Can We Go? [J]. *American Journal of International Law*, 2001, 95 (3).

[104] Joost Pauwelyn. Enforcement and Countermeasures in the

WTO: Rules Are Rules - Toward a More Collective Approach [J]. *American Journal of International Law*, 2000, 94 (2).

[105] Ernst-Ulrich Petersmann. The WTO Constitution and Human Rights [J]. *Journal of International Economic Law*, 2000, 3 (1).

[106] Ernst-Ulrich Petersmann. Dispute Settlement in International Economic Law - Lessons for Strengthening International Dispute Settlement in Non-Economic Areas [J]. *Journal of International Economic Law*, 1999, 2 (2).

[107] Reinbard Quick & Andreas Blüthner. Has the Appellate Body Erred? An Appraisal and Criticism of the Ruling in the WTO Hormones Case [J]. *Journal of International Economic Law*, 1999, 2 (4).

[108] Rao Geping. The Law Applicable by World Trade Organization Panels [J]. *Temple International and Comparative Law*, 2003, 17 (1).

[109] Sabrina Safrin. Treaties in Collision? The Biosafety Protocol and the World Trade Organization Agreement [J]. *American Journal of International Law*, 2002, 96 (3).

[110] Daya Shanker. The Vienna Convention on the Law of Treaties, the Dispute Settlement System of the WTO and the Doha Declaration on the TRIPS Agreement [J]. *Journal of World Trade*, 2002, 36 (4).

[111] Bruno Simma & Dirk Pulkowski. Of Planets and the Universe: Self-Contained Regimes in International Law [J]. *European Journal of International Law*, 2006, 17 (3).

[112] Bruno Simma. Self-Contained Regimes [J]. *Netherlands Yearbook of International Law* 1985, 16.

[113] Debra P. Steger. The Jurisdiction of the World Trade Organization: Remarks by Debra P. Steger [J]. *American Society*

of International Law Proceedings, 2004, 98.

[114] Eric Stein. International Integration and Legitimacy: No Love at First Sight [J]. *American Journal of International Law*, 2001, 95 (3).

[115] Haochen Sun. The Road to Doha and Beyond: Some Reflections on the TRIPS Agreement and Public Health [J]. *European Journal of International Law*, 2004, 15 (1).

[116] The Jurisdiction of the WTO (Remarks of Joel Trachtman) [C]. Proceedings of the 98th Annual Meeting of the American Society of International Law, March 31 – April 3, 2004.

[117] Joel P. Trachtman. The Domain of WTO Dispute Resolution [J]. *Harvard International Law Journal*, 1999, 40 (2).

[118] Joel P. Trachtman. Institutional Linkage: Transcending "Trade and ..." [J]. *American Journal of International Law*, 2002, 96 (1).

[119] Joel P. Trachtman. Book Review of Conflict of Norms in Public International Law: How WTO Law Relates to Other Rules of International Law by Joost Pauwelyn [J]. *American Journal of International Law*, 2004, 98 (4).

[120] Erich Vranes. Comments on Joost Pauwelyn's Paper: "How to Win a WTO Dispute Based on Non-WTO Law?" [A]. Griller Stefan (ed.). *At the Crossroads: The World Trading System and the Doha Round* [C]. Vienna: Springer, 2008.

[121] Erich Vranes. The Definition of "Norm Conflict" in International Law and Legal Theory [J]. *European Journal of International Law*, 2006, 17 (2).

[122] Wolfgang Weiss. Security and Predictability under WTO Law [J]. *World Trade Review*. 2003, 2 (2).

[123] William Thomas Worster. Competition and Comity in the

Fragmentation of International Law [J]. *Brooklyn Journal of International Law*, 2008, 34 (1).

[124] Mark Wu. Small States, Big Veto: Customary International Law in the WTO after EC-Biotech [J]. *Yale Journal of International Law*, 2007, 32.

[125] Margaret A. Young. The WTO Use of Relevant Rules of International Law: An Analysis of the Biotech Case [J]. *International and Comparative Law Quarterly*, 2007, 56 (4).

图书在版编目（CIP）数据

非 WTO 法在 WTO 争端解决中的运用/许楚敬著. —北京：社会科学
文献出版社，2012.7
（羊城学术文库）
ISBN 978 - 7 -5097 - 3421 - 6

Ⅰ.①非… Ⅱ.①许… Ⅲ.①世界贸易组织 – 国际贸易 – 国际争端 –
研究 – 中国②世界贸易组织 – 贸易法 – 研究 Ⅳ.①F743 ②D996.1

中国版本图书馆 CIP 数据核字（2012）第 100957 号

·羊城学术文库·
非 WTO 法在 WTO 争端解决中的运用

著　者／许楚敬

出 版 人／谢寿光
出 版 者／社会科学文献出版社
地　　址／北京市西城区北三环中路甲 29 号院 3 号楼华龙大厦
邮政编码／100029

责任部门／社会政法分社（010）59367156　　责任编辑／赵慧英　王　绯
电子信箱／shekebu@ ssap. cn　　　　　　　责任校对／岳书云
项目统筹／王　绯　　　　　　　　　　　　责任印制／岳　阳
总 经 销／社会科学文献出版社发行部（010）59367081　59367089
读者服务／读者服务中心（010）59367028

印　　装／北京季蜂印刷有限公司
开　　本／787mm×1092mm　1/20　　　印　张／15.8
版　　次／2012 年 7 月第 1 版　　　　　　字　数／274 千字
印　　次／2012 年 7 月第 1 次印刷
书　　号／ISBN 978 - 7 -5097 - 3421 - 6
定　　价／48.00 元